金融政策の「誤解」

〝壮大な実験〟の成果と限界

Hayakawa Hideo
早川英男［著］

慶應義塾大学出版会

金融政策の「誤解」　目次

序章　ＱＱＥの実験から見えてきたもの

黒田東彦総裁率いる日本銀行が、２０１３年の4月に「異次元緩和」と呼ばれた大胆な金融緩和（正式名称は「量的・質的金融緩和」、本書では英文略称のＱＱＥ［Quantitative and Qualitative Monetary Easing］を用いる）を開始して3年あまり経ったが、この間に日本経済とＱＱＥに対する人々の見方は大きく変わった。３年前には、急速に進む円安、株高等を背景に、市場関係者だけでなく多くの国民の間にもＱＱＥへの賞賛の声が鳴り響いていた。15年にも及ぶデフレの終わりが見えたためか、企業経営者たちは日本企業、日本経済復活への自信を取り戻しつつあるようだった。

しかし今、円安、株高も勢いを失い、当初2年間で達成するとされていた2％の物価目標は「これからさらに2年経っても実現しない」と思われている。国民一般からは「アベノミクスといっても、自分たちの給料は増えないのに円安で物価だけが上がり、生活はむしろ苦しくなった」との不満の声が聞かれる。円安、原油安で企業収益は過去最高と言いながらも、実質ＧＤＰ成長率０％台の低成長が続き、日本企業の競争力が本当に高まったのかは疑わしい。

アベノミクス、クロダノミクスを囃《はや》して日本株高を演出した外国人投資家からも、日本経済復活への期待は聞かれなくなった。それどころか、少し前にマイナス金利導入で「だまし討ち」に遭った金融機関の間には、日銀に対する憾《うら》みが渦巻いているように感じられる。

どうしてこんなことになってしまったのか。詳しくは本文を読んで頂きたいと思うが、この序章では詳しい理論的な説明（第1章、第3章）や、データによる検証（第2章、第4章）は抜きにして、この3年あまりの経験を大きな流れとして振り返っていきたい。物事には、鳥瞰図のほうがよく見通せることもあるからだ。

QQEは「短期決戦」だった

本書で繰り返し述べるように、筆者のQQEに対する基本的な理解は「実験的政策であり、それが成功するとすれば短期決戦のケースに限られる」ということにある。これはなかなか理解してもらいにくいのだが、おそらく多くの人が「QQEでマネタリーベース目標を掲げた日銀はマネタリズムを信じている」と思っていることに誤解の源泉があるのではないか。

たしかに、マネタリーベースを増やせば、（預金等も含む広義の）マネーストックが増えたりインフレ期待が高まったりして、物価上昇につながるとシンプルに信じている「リフレ派」と呼ばれる人たちはいる。黒田氏が日銀総裁に指名されたのは、安倍普三首相を取り巻く彼らの推薦によるものとされているし、日銀執行部内でも岩田規久男副総裁などは代表的なリフレ派の一人として知られている。しかし、こうしたリフレ派の「理論」なるものは経済学界の主流派からは相手にされていないし、聡明な黒田総裁本人や日銀のスタッフたちがそれを信じていたとも考えられない。つまり、こうした思惑の異なる二つのグループの合作によってＱＱＥが演じられたことで、多くの混乱が生まれたように思う。

それでは、黒田総裁やそれを支える日銀のスタッフたちは、マネタリズムを信じてもいないのに、なぜマネタリーベース目標を中核に置いたＱＱＥの実験を始めたのだろうか。それは、①理論的にはともかく、米国のＱＥの経験などからは量的緩和が自国通貨安につながる可能性があり、②とりわけアベノミクス前の1ドル＝80円の相場が1ドル＝１００円前後とされる購買力平価と比べて「過度の円高」だったことを踏まえると、市場に大きなショックを与えれば急激な円安もあり得ると踏んだからだろう、と筆者は考えている。

仮に大幅な円安が実現すれば、輸入物価上昇によってインフレ率が高まると同時に、輸出が増えて景気は良くなる。企業収益が改善して賃金も増えるならば、結果的に景気と物価の「好循環」につながる可能性（「悪いデフレ均衡」から「良い均衡」へのジャンプ）があった。過去15年近く、さまざまな試みにもかかわらずデフレから抜け出せなかったことを考えれば、この実験に賭けてみることには一定の合理性があったのだと思う。

このことは、しかし、ＱＱＥが成功するのは、以下の三つの理由から「短期決戦」の場合に限られるということを意味する。まず第一に、これはすでに多くの識者が指摘している点だが、毎月7兆円もの国債を購入する政策はいつまでも続けられないということである。市場にショックを与えるにはできるだけ大規模な政策が望ましいが、その場合は政策の持続性が損なわれるというトレード・オフがあることになる。

第二に、もともとマネタリーベース目標には明確な理論的根拠はなかったのだから、時間が経てば馬脚が現れる心配があった。実際、「預金や貸出はあまり増えていない」とか、「ポートフォリオ・リバランスはほとんど見られない」といった批判は比較的早期から聞かれたし、期待インフレ率はある程度上がったが、それはリフレ派の触れ込みとは程遠いものだった。

第三に、こちらは最も理解されていない点であるが、QQEは日銀が国債を高値で買い、安値で売る（売らない場合は、当座預金に利子を払う）仕組みだから、QQEが終了する「出口」において日銀が巨額の損失を蒙る（これは国民負担となる）。この損失額は、国債購入規模が大きいほど、そしてQQEが長く続くほど大きくなるのだ。

こうして始まったQQEの実験だが、緒戦の成果は驚くほどポジティブなものだった。円安、株高のスピードは大方の期待を上回るものだったし、予想外に輸出が伸びないという失望はあったが、他方で（潜在成長率低下の結果とはいえ）思いのほか早くに完全雇用が達成され、このことは物価面にプラスに働いた。このため、QQE導入から1年後の2014年4月には消費者物価の上昇率が（消費増税の影響を除いて）プラス1・5％にまで達したのである。

その時に筆者が思いついたのは、速やかに勝利宣言を出してQQEの規模縮小（テーパリング）を始めるという、「勝ち逃げ」策であった。物価目標の2％には乗っていなくても、もともと理論的根拠を欠く政策で2％ちょうどを狙うのは無理筋であり（最近のバーナンキFRB前議長の表現を借りれば、量的緩和はcalibration＝定量評価が難しい）、四捨五入で2％になれば御の字、テーパリングで多少円高になったとしても長期戦に陥るよりはましと考えたのだ。

しかし、当時の日銀は緒戦の成果を過信して、２％目標の早期達成に楽観的だったためだろう、「勝ち逃げ」策は採らなかった。むしろ14年夏からの原油安により目標達成が苦しくなると、国債購入額を毎月10兆円に増やす追加の金融緩和（10月末に実施されたことから「ハロウィン緩和」と呼ばれた）で立ち向かった。その結果、再度の円安、株高となったため、一部からは当初のＱＱＥとともに「黒田バズーカ」などと高く評価された。しかし、円安による物価高に苦しむ一般国民からはむしろ不評を買うことになった。しかも、長期金利上昇の心配がなくなる中で、安倍首相は衆議院の解散とともに15年10月に予定されていた消費税再増税の先送りを決め、日銀にとっては出口への不安を募らせる結果となった。この頃をターニング・ポイントに、ＱＱＥをめぐる戦局は徐々に悪化していく。

長期戦の戦局は悪化していった

その後の展開は、日銀にとって試練の連続であった。まず影響が大きかったのは、言うまでもなく原油安である。一時期は１バレル＝１００ドルを超えていた原油価格が２０１４年後半に急落した後、暫く平穏を保っていたが15年末から16年初にかけて再度急落し、一時は30ドル割れとなった。この結果、日銀は「展望レポート」のたびに物価見通しの下方修正を余儀なくされ、２％目標の達成時期も繰り返し先送りされた。

しかし、原油安だけであれば、事態はそれほど致命的ではなかったと思われる。物価上昇のタイミングは遅れるとしても、誰も予想できなかった前提の変化の結果であり、エネルギーの影響を除いてみれば「物価の基調はしっかりしている」と主張できたからだ。

日銀はすべてを原油安のせいにしたがるが、本当の敵は「日本の企業」だったのではないか。円安と原油安の恩恵をダブルで受けて史上最高益を大きく更新する中で、首相を先頭に政府が露骨な圧力をかけたのだが、それでも設備投資はあまり伸びず、賃上げ幅もわずかにとどまった。筆者の言うところの「企業のブラックホール（＝すべてを吸収し、何も放出しない）化」である。物価が基調的にプラスに転じてもなかなか経済成長につながらないのは、潜在成長率が０・５％未満に下がっているためだが、その背後には労働人口の減少だけでなく、日本企業の競争力劣化、生産性鈍化がある。

また、企業収益好調、人手不足深刻化の中での労働組合の賃上げ要求への及び腰は、筆者にとって大きな驚きだったが、労働者たちは、企業の競争力の衰えに気づいていたのかもしれない。定昇を除いたベア率は、14年プラス０・４％、15年プラス０・６％程度と徐々に伸びを高めていったが、16年にはむしろプラス０・３〜０・４％程度に低下した可能性が高い。筆者は、賃金さえ着実に伸びを高めていけば、原油安が落ち着いた後にインフレ率がもう一度２％に接近する局面が来る、その時こそテーパリングのチャンスだと思っていたのだが、その前提すら実現しそうになくなってしまった。

しかし、問題はそれだけではない。日銀は市場との関係でも、いくつかの困難を抱えることとなった。一つは、身から出た錆と言うべきだが、市場とのコミュニケーションに不全を来したことである。その大きなきっかけは、ハロウィン緩和の際、直前まで政策対応は不要だと言っておきながら、突如として追加緩和に踏み切ったことにある。これは、フォワード・ガイダンスというかたちで、市場との丁寧なコミュニケーションを前提に進めていく、現在の金融政策の国際標準に反するものであり、エコノミストやアナリストらの憤激を買った。

その後も、物価見通しを何度も下方修正しながら一切反省を示すことなく、「QQEは所期の成果を上げている」などとして、強気見通しばかりを繰り返したことで、市場は日銀の説明に信を置かなくなっていった。

もう一つは、日銀は「弾薬切れ」だとの見方が拡がったことである。ハロウィン緩和後の日銀の保有国債の年間純増額は80兆円、新規の国債発行の2倍以上と限界まで規模を拡大した一方で、2%目標の達成時期はどんどん遠のいていった。この規模を何年間も続けることが無理なのは誰の眼にも明らかだったため、IMFから「QQEは2017~18年にも限界に達する」という内容の論文が公表されたことなどをきっかけに、もう追加緩和は難しいとの見方が拡がっていったのである。ハロウィン緩和から1年後の15年10月には、追加緩和期待が高まる中で、物価見通しを下方修正しつつ金融緩和が見送られたことも、「弾薬切れ」を裏づけるものと解釈された。

マイナス金利導入：起死回生策も不発

2016年の年が明けると、前年末からの原油価格下落が勢いを増し、これを受けてインフレ期待を示す指標にも低下が目立った。一方で、中国経済の減速懸念などを背景に、世界の金融市場には大きな動揺（日本にとっては円高、株安）が走った。それでも何の対策も打たなければ2%目標達成へのコミットメントを疑われると考えた日銀が起死回生の策として打ち出したのが、日銀当座預金の一部にマイナスの金利を課す政策の導入だった。

筆者はマイナス金利政策自体は評価している。政策波及ルートのはっきりしないマネタリーベース目標とちがって、マイナス金利がイールド・カーブを全体に押し下げる効果は明白だし（事実、長期金利は低下し、住宅ローン金利も引き下げられた）、限界が近づいていた国債大量買入れよりも持続可能な政策である。機動性が持ち味の金融政策にとっては、予期せざる事態に使えるカードを常に用意しておく必要があり、いざとなれば金利のマイナス幅拡大という手段を手に入れたことは重要である。

だが、マイナス金利といえども万能の策ではない。厳密な意味での金利のゼロ制約からは逃れたとしても、現金にマイナス金利を課せない以上、マイナス金利の拡大には限界がある。他国に比べて治安がよく、現金決済の習慣も強く残っている日本では、小口預金の金利がマイナスになれば、大量の現金が引き出されてしまう可能性が高い。おそらくマイナス1%さえ難しいのではないか。だとすると、マイナス金利導入前でも長期金利が0・2%程度だったことを考えれば、マイナス金利の景気刺激効果を過大評価することはできないだろう。

また、間接金融のウエートが高い日本や欧州大陸諸国では、金融機関の収益悪化につながるマイナス金利は、金融機関の融資拡大へのインセンティブを殺いでしまうという問題もある。

また、マイナス金利導入にもかかわらず、マネタリーベース目標を残して「マイナス金利付き

ＱＱＥ」と称しているのも意味不明である。当座預金を増やすことを目的とするマネタリーベース目標と、当座預金の増加にペナルティを課すマイナス金利が正反対のものであることは明白だろう。日銀は非常識な高値で国債を買うことで、少なくとも当面マネタリーベースの増加を図る構えだが、これは日銀の損失（＝最終的には国民負担）でディーラーに鞘取りを許す政策にほかならない。

しかも、過去2回の「黒田バズーカ」同様、今回もサプライズを狙ったことの代償は想像以上に大きなものだった。一つは、消費者心理が悪化したことである。預金金利の低下はほとんど無視し得る程度だったにもかかわらず、十分な説明もないままに理解し難い政策が導入されたことで、高齢者を中心に将来不安を惹起してしまったものとみられる。

もう一つは、金融機関からの反発が極めて強かったことだ。マイナス金利はスプレッドの縮小を通じて金融機関の収益悪化要因となるため、ある程度の反発は仕方ない面もある。しかし、直前まで日銀のマネタリーベース増加目標に「協力してきた」という思いのある金融機関にとっては、何の予告もなしに不意打ちに行われた政策変更（金融機関は、マイナス金利に対してシステム対応の準備もできていなかった）に対して「裏切り」「だまし討ち」という印象を抱いたようである。

さらに、マイナス金利導入のタイミングが世界的な金融市場の動揺と重なるという不運もあった。マイナス金利政策の発表直後に大幅な円高、株安が進んだことで、あたかもマイナス金利が円高、株安を招いたかのような誤解を与えた。

日銀は、マイナス金利はいずれ景気や物価にプラスの効果を及ぼすと考えており、この点は筆者も同じ見方である。しかし、上記のようなマイナス金利導入の進め方やタイミングの悪さから、マイナス金利導入もただちに起死回生の策とはならず、実際に効果が眼に見えてくるまでには暫く時間がかかりそうである。その間、原油安に伴う消費者物価前年比のマイナス転化やインフレ期待の低下など、日銀にとっては厳しい環境が続いている。それでも、いたずらに新たな政策を打ち出すより、まずは消費者や金融機関の理解を得ることに力を入れていく必要がありそうだ。

ＱＱＥが明らかにしたこと、隠していること

このように、序章を執筆している２０１６年春の時点でＱＱＥという実験の結果を振り返ると、とくに緒戦において一定の成果を収めたことはたしかであるが、当初目標に掲げた２％インフレの達成は遠のく一方で、さまざまな工夫と努力にもかかわらず日銀が使い得る政策手段にも限界が強く意識され始めている。その意味でＱＱＥの実験が成功であったと言うことは難しいが、実験というものは成功であれ失敗であれ、何らかの新たな認識をもたらしてくれるものである。

筆者の見るところ、ＱＱＥの実験が明らかにした最も本質的な認識は、「日本経済の長期低迷の原因はデフレではなかった」ということだと思う。たしかに、現在も２％インフレは達成されていないが、この２％というのは、リーマン・ショックのような負のショックが経済を襲った時に金融政策の対応余地をつくり出すための「保険」である。したがって、その保険部分が実現できていないからといって、物価が基調的にプラスで推移している限り、そのことが経済成長など

に大きなマイナスの影響を及ぼすとは考えられない。

第2章で詳しくみるように、デフレが終わっても低成長から抜け出せないのは、潜在成長率が0％台前半まで低下しているからだ。低成長を不況と誤解する向きも少なくないが、2014年前半から一貫して完全雇用（有効求人倍率でみればバブル期並みの人手不足）が続いている以上、潜在成長率が高まらない限り、成長率は上がりようがないのである。潜在成長率の低下には、労働人口の減少が大きく影響しているのは事実（日本の成長率を生産年齢人口一人当たりでみれば、「失われた20年」の間も米欧に劣るものではなかった）だが、足もとは女性や高齢者の労働参加の高まりで就業者数自体は増えているので、原因を人口だけに求めることはできない。

第4章で述べるように、企業がキャッチアップ時代の成功体験から抜け出せず、競争とイノベーションの環境変化に対応できていないことが、競争力、生産性の低下につながっている可能性が高い。そのことが、過去最高の企業収益の下でもなかなか賃上げが進まず（労働組合の賃上げ要求自体が及び腰）、経済の好循環、ひいては持続的な物価上昇につながっていかない最大の理由ではないかと筆者は疑っている。

こう考えると、日本経済再生に必要なのは金融緩和に過度に負担をかけるのではなく、アベノミクスで当初掲げられた「三本の矢」のうち、「第三の矢」＝成長戦略によって潜在成長率を高めていくことが極めて重要ということになる。ただし、ここで成長戦略という場合、規制緩和などだけではなく（もちろん、農協改革やＴＰＰ交渉の妥結は重要な前進だと評価するが）、日本企業のかたちを変えていくことが不可欠だと考えている。日本の企業システムの中核にあるものは、法律や規制の結果ではなく、主に民間の慣行からなる「日本的雇用」だ。安倍政権が掲げる「働き方改革」が実効あるものとなっていくことを期待したい。

以上がQQEの実験がもたらした大きな教訓であるが、その一方で本書では第4章、第5章において、QQEの背後に隠れている問題にも光を当てた。

QQEは、物価目標がなかなか達成されずに大量の国債買入れが続く限り、コストの見えにくい政策である。だからこそ、QQE導入当初には、その大胆さに誰もが驚嘆していたにもかかわらず、効果が十分でないとなると「もっと大胆な政策を」といった意見が出てくるのだろう。しかし、いつの日か2％目標が達成されれば、長期金利が大幅に上がり、それは金融システムの不安定化につながり得る。また、上記のように日銀自身が長期にわたって巨額の損失を蒙ることとなる。その累計は数十兆円のオーダーにのぼるとみられるから、消費増税を含めたアベノミクスの下での税収増加よりも大きい。

加えて、物価目標達成＝QQEの「出口」までに財政健全化の目処が立たなければ、2010～12年の欧州債務危機の経験のように、国債の金利が5％を大きく超えて上昇するリスクがある。そうなれば、政府債務残高／名目GDP比率でギリシャをも上回る日本にとっては、本格的な財政・金融危機の引き金となり得る。

にもかかわらず、そのことへの危機感が市場にも国民にも乏しいのは、まさにQQEが長期金利を抵位に抑えつけているからにほかならない。そしてQQEが問題を隠していることは、政治家や有権者の行動に歪みをもたらす。政治家が必要な増税を避け、ばら撒きに走りがちなのは万国共通である。有権者とて、増税が避けられるものなら「(増税は) やめてほしい」と答えるのは当然だろう。日本の財政の実状は、現実的な成長率を前提にすれば、2020年度のプライマリー・バランス黒字化さえ極めて難しいというものである。そのような状況で、消費増税先送りの可能性が高まれば、普通は長期金利が大きく上昇することで警告が発せられるはずだが、QQEがそのシグナル機能を麻痺させているのだ。その結果としての財政規律の弛緩こそ、QQEがもたらした最大の副作用ではないかと筆者は考えている。

柔軟で透明な政策運営を

QQE導入直後から主張してきたように、筆者はQQEという実験に踏み切ったこと自体は高く評価するが、実験的な政策は絶えず結果を検証しつつ、必要とあれば柔軟に見直していくことが不可欠である。にもかかわらず、十分な検証なしにマネタリーベース目標などの当初の枠組みに固執してきたことが、現在の行き詰まりを招いたと理解している。

そう考えると、日銀がまず行うべきことは、QQEないしマイナス金利付きQQEによって、何ができ、何ができなかったかについて、虚心坦懐に検証を行うことだろう。そして、独善的主張を繰り返すのではなく、過去の検証を踏まえた率直な意見交換を行うことが、市場とのコミュニケーションを再建する第一歩ともなるはずだ。

また、出口における日銀の損失や、財政健全化が進まない場合の危険など、都合の悪い材料を隠してはならない。「出口の議論は時期尚早」などと議論自体を封印するのではなく、QQEの出口でどんな困難が待ち受けているのかを国民の前に明らかにすることが必要である（FRBは、テーパリングを始める前に出口戦略についての議論を公開で行ったほか、出口で生じるFRBの損失の試算も公表している）。

これまでの実験結果の検証を踏まえ、さらなる金融緩和のコストとベネフィットを明示したうえで、どのように政策を進めていくべきか、しっかり議論する必要がある。因みに、筆者個人の意見を言えば、もはや長期戦が不可避となった以上、①将来のコストを抑制するためにマネタリーベース目標は破棄して、②マイナス金利を使って粘り強く金融緩和を進めつつ、③政府とも協力して企業・労働者に賃金引き上げを要請していく（一種の「逆所得政策」）ことで、時間はかかっても2％を目指すというものである（日本のように潜在成長率が低い国こそ、2％の保険は確保したい）。

もちろん、結果として筆者の意見が採用されるとは限らない。しかし、とにかく密室裡に練られた政策によってサプライズを狙うのではなく、透明性の高い政策運営が重要であることは、これまでの経験で十分に明らかになったと思う。

第1章　非伝統的金融政策：私論

1　「普遍化」する非伝統的金融政策

「全く次元のちがう金融緩和」の衝撃

日銀が2013年の4月に始めた量的・質的金融緩和は、多くの人の予想をはるかに上回る大胆な金融緩和として、市場に大きな衝撃を与えた。しかし、次章で詳しく述べるが、その効果は時間が経つにつれ、為替レートや株価などの資産価格への影響に比べ、経済成長など経済の実物面への影響は相対的に小さなものにとどまったことが明らかになってきている。それでも、安倍晋三首相が唱えるアベノミクスの「第一の矢」として、それ以前の長きにわたる経済の低迷とデフレの中で沈滞していた人々の心理を大きく変えるきっかけとなったことは間違いない。

この政策は、短期金利がほぼゼロとなっている下で、①長期国債などの資産を市場から大量に購入し、②マネタリーベースを大幅に増やすことを通じて、③2年程度で消費者物価前年比プラス2％のインフレ目標を達成することを約束するものであった。政策決定直後の記者会見で黒田東彦日銀総裁が「量的にみても、質的にみても、これまでとは全く次元のちがう金融緩和を行う」と強調したため、国内では「異次元緩和」と呼ばれることが多い。

しかし、資産購入の規模の大きさを別にすると、ここで使われている政策手段は、基本的に従来のゼロ金利政策、量的緩和、包括緩和等に含まれていたものであり、「異次元」という表現が適切か否かには疑問もある。そこで本書では、正式名称の英文訳（Quantitative and Qualitative Monetary Easing）を略したQQEと表記することにしよう。

中央銀行は、これまで短期金利の操作を金融政策の主たる手段としてきた。だからこそ短期金利の引き上げ＝金融引き締め、短期金利の引き下げ＝金融緩和と考えられてきたのである。しかし、いったん短期金利がゼロまで低下してしまうと、金利はゼロ以下にできない（金利のゼロ制約などと呼ばれる）ので、[1]その後景気の悪化やインフレ率の低下（デフレの進行）が起こっても、追加的な金融緩和を行うことができなくなる。こうした際に、バランスシートの大きさ（たとえばマネタリーベースの量）やその中身（たとえば長期国債を増やす）を変えることなどによって、何らかの金融緩和効果を狙うのが非伝統的金融政策（unconventional monetary policy）と呼ばれるものであり、日銀のQQEは典型的な非伝統的金融政策の一種である。

こうしたタイプの金融政策は、後述のように１９９９年２月に日銀が始めたゼロ金利政策や、同じく日銀が２００１年の３月に始めた前回の量的緩和が長い中央銀行の歴史上初めての試みであったから、その当時はまさに「非伝統的」という名にふさわしいものであった。

だが、２００８年９月に米国の主要投資銀行であったリーマン・ブラザーズの破綻などを契機に惹き起こされた世界金融危機以降は、米国の連邦準備理事会（ＦＲＢ）が同年末からさまざまなかたちの非伝統的金融緩和を繰り出したため、あたかも米国が「非伝統的」手法の総本山という印象を強めた。しかし、実は英国の中央銀行であるイングランド銀行（ＢＯＥ）が米国よりも少し前に量的緩和を開始している。

その後、13年4月には日銀がＱＱＥを開始したほか、ユーロ圏の中央銀行である欧州中央銀行（ＥＣＢ）もギリシャ問題に端を発した欧州債務危機に際していくつかの非伝統的措置を講じた後、15年1月からは日米同様の量的緩和を開始した。

このように、今や先進国の金融政策に限って言えば、その言葉とは裏腹に非伝統的金融政策のほうが「標準的」となってしまった感がある。

しかも、金融危機の直後には、こうした政策はあくまで「一時的な緊急避難」と考えられていた。しかし結局は、多くの国で非伝統的政策は予想以上に長期化することとなった。実際、米国のＦＲＢは15年末にようやく約7年間にわたるゼロ金利に終止符を打つことになったが、日銀のＱＱＥやＥＣＢの量的緩和はまだ暫く続きそうである。

さらに、利上げを開始したＦＲＢにおいてさえ、バランスシートの大きさは危機前の1兆ドル未満から4兆ドル台まで拡大したままであり、その正常化には今後数年以上を要すると考えられている。そういう意味で、少なくとも先進国においては、非伝統的金融政策は空間的にも時間的にも「普遍化」してしまったと言うことができる。中央銀行の国際的な集まりの場でもある国際決済銀行が２０１５年に公表した年次報告（BIS［2015］）の第1章の表題は、「従来は考えられなかったことが、当たり前になってしまったのか（Is unthinkable becoming routine?）」というものだった。この言葉は、過去10年足らずの間に起こった金融政策を取り巻く環境の驚くべき変化をよく表したものといえよう。

非伝統的金融政策の分類

ここまでさまざまな政策手法を「非伝統的」の一語で大括りに論じてきたが、次に、非伝統的金融政策をいくつかのタイプに分類してみよう。非伝統的な金融政策として第一に考えられるのは、中央銀行が市場に供給する資金の「量」を増やすことである。すでに短期金利には引き下げ余地がなくなってしまったので、その代わりに量を増やすというアイデアだ。これが、中央銀行のバランスシートの規模を拡大する量的緩和（quantitative easing：通称ＱＥ）と呼ばれる方法であり、一見わかりやすいこともあって、一般には非伝統的金融政策の代表と考えられている。しかし、次節で理論的に検討するように、量を増やすと何が起こるのか、本当はよくわからない面もある。

第二に、短期金利はゼロになっても長期金利は簡単にはゼロにならないから、長期金利を押し下げるという方法が考えられる。これには二つのやり方があって、一つは将来の短期金利について何らかの約束を行う方法だ。かつて日本で「時間軸政策」と呼ばれたものであり、近年ではフォワード・ガイダンスと呼ばれることが多い。今の短期金利はゼロであっても将来金利が上昇する可能性がある限り、「〇〇年先まで」、「××の条件が満たされるまで」ゼロ金利を続けるという約束をすれば、長期金利が低下して経済に刺激効果を与えることができるからである。

もう一つは、もっと単純に中央銀行が長期国債などの長期資産を購入することで、長期金利を押し下げる方法である。結果はフォワード・ガイダンスの場合と同じだが、フォワード・ガイダンスが先行きの短期金利の予想に影響を与えようとするのに対し、この手法は量の力で長短金利差（ターム・プレミアム）の縮小を狙うという点にちがいがある。

第三に、仮に国債などの安全資産の金利はゼロになっても、ＣＰや社債などのリスクのある資産の利回りは普通ゼロにはならない。そのリスクの大きさに見合ったリスク・プレミアムが上乗せされるからだ。しかし、実際の経済活動を行う企業が発行する債務はリスクを伴うものであることを考えると、重要なのはリスク・プレミアムを含めた資金調達コストだということがわかる。そこで、中央銀行がリスク資産を購入すれば、ＣＰや社債等の利回りが低下する可能性があり、その結果、経済活動を刺激することができると考えられる。つまり長期国債の購入がターム・プレミアムを潰すことを目的とするのに対し、こちらはリスク・プレミアムを潰すことを狙うものだ。

なお、日本の金融危機やリーマン・ショック後などのように金融市場が大きく混乱する時期には、リスク・プレミアムが急拡大することが知られている。このため、この手法は金融危機時にとくに大きな効果を発揮することになる。

次節ではいよいよＱＱＥの効果について考えることとするが、その前に、世界中でこれまでどのような非伝統的金融政策が行われてきたのか、簡単におさらいをしておこう。その目的は、単に非伝統的金融政策の歴史を概観することではなく、どのような局面において、金融政策手法にどのような新たな工夫（＝イノベーション）がなされてきたのかを、日銀、ＦＲＢ、ＥＣＢのケースに則して振り返ることにある。

非伝統的金融緩和の歴史：日銀、ＦＲＢ、ＥＣＢのイノベーション

非伝統的金融政策の始まりは、前述のとおり１９９９年２月の日銀によるゼロ金利政策の導入だと考えられるが、それには若干の前史がある。バブル崩壊の後も暫く持ち堪えていた日本の金融システムが金融危機の局面に突入したのは１９９７年11月の北海道拓殖銀行と山一證券の破綻がきっかけであった。そして、翌98年には日本長期信用銀行（10月）、日本債券信用銀行（12月）の実質的な破綻（一時国有化）を受けて危機が一段と深まった。

企業金融が逼迫する中、同年11月に日銀はＣＰオペの積極化や社債等を担保とするオペの導入を決めたのである。これらは、リスク資産を直接購入するものではないため、厳密な意味で非伝統的金融政策とは言い難いが、金融市場の機能不全への対応という意味で後述する「信用緩和」の先駆けと考えることができよう。

実際この頃は、97年末から翌年春にかけてみられた「貸し渋り」「貸し剥がし」などと呼ばれた深刻なクレジット・クランチの再来が強く懸念されていた。[2] しかし幸いに、日銀短観の貸出態度判断ＤＩに見られるように、99年に入る頃から企業金融の逼迫度は急速に薄れていった。これには、金融再生法・早期健全化法といったかたちで金融機関の破綻処理や資本注入に関する法的整備が進んだことに加え、上記日銀の対応も大きく貢献したと考えられている。

その後、景気は回復に向かっていくが、消費者物価指数の前年比マイナス状態はむしろ長期化する中で、翌99年2月には「ゼロ金利政策」が導入されることとなった。この際の金融調節方針は「無担保コールレート（オーバーナイト物）をできるだけ低めに推移するよう促す」であり、当初は０・15％程度が目処とされたが、比較的速やかにほぼゼロに到達したため、ゼロ金利政策と呼ばれるようになったのである。

とくに注目すべきは、同年4月に「デフレ懸念の払拭が展望できるような情勢になるまで」ゼロ金利を続けると約束したことだ。この表現は曖昧さの残るものであり、時期尚早なゼロ金利解除につながったと批判されることもあるが、これが当時の表現で言えば「時間軸政策」、後に非伝統的金融政策の「標準形」となるフォワード・ガイダンスの端緒であった。

この景気回復局面において、デフレ懸念が薄らいだと考えた日銀は、２０００年8月にゼロ金利政策を解除した。しかし、米国におけるＩＴバブル崩壊の煽りを受けて景気後退に陥ったため、再度の金融緩和を迫られることとなる。その際に01年3月から導入されたのが、金融政策の操作目標を日銀当座預金の「量」に置いた、いわゆる「量的緩和政策」である。この量的目標は当初の5兆円程度から最終的には30～35兆円にまで拡大された。また、この際には「消費者物価の前年比上昇率が安定的にゼロ％以上になるまで」現在の政策を続けるというかたちで、ゼロ金利時代より明確な時間軸が設定された。

なお、量的緩和の時期には、長期国債の購入額も増額されたが、実際に購入された国債は残存期間が短いものが多く、長期金利を積極的に押し下げるというより、当座預金の積み増しを確実に実現するための手段という位置づけであった。この頃までが日銀が非伝統的金融政策のフロントランナーであった時期だといえる。

リーマン・ショックとＦＲＢ

非伝統的金融政策に次の波がやって来たのは世界金融危機の局面であり、そのリード役は危機の震源地であった米国のＦＲＢが果たすこととなる。

２００８年９月のリーマン・ブラザーズ破綻を受けて世界的な金融危機が本格化すると、ＦＲＢは同年12月に政策金利である短期市場金利（フェデラル・ファンド・レート）を０・25％まで下げて事実上のゼロ金利政策に移行したが、その前後からＬＳＡＰ（Large-Scale Asset Purchases）と呼ばれる大量の資産購入を始めたのである。

その第１弾は08年11月から10年３月の間に２・５兆ドルの資産購入を行ったものだが、その特徴は長期の米国債だけでなく住宅ローンを証券化したＭＢＳ（Mortgage Backed Security）などのリスク資産を多く購入した点にある。これは、リーマン・ショック後の信用収縮（クレジット・クランチ）により証券化金融商品などの市場が麻痺状態に陥り、そのことが景気の悪化に拍車をかけるという事態への対応だった。

実際、この当時ＦＲＢはゼロ金利やＬＳＡＰ以外にも、詳細な説明は省略するがＰＤＣＦ、ＴＡＬＦなどと呼ばれるさまざまな手段を相次いで導入して金融機関への貸出や金融市場への資金供給の強化に努めており、「最後の貸し手」機能を積極的に発揮した。このため、市場関係者は

ＬＳＡＰのことを量的緩和、ないしその第１弾としてＱＥ１と呼ぶことが多いが、当時のＦＲＢ議長バーナンキ自身が使った表現は信用緩和（credit easing）というものであった。

その後もＦＲＢは、市場の通称に従えば２０１０年11月～11年６月のＱＥ２、11年９月に導入した「オペレーション・ツイスト」、12年９月～14年10月のＱＥ３と、景気回復の勢いが弱まるたびごとに追加金融緩和を繰り返した。これらの政策はバランスシートの規模が大きく拡大していくだけでなく、長期金利の押し下げを明示的な狙いとした点に特徴がある。(3) 実際、長期債を購入し、短期債を売却するオペレーション・ツイストの場合、ＦＲＢのバランスシートは拡大しないため、その意図はより明確であった。

さらに、ＦＲＢが非伝統的金融政策にもたらした重要なイノベーションの一つは、金融機関がＦＲＢに持つ超過準備（準備預金のうち法定準備を上回る部分）に利子を付けるようにしたこと（ＩＯＥＲと呼ばれる）にある。

日銀の量的緩和時代には、市場金利が限りなくゼロに近づくと、短期国債等を購入しようとしてもオペに応じる金融機関がなく、「札割れ」といって十分な資金供給が行えないケースが少なくなかった。しかし、ＩＯＥＲが導入されると、市場金利が完全にゼロにならずとも、際限なく資金供給ができるようになる。その意味で、このアイデアは「コロンブスの卵」であったといえよう。

これはおそらく、本当にゼロ金利になってしまうと、金融市場で大きな位置を占めるＭＭＭＦ（短期・流動型の投資信託の一種）が成り立たなくなるという米国固有の事情から生まれた措置だと思われるが、後にみるように量的緩和からの「出口」の進め方が大きく変わったり、マイナス金利をも可能とするなど、従来の考え方に大幅な変更を迫ることになる。

欧州中央銀行（ECB）の苦悩

これに対し、ECBの場合、金融危機直後は政策金利を1・0％まで下げただけでゼロ金利を回避したほか、本格的な量的緩和を開始するのは日銀のQQEからさらに2年近く後の2015年1月となるなど、非伝統的金融緩和に消極的だったと見做される場合が多い。

たしかに、伝統的に物価安定重視の立場にあるドイツ中央銀行（ブンデスバンク）の影響力の強さはリスクを伴う非伝統的政策への慎重さにつながったであろうし、仮に長期国債を買い入れるとしても、①どこの国の国債をどれだけ買うか、②後述のように大量の長期国債購入は金融緩和の「出口」において中央銀行に巨額の損失をもたらす可能性が高いが、その場合、誰がその損失を負担するのかなど、多数の国の寄り合い所帯であるユーロ圏では、日米にはない困難があったのも事実である（ギリシャ国債を買って、損失が出た場合はドイツが負担するというのでは、ドイツ国民は簡単には納得しないだろう）。

しかし、そのECBも欧州債務危機が深刻化するにつれ、非伝統的金融政策へと足を踏み出していく。

欧州債務問題は、もともと2009年秋にギリシャで政権交替が起きた際、新政権が前政権による財政赤字額の粉飾を明らかにしたことに端を発する。財政破綻懸念による国債金利の上昇は、当初こそギリシャに限られていたが、10～11年にはアイルランド、ポルトガル、スペイン、イタリアと、南欧を中心に不動産バブルの崩壊によって経済、金融システムが悪化していた国々へ拡がっていった。国債の金利上昇（＝価格下落）が金融機関のバランスシートを毀損し、その結果金融機関の融資が慎重化すれば、それが景気や財政に悪影響を及ぼすといった悪循環が強く懸念された。

こうした事態に対しＥＣＢが実行したのが、ＳＭＰと呼ばれる重債務国の国債買入れ（10年５月導入）やＬＴＲＯと呼ばれる、期間３年に及ぶ域内金融機関向けの資金供給オペであった。とくに後者は、11年末から12年春先にかけて１兆ユーロ超の規模で実施され、ユーロ圏内の財政支援の枠組みである欧州安定メカニズム（ＥＳＭ）や銀行同盟などの統一的な金融監督制度の設立などと相俟《あいま》って、12年秋以降の債務危機の急速な鎮静化に大いに寄与することとなった。

ＥＣＢが購入したり担保としたものは国債が中心だったが、債務危機の中では重債務国の国債はリスク資産と化していた（事実、ギリシャのみならず、スペインやイタリアなどの大国の国債にも大きな信用プレミアムが発生していた）ため、信用緩和の効果が発揮されたものと考えられる。なお、その後もギリシャでは緊縮財政に反発する政権の誕生などから債務危機が繰り返されているが、12年以降それが他国に波及することはなくなっている。

マイナス金利というイノベーション

ただ、ユーロ圏では、世界金融危機の影響に欧州債務危機の影響が加わったことで、景気回復の足取りは米国や日本以上に鈍いものにとどまり、徐々にデフレ懸念が強まっていった。

そうした中でＥＣＢが打ち出したのが、国債購入による量的緩和と民間銀行が中央銀行に預ける預金に対するマイナス金利の組み合わせである。実施の時期には若干ずれ（マイナス金利は２０１４年央から、量的緩和は15年初から）があるが、両者の組み合わせから大きな効果が生まれた。

民間銀行は余剰資金を持っているとマイナス金利を付与されるため、仮に国債の金利がマイナスとなっても付利のマイナス幅より小さい限り、国債をＥＣＢに売るインセンティブがあるからだ。事実、一時は10年物のドイツ国債の金利までほぼゼロとなって（その後大きく反動が出たが）、ユーロ急落などにつながり、デフレ懸念も薄らいだ。

なお、マイナスの政策金利は、これ以前にもスウェーデン、デンマークといった北欧の小国が主に自国通貨の増価を抑制するための通貨政策として使用した経緯はあるが、ＥＣＢのような主要中銀が金融政策の手段として導入したのは初めてのことであり、今回の一連の非伝統的金融政策の中でＥＣＢがもたらしたイノベーションとみることができよう。

「非伝統的金融政策＝量的緩和」ではない

一般には非伝統的金融政策＝量的緩和というイメージが強いのではないだろうか。そして、その目的はデフレ防止、ないしデフレからの脱却と考えられているのだろう。たしかに、日米欧の中央銀行は時期のちがいこそあれ、何らかのかたちでバランスシートの規模を拡大する量的緩和を行ってきたし、いずれもデフレのリスクを強く意識してきたことは間違いない。しかし、実際に行われてきた政策は、以上にみたように必ずしも非伝統的金融政策＝量的緩和と単純化できるものではない。

第一に、各国が行ってきたのは単にバランスシートの規模を拡大しただけでなく、（非伝統的金融政策の分類）の項で挙げた三つの手段をそれぞれに組み合わせたものだった。

第二に、バランスシートの規模に「目標」を設定したのは２００１～06年（当時の目標は当座預金残高）と現在のＱＱＥ（現在の目標はマネタリーベース）ともに、日銀だけである。他の中央銀行では、ＬＳＡＰのように資産購入額の目標は設定されたが、バランスシートの拡大はあくまでその結果という位置づけだった。

第三に、各国の経済がそれぞれ置かれた環境の中で、求められる政策手段についてさまざまなイノベーションを生み出してきたことだ。すべてを量的緩和として一括りにしてしまうのは過度の単純化である。

そして第四に、各国の置かれた環境の中では、デフレ・リスクもさることながら、日本の金融危機、世界金融危機、欧州債務危機など、広い意味での金融危機の発生がとりわけ重要であった。本書でもこれから徐々に明らかにしていくつもりだが、非伝統的金融緩和には大きな副作用、ないしリスクが伴う。それでも各国の中央銀行を非伝統的金融政策へと突き動かしていったのは、金融危機への切迫感だったように思う。

2　ＱＱＥの実験的性格

やや寄り道をしたが、ＱＱＥを実際に導入する前の時点で、その枠組みにどのような効果が期待できたのかについて、改めて考えてみることにしよう。序章でも触れているとおり、筆者はＱＱＥが実施された直後から、早川［２０１３］［２０１４ｄ］などにおいて、非伝統的金融政策の効果には学界でもコンセンサスが存在せず、ＱＱＥは実験的な性格を強く持つことを主張してきた（「ギャンブル」という表現を用いたこともあるが、それは「やってはならない」という意味ではない）。

しかし、一部の冷静な経済学者を除くと、素人を中心に「お札を刷って配れば効果があるに決まっている」と考える者か、短期金融市場・債券市場関係者を中心に「市場にはおカネが有り余っているのだから、資金供給を増やしても効果はないに決まっている」と考える者のいずれかがほとんどで、筆者の主張はなかなか理解してもらえなかったように感じている。

その原因の少なくとも一部は、日本経済の長期低迷の責任は日銀の金融緩和の不足にあるとして、大胆な金融緩和を求めてきた「リフレ派」と、日本経済の不振の原因はより構造的な問題にあるのだから、金融緩和だけでは問題は解決しないと主張してきた「反リフレ派」の対立が長年にわたって続いてきたことに求められよう。

だが、ＱＱＥを評価するには、どうしてもその実験的性格を理解することが不可欠だと筆者は

表１－１　量的・質的金融緩和（QQE）の内容

	2013年４月	2014年10月
インフレ目標	消費者物価前年比上昇率２％の「物価安定の目標」を２年程度の期間を念頭に置いて、できるだけ早期に実現する	同左
操作目標	マネタリーベースを年間60〜70兆円増やす	マネタリーベースを年間約80兆円増やす
購入資産（長期国債）	長期国債の保有残高を年間約50兆円増やす（購入国債の平均残存期間を７年程度に延長する）	保有残高を年間約80兆円増やす（購入平均残存期間は７〜10年程度に延ばす）
（ETF）	保有額を年間１兆円増やす	保有額を年間３兆円増やす
（REIT）	保有額を年間300億円増やす	保有額を年900億円増やす

考えている。そこで本節では、ニュー・ケインジアン経済学（New Keynesian economics）と呼ばれる現在のマクロ金融理論の標準的な考え方をもとに、ＱＱＥの効果について理論的に考えてみることとしたい。

なお、この枠組みで非伝統的金融政策の効果を分析した代表的な文献はニュー・ケインジアン経済学の大御所であるウッドフォード教授と当時ＩＭＦの研究者であったエガートソンの共著論文（Eggertsson-Woodford［2003］）であり、以下、折に触れてＥＷとして言及する。

ＱＱＥの効果を理論的に考える

その際、最も説得的な説明の仕方は、２０１４年春の日本金融学会の会長講演で植田和男東大教授（元日銀審議委員）が使われたものではないかと思う（植田［２０１４］）。そこで以下でも、この植田流の説明を試みることにしよう（もちろん、ここでの理解不足や説明の不手際があるとすれば、それは専ら筆者の責任である）。

ＱＱＥの内容は【表１－１】にまとめたとおり（２０１３年４月のＱＱＥ１の内容と、翌年10月の追加緩和＝いわゆるＱＱＥ２に分けて示している）だが、植田はこれを、以下のように三つの政策の合計として分析した。

マネタリーベースの増量

第一は、植田がＱＥ０《ゼロ》と呼ぶ部分で単純にマネタリーベースの量を増やすことを指す。この政策の効果に関する植田の答えは「ない」というもので、リフレ派の一部は強く反発するかもしれないが、ＥＷ等の現在の標準的な経済理論に則して考える限り、それ以外の解答はあり得ない。

一番単純には、中央銀行が民間銀行から短期国債を買って、その銀行の当座預金を増やすケースを考えるとわかりやすいだろう。短期国債と中央銀行の預金はその流動性においても信頼性においてもちがいはなく、経済学的には完全代替財と見做すことができる。当然、完全代替財を交換しても効果は何もない。

もちろん、初級の金融論の教科書には「マネタリーベースを増やすと、銀行がそれをもとに信用創造を行うため、その何倍もマネーストックが増える」という貨幣乗数の式が書いてある。しかし、それはあくまで金利がゼロでない場合に成り立つ関係であり、ゼロ金利下ではマネタリーベースが増えても信用創造につながらないことは池尾［２０１３］が大変丁寧に説明しているとおりである。

しかし、ただ効果がないと天下りの結論を述べるばかりでは芸がないので、ここでは経済学界での過去の論争と「時間軸政策」の誕生の関連に触れるかたちで、少し議論を敷衍してみよう。

量的緩和論というのは日銀がゼロ金利を導入する前からあったのだが、その最大の弱みは「短期市場金利がゼロである以上、短期資金は自由財（free goods）である。自由財の供給を増やしても、均衡に変化はないはずではないか」ということにあった。

この点、１９６０年代に流行したトービン流の「資産市場の一般均衡分析」を持ち出して、ゼロ金利でも日銀当座預金の量を増やし続ければ、余ったお金が流れ出して貸出の増加や為替レートの下落、株価上昇などにつながると「ポートフォリオ・リバランス効果」を強調する論者がいる。これは常識的に聞こえるが、経済学的には間違いである。ここで大切なことは、価格がゼロになった財の均衡条件は需給均等（D＝S）ではなく、超過需要がないこと（D≦S）というミクロ一般均衡理論の基本を頭に叩き込んでおくことだ。そうすれば、価格がゼロになった財の供給（S）を増やしても均衡に変化がないことはただちにわかるだろう[4]。

この弱点を克服したのがノーベル経済学賞受賞者としても有名なクルーグマン教授の論文（Krugman［1998］）であった。クルーグマンは二時点間の動学的なモデルをつくることで、「仮に現在の金利はゼロでも、将来ゼロ金利でない時期が来る。その時のマネーの供給量が多ければ物価は上がる。すると、将来のインフレ予想が生まれることで、期待実質金利が低下し、現在の均衡も変わる」と論じたのだ。

ただ、クルーグマンの議論にも弱点があり、それは今日のマネーを増やしても、将来のマネーが増える保証はないという点にある。そこで当時日銀の審議委員だった植田教授が考えたのは、クルーグマンの論理を「金利の言葉で表現すること」、つまり「将来の低金利を中央銀行が約束すればよいではないか」ということだった。これが時間軸政策、あるいはフォワード・ガイダンスの「誕生の秘密」である。この点に関しては、当然ながら植田［２００５］が詳しい[5]。

信用緩和

第二の部分は、植田がＱＥ1と呼んだ部分で、米国の信用緩和にあたる部分である。ＱＱＥでいうと、リスク資産であるＥＴＦやＲＥＩＴの購入がそれに該当するが、２０１４年春時点の植田の評価は「金額も小さく、あまり効果はないだろう」というものだった。その後、①14年10月の追加緩和でＥＴＦの購入額が3倍となったことに加え、②公的年金の運用を担当する政府機関（ＧＰＩＦ）が国内株への運用割合を増やしたこともあって、市場関係者には「公的資金が株価を押し上げている」との見方が少なくない。

しかし、前述のように信用緩和が大きな効果を持つのは金融市場が機能不全に陥っている場合である一方、現在の日本にそうした問題はない。したがって、株価はあくまでファンダメンタルズで決まるという標準的な経済理論で考える限り、そうした効果を過大評価することはできない。

なお、ここでやや脇道に逸れるが、バーナンキＦＲＢ前議長の信用緩和への思い入れについて少し触れておきたい。というのも、国内では大恐慌研究の第一人者であるバーナンキが「大恐慌の反省を踏まえて、マネーを大幅に増やす政策を採った」という議論が流布しているが、筆者はその解釈に違和感を覚えるからだ。

たしかに、バーナンキの後年の著書『大恐慌論』には、マネーの役割を重視したフリードマン＝シュワルツの伝統に沿った議論も展開されている。しかし、もともとバーナンキが若手研究者として脚光を浴びたのはBernanke［1983］によってであった。この論文の特徴は、題名に「非貨幣的効果」という表現があるように、大恐慌の波及過程において、マネーだけでなく、銀行破綻や信用リスク・プレミアム拡大の影響が大きかったことを強調したものである。(6)

先にみたように、バーナンキがリーマン危機の只中でまずただちに行った政策は、金融機関の救済や「最後の貸し手」機能の積極的な活用、信用スプレッドを圧縮するためのリスク資産購入であった。しかも、単にバランスシートの規模を拡大するだけの「量的緩和には効果はない」と明言したうえで、この政策を「信用緩和」と名づけたところこそ、大恐慌研究者としてのバーナンキの面目躍如であったと筆者は理解している。

バーナンキが２０１５年秋に公刊した回顧録（Bernanke［2015］）においても、多くのページが金融危機への対応に割かれているほか、金融危機が実体経済の落ち込みに大きく影響した点が強調されている。

なお、同書においても、ＦＲＢが行った大規模な資産購入（ＬＳＡＰ）の目的は長期金利の押し下げにあった（資産購入がインフレ期待に影響するルートは言及されていない）一方で、2001～06年の日銀の量的緩和の試みについては「マネーストックの増加を目的とした」ものと解釈したうえで、失敗だったと評価されていることを確認しておこう。

長期金利の押し下げ

第三は、植田がQE2と呼ぶ部分で大量の長期国債買入れで長期金利の押し下げを狙う部分である。実は、この部分も純粋に理論的に考えると「効果はない」ということになってしまう。市場が完全であれば、長期金利は将来の短期金利の予想の平均に等しくなる（「期待理論」と言う）ので、そうした市場を前提とするEW等では、インフレ目標の水準やフォワード・ガイダンスは長期金利に影響を与えるが、長期国債を買っても影響はないからである。

ただし、植田もこの結論は「不自然にすぎる」と言う。現実には、保険会社や年金などは長期債での運用を望むため（「特定期間選好仮説」preferred habitat hypothesisと言う）、中央銀行が長期債を大量に買い占めてしまえば、長期金利は低下するからだ[7]。

中でも国債については、流動性の高い安全資産であり、金融取引の担保として幅広く用いられるなど、特別な需要が存在するとの見方もある。実際、米国のQE2、QE3は長期金利をかなり押し下げたと考えられており、大量の国債購入は何がしかの効果を持つと考えるのが常識的だろう。

結局、①Q0の効果はなく、②Q1の要素も少ない。加えて、③Q2には効果があるが、日本の場合にはＱＱＥ開始時点の10年国債の利回りがすでに１％未満であったため、長期金利の追加的な押し下げ余地は小さかった。したがって、「理論的に考える限り、ＱＱＥの効果はあるとしてもわずかだろう」というのが、植田の結論であった。

なお、２００１～06年の日銀の量的緩和政策の効果に関する実証分析についても、ここで触れておくのが便利だろう。個々の研究への言及は省略するが、鵜飼［２００６］のサーヴェイがまとめているように、時間軸効果が中短期を中心にイールド・カーブを押し下げる効果は明確に検出された一方、ポートフォリオ・リバランス効果や総需要、物価への影響は明確ではなかったとの評価が一般的である。これに対し、本多ほか［２０１０］は、量的緩和が物価はともかく、株価を通じて景気に好影響を及ぼしたとの結論を得ている。

この点、①この時期は政府の為替介入もあって、為替レートが大きく円安に振れたこと、②本多らが用いた景気指標は輸出に敏感に反応する鉱工業生産であったことから、後述の量的緩和が現実には円安・株高につながり得るという効果を検出したのではないかと、筆者は解釈している。なお、鵜飼は、日本の金融機関の資金調達に対して発生していた信用リスク・プレミアムが量的緩和の下で縮小したことを指摘している。01～03年頃は金融システムへの不安がかなり高まっていたことを考えると、量的緩和が信用緩和に似た効果を発揮した可能性を示唆しており、大変興味深い。

現実の金融市場はちがう？

しかし、先ほどの結論はあくまで「理論的には」という話であり、現実はどうかとなると、事はそれほど単純ではない。実際の為替トレーダーの中には、有名な投資家であるジョージ・ソロスが考案したといわれる「ソロス・チャート」、すなわち内外（たとえば日本と米国）のマネタリーベースの比率をグラフ化したものをベースに取引を行う者が少なくないとされるからだ。この考えに従えば、日本のマネタリーベースが相対的に増えれば円安となるため、量的緩和＝円安ということになる。おそらく読者の中にも、それが常識だと思っている方が多いのかもしれないので、あらかじめ断っておくと、この考え方は理論的には全くの間違いである。

たしかに40年ほど前、主要国が変動相場制に移行した直後には「マネタリー・アプローチ」と呼ばれる為替レートの決定理論があった。これは、①為替レートが購買力平価（＝内外の物価水準の比）で決まる、②各国の物価水準は貨幣数量説で決まる、という二つの仮説を組み合わせたものだ。そうすると、為替レートは内外のマネーストックの比で決まることになる。購買力平価説は、現在でも中長期的には正しいと考えられているし、１９７０年代には多くの国で貨幣数量説がおおむね成り立っていたため、実証的にもマネタリー・アプローチを支持する研究が少なくなかった(8)。

これに、③貨幣乗数（マネーストック／マネタリーベース）が一定という仮定を加えれば、たとえば円ドルレートは日米のマネタリーベースの比で決まるというソロス・チャートの結論が出て来るのは事実である。しかし、１９８０年代以降は金融自由化などを背景に貨幣数量説は成立しなくなり、為替レート決定モデルとしてのマネタリー・アプローチも徐々に忘れられていった。まして、先にも述べたようにゼロ金利の下では貨幣乗数は全く不安定化してしまうため、マネタリーベースで為替レートが決まることは、理論的にはあり得ないのである。

だが問題は、理論的妥当性にかかわらず、市場参加者の多数がソロス・チャートを信じて取引を行うならば、少なくとも短期的には為替レートがソロス・チャートに沿って動く可能性があることだ。しかも、ここで重要なポイントは、仮にある市場参加者が本当はソロス・チャートは理論的に間違いだと知っていたとしても、他のプレイヤーたちがソロス・チャートを信じて取引をしていると考えるならば、自分もソロス・チャートをもとに行動するのが合理的だという点にある。これが、有名なケインズの「美人投票」の論理にほかならない。

経済理論には、サン・スポット（太陽黒点）均衡といって、本来ファンダメンタルズに関係ない要素が均衡に影響を与えてしまう可能性を完全には排除できないという考え方がある。これは、もともと限界革命で有名なウィリアム・ジェボンズが「太陽黒点運動が景気循環に影響する」という説を唱えたことに端を発するものだが、為替レートがソロス・チャートに影響されるとすれば、まさにサン・スポットの好例と言えよう。

実際、たとえば日米について比較的長い期間でソロス・チャートを描いてみると、マネタリーベース比と為替レートが大きく乖離する時期もあるが、両者が比較的揃って動く時期もある。また、米国がＱＥ２、ＱＥ３などでＦＲＢのバランスシートを拡大していった時期には、ドル安が大きく進んだ。そして、自国通貨が下落するのであれば、米国でみられたようにそれは株高にもつながる可能性が高い。

とくに問題となるのは、リーマン・ショック後の時期であろう。すでによく知られている事実だが、この時期のマネタリーベースの動きを日米欧で比較してみると、①マネタリーベースを対名目GDP比でみると、もともと長期間金融緩和を続けてきた日本の水準が最も高く、せいぜい米欧が追いついて来た程度である一方、②リーマン・ショック前後を100として、この時期の変化のみに着目すると、米欧が急増する中で、日本のみ、あまり増えていないように映る。マネタリーベース比の変化に着目するソロス・チャートで考えると、そのことが円高要因として働いた可能性がある。

もちろんこの頃の円高には、①世界金融危機による金融システムへの悪影響は日本より米欧のほうがはるかに深刻であった（景気の悪化は日本でも深刻だったが、資金の流れは金融システムの安定度に大きく影響される）、②リーマン・ショックや欧州債務危機などで世界的にリスク許容度が下がる時期（「リスク・オフ」などと呼ばれる）には、対外債権国である日本の通貨価値が上がりやすい、といった要因も同時に働いていたと考えられる。それでも、ソロス・チャートなどを通じて日本が金融緩和に消極的と見做されたことが、1ドル＝70円台の円高の一因となり、世界的な株価上昇の中で日本が取り残されることにつながった可能性は排除できない。

もちろん、主として通貨安を狙った金融緩和は「競争的な為替切り下げは行わない」という国際的な合意（たとえば、2010年のソウルでのG20合意）に反するものだ。しかし、米国のQE2以降、量的緩和による通貨下落は「通常の金融緩和の結果としての通貨安」と見做されるようになっていた（これに対する新興国の反発は強かったのだが……）。

意味深長なバーナンキ発言

ここまで説明すれば、筆者が強調していた非伝統的金融政策の実験的性格を十分理解していただけるのではないだろうか。非伝統的金融政策の中でも代表的と考えられる量的緩和について、理論的には効果がないと考えるべきである一方、現実には美人投票であれサン・スポットであれ円安・株高をもたらす可能性があるからだ。であれば、非伝統的金融政策の効果については「やってみなければわからない」というのが一番正直な答えであり、その意味で実験的、ないしギャンブルの要素を持たざるを得ないのである。

おそらく本節を締め括るには、もう一度バーナンキ前ＦＲＢ議長にご登場を願うのがよいように思う。それは、彼が議長を退任する直前に「量的緩和の問題点は、実際には効果があるのに、理論的にはうまくいかないということなんだ“The problem with QE is that it works in practice, but it doesn't work in theory.”」という意味深長な発言を残しているからである。

米国メディアの報道では、この発言を「冗談」として扱っている場合が多いが、それは間違いだろう。バーナンキが量的緩和に理論的意味がないことを知らないはずはない。彼は金融危機の只中、大恐慌研究の教訓を活かして信用緩和を行い、それによって世界的な金融恐慌を防ぐことに見事成功した。しかし、金融危機が終息してもバブル崩壊の後遺症としてのバランスシート問題が残っていたため、通常の金融緩和だけではなかなか順調な景気回復につながらなかった。

そこでバーナンキが打ち出したのが、ＱＥ２、ＱＥ３といったＦＲＢのバランスシートを拡大する量的緩和策だった。その効果は確実でないが、おそらく長期金利の低下を促し、うまく市場が乗ってくれさえすればドル安や株高にもつながることを期待したのだと思われる。

これらの政策を遂行している間、バーナンキはその効果に自信たっぷりの表情を浮かべていたが、その内心はどうだったのだろうか。先の発言は、ようやく量的緩和からの「出口」も見え、ＦＲＢ議長を退任する直前というタイミングで、安堵のため息とともに出た「本音」ではなかったかという気がする。(9)

3　非伝統的金融政策の倫理的側面

非伝統的金融政策の実験的性格は理解してもらえたとしても、本節の表題に掲げた「倫理的側面」という言葉には違和感を持たれる読者が多いことだろう。通常、金融政策はテクノクラティックな性格が強く、倫理や道徳といった言葉とは最も縁遠いものと考えられているからだ。

実際、経済政策の中でも財政政策であれば、誰が課税され誰が受益を享受するかの利害対立を伴わざるを得ない以上、価値判断が不可欠であり、政治的色彩が強くなる。ＴＰＰの例を考えればただちにわかるように、通商政策も利害対立を招き、政治色を帯びやすい。さらに環境政策ともなれば、成長を重視するのか持続可能性を重視するのかに関する価値判断は、倫理ないし道徳の要素を持つだろう。

これに対して金融政策は、債権者と債務者の間の所得分配に関わるにしても、比較的価値中立的な色合いが強いと言うことはできよう。

金融政策が中央銀行という主にテクノクラートからなる組織に委ねられる理由について、経済学の文脈では①ゲーム論的な枠組みの中で金融政策がインフレ・バイアスを持ちやすいことを示し、その是正には独立した中央銀行が有用と論じる理論的研究、②中央銀行の独立性の程度を何らかのかたちで数量化し、独立性の高い中央銀行のパフォーマンスの良さを示した実証研究、というかたちで議論される場合が多い[10]。もちろん、これらも重要な視点ではあるが、より根本的に考えるならば、金融政策は基本的に価値中立的である一方で、金融市場という一般国民には理解の容易でない複雑な対象を相手にしなくてはならない点にこそ、中央銀行という政府とは別の組織が登場する理由があるのではないだろうか。しかし、金融政策がひとたび非伝統的な領域に入ると、この事情は大きく変わってしまうのである。

嘘をつくことは許されるか

先にみたように、中央銀行のバランスシートを単純に拡大する量的緩和は、理論的には効果がないはずだが、ソロス・チャートを使って取引を行う為替トレーダーが多数いれば、実際には円安につながる可能性があるということだった。そうすると、プラグマティックな観点からは「現実に効く可能性があるなら、試してみればどうか」という考え方が当然出て来るだろう。

他方、やや厳しい言い方をするならば、ソロス・チャートは「期待」ではなく「誤解」である。つまり、量的緩和政策は「市場参加者の誤解に働きかけることで、為替レートを少なくとも一時的にファンダメンタルズから乖離させる政策」だということになる。筆者が「倫理的側面」と呼ぶのは、そのような政策を中央銀行が行うことは許されるのか、という問いにほかならない。

これは、ずばり価値判断の問題だから、当然ロジカルな「正解」は存在しない。ただ、医師がプラセボ（偽薬）を使う場合とよく似ている点は指摘できる。

よく知られているように、プラセボは二重盲検法といった厳密な手続きに基づく実験研究でも効果が確認されており、そのメカニズムがどうかはともかく、実際に効くのである。だから、患者にプラセボを与えてまず落ち着かせた上で、必要な処置を行う医者もいるということである。無事全快した暁には「あのとき君に飲ませたのは、本当は粉砂糖だったんだよ」と微笑みを浮かべながら打ち明けるのだろうか。うまく行きさえすれば、まさに「嘘も方便」ということになるわけだが、中央銀行が同じことを行うのは許されるのかと問われると、その答えは人によって異なるだろう。敢えて筆者個人の見解を言えば「あり得る」と思うのだが、それを他人に説得する自信はない。

ここで個人的な思い出を述べることを許してもらえるなら、たしか１９９０年代の末、まだ日本が最初の量的緩和を始める前の時期にある国際会議の場外で、「日本は量的緩和の実験を始めるべきか」について、他国のエコノミストたちと筆者が議論を交わした内容は、大変に印象深いものだった。

ドイツを中心に大陸欧州諸国の人たちは実験的な政策についておおむね否定的で、筆者に対して「その政策の効果についてきちんと説明できるのか」と聞いてきた。筆者が「それは難しい」と答えると、「説明できないような政策を行うのは無責任だ」と批判された。効果の不確かな政策をあたかも有効な振りをして実施するのは不誠実だという意味だろう。

他方、米英だけでなく豪州なども含めてアングロ・サクソン系の参加者は総じて積極的だった。まず彼らが聞いてきたのは、「うまく行かなかった場合のコストは何か」であり、当時考えられていたのは主に短期国債を買って当座預金を増やすことだったので、「市場機能の低下は避けられないが、全体にコストはあまり大きくないだろう」と筆者は答えた。そうすると彼らは、「それなら是非試してみるべきだ。うまく行く可能性が少しでもあるなら、それを試してみないのは政策当局として無責任だ」と語ったのである。

このちがいは、ここでの問題がまさに倫理的な性質のものだということを示している。「白熱教室」のマイケル・サンデル教授であれば（サンデル［2010］）、多分次のように説明するだろう。「帰結重視の功利主義に立てば、結果さえ良ければ『嘘も方便』だが、格率（マキシム）を重くみるカント主義では、嘘をつくこと自体が許されない」。

もう一つ強調しておかなくてはならない点は、いったん実験的な政策を始めたら、少なくとも暫くは嘘をつき続ける必要があるということだ（途中で粉砂糖だと白状してはいけない）。前節でバーナンキFRB前議長がQE2、QE3の期間中一貫して自信満々の姿勢を崩さなかったと述べたが、それは彼がその点を十分に自覚していたからだろう。

非伝統的政策が普遍化した時代の中央銀行総裁は、優秀なテクノクラートであるだけでなく、相当な程度において優れた「政治家」である必要があるというのが、筆者の理解である[11]（もちろん、それは非伝統的政策の導入以前でもかなりの程度そうではあった）。東短リサーチ社長の加藤出ならば、中央銀行総裁は「お告げ」で市場を動かそうとするマネタリー・シャーマンになったのだと言うだろう（加藤［２０１４］）。

国民負担の問題

さらに深刻なのは、長期国債を大量に買い入れる場合に中央銀行が被る損失の問題である。現在の日本の10年国債利回りは０・３～０・４％程度で推移しているが、日銀が目標としている２％のインフレ目標が達成されれば、国債金利は少なくとも２％台半ばまで上昇するだろう。

２％と聞くと、日本の市場参加者は過去20年近く経験していないために驚くかもしれないが、現在の異例なまでの低金利は、①ＱＱＥの下で日銀が毎月10兆円もの長期国債を買い続け、②しかも消費者物価上昇率がゼロ近傍にとどまる中、ＱＱＥはまだ当分の間続くと考えられているからだ。

一方、２％インフレが達成されれば日銀の国債買入れも終わるはずであり、０％台半ばの長期実質金利は日本の潜在成長率の低さを考慮しても決して高いとは言えない。

しかし、そうすると長期金利は２％程度上昇することとなるが、残存期間７～８年の国債の利回りが２％上がると価格は15％程度下がる。このため、２０１５年度末時点で約３００兆円の長

図１－１　量的緩和に伴う中央銀行の損失（IMF の試算）

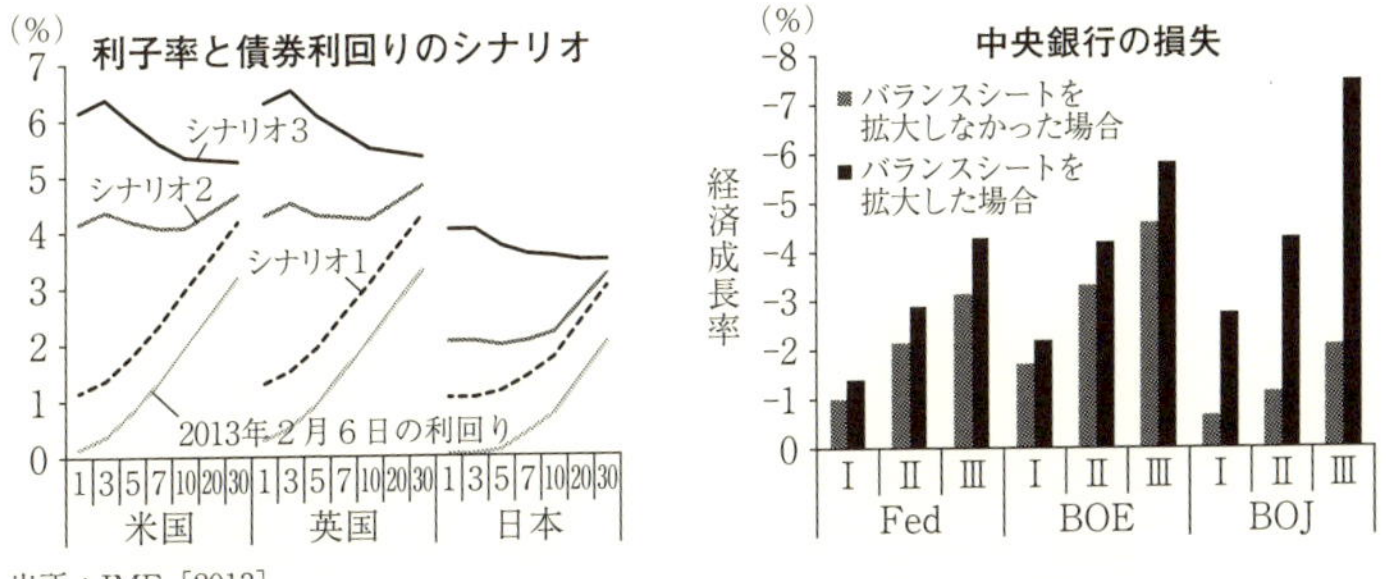

出所：IMF［2013］

期国債（16年2月現在２９９兆円）を抱える日銀は40～50兆円程度、名目ＧＤＰの８～10％分の評価損を被ることになるだろう。

実は、この問題に関してはＱＱＥ開始直後の時点でＩＭＦのエコノミストたちが試算を行っており（IMF［2013］）、２０１４年末までＱＱＥが行われるという前提の当時の試算結果は名目ＧＤＰの３～４％の損失だった【図１－１】。追加緩和が行われ、毎月の国債購入金額も増えた結果、損失規模が大きく膨らんでいることがわかる。16年以降もＱＱＥが続けば、損失はさらに拡大していくであろう。

もっとも、日銀の会計上はストックの評価損を計上する必要はない。実際には、各年度のフローで赤字を計上することになるが、この点については第４章で詳しく論じることにする。

ただ、その前に一部にとんでもない誤解があるようなので、この点についてだけコメントしておきたい。というのも、代表的な「リフレ派」の一人で現在日銀審議委員でもある原田泰がその著書（原田［２０１４］）の中で、「日銀が１００兆円の国債を買えば、１００兆円通貨発行益が生まれるので、国債が20

%値下がりしてもまだ80兆円利益が残る」といった発言をしているからだ。

しかし、普通に考えればわかるように、中央銀行が国債を買って儲かるのであれば、財政赤字に悩む国などなくなってしまう。事実、これは全く初歩的な誤解であって、マネタリーベースのうち通貨発行益が生じるのは、基本的に銀行券と法定準備預金の部分のみであり、現在のように超過準備ばかりが急増している状態では、通貨発行益はほとんど発生していない。やはり、損失は発生するのだ。

そして問題は、その損失を誰が負担するかである。その具体的なかたちが何であれ（現行日銀法には明確な規定はないが、日銀に対して政府が資本注入を行う、あるいは今後長期にわたって日銀納付金を納められない状態が続くなど）、最終的には国民負担とならざるを得ない。こうなると、もはや金融政策が価値中立的とは到底言えないことは明らかだろう。

このとき考えなくてはならないのは、「そもそもこのような巨額の国民負担につながるような政策を選択することが所詮専門家の集団にすぎない中央銀行に許されるのか」という極めて深刻な問いである。

周知のように、民主主義の基本原則の一つは、アメリカ独立戦争の際にトマス・ペインが唱えた「代表なくして課税なし」というところにある。しかし、日銀の総裁も政策委員も国会の承認を得てはいるものの、国民から直接選ばれたわけではない。金融政策決定会合には政府代表も出席している（議決権なし）が、それだけで国民の代表が議論に参加したとはいうのは、かなり無理がある。そうなると、大袈裟に響くかもしれないが、翁［2015］も指摘するように、QQ

Ｅのような大胆な金融緩和の実施は民主主義の大原則に抵触する恐れがあると考えなければならない（もちろん、通常の金融政策でも多少の損益は発生するが、それとは「次元が異なる」）。先に筆者は、中央銀行が偽薬を使うことの是非について「あり得る」と答えたが、その筆者にもこの問題にイエスと答えるだけの勇気はない。偽薬は、仮に偽であることが知れても所詮効果がないだけの話だが、長期債を大量に買うような非伝統的金融政策には重い国民負担という現実のコストが生じるからだ。

白川方明前総裁時代の日銀の金融政策運営については、国債の購入にしてもリスク資産の購入にしても、さまざまな手段、工夫を駆使してきたにもかかわらず、消極的にすぎたとの批判が少なくない。

たしかに、前述のようにバランスシートの規模についての市場の誤解を払拭できず円高の一因となった可能性や、政策手段のリスクについて丁寧に説明したことが「自信のなさ」と受け取られてしまった面は否めない。しかし、果たして批判者たちは当時の日銀が上記のような深刻な問題に直面していることを認識していたのだろうか。

一方、黒田日銀のＱＱＥ導入に際しては、最大与党の総裁であり政府を代表する安倍総理の全面的なサポートがあったため、その分心理的な負担は何がしか軽くなったのかもしれない。しかし、それで問題が本質的に解決するわけではない。ここで述べたような問題が今後日銀の肩に重く圧《の》しかかってくるだろう（あるいは、すでに圧しかかりつつある）ことについては、本書の後半でもう一度考えていくつもりである。

【コラム】日銀の作戦：なぜQQEは「バズーカ」になったのか

本章の冒頭にも述べたように、就任したばかりの黒田東彦日銀新総裁が2013年4月に打ち出したQQEの規模は、市場参加者の事前の想定をはるかに上回るものとして衝撃を与え、「黒田バズーカ」などと呼ばれた。ここで考えたいのは、なぜ黒田総裁は「バズーカ」を放たなければならなかったのかである。

その一つの理由は、間違いなく事前の期待が高かったからだろう。周知のように、現在の安倍首相は、まだ民主党政権下で野党であった自民党総裁時代から大胆な金融緩和の必要性を主張し、「輪転機をグルグル廻して無制限にお札を刷る」などと発言していた。このため、為替・株式市場はQQEのスタートを待たずに、12年11月に衆議院が解散され、安倍自民党政権の成立が確実視された頃から大きく反応し、大幅な円安、株高が始まっていた。そうした中、リフレ積極派として登用され、13年3月に総裁に就任した黒田氏には大胆な金融緩和への期待がかかっていたのだ。

だが難しいのは、事前に期待が高まり、それが相場に織り込まれてしまうと、打ち出された政策が相当に大胆なものであっても、市場の期待に届かなければ、大きく相場が巻き戻されてしまうリスクがある点にある。このため、とくに期待への働きかけを重視する黒田総裁としては、誰もが想像できないほどに大胆なスキームを打ち出す必要があったのだと考えられる。おそらく、ここまでは多くの人に理解されていることだろう。

筆者の考えるもう一つの理由とは、日銀がＱＱＥの実験的性格を十分に理解していたからというものだが、こちらには少し丁寧な説明が必要だろう。

まず、最初にはっきりさせておく必要があるのは、「ＱＱＥの前提はマネタリズムではない」ということである。多くの読者は、前述の安倍首相の発言や、岩田［１９９３］以来20年にわたり日銀批判を繰り返し、日本の代表的マネタリストと目されてきた岩田規久男が日銀副総裁に就任したこと、さらにはＱＱＥにおいて日銀がマネタリーベースを操作目標としたことから、ＱＱＥはマネタリズムに基づく政策だと考えているのではないだろうか。もし「インフレもデフレも貨幣的現象だから、マネーを増やせばデフレは止まる」という単純なマネタリストのロジックを日銀が信じているとしたら、そこには実験的要素はあり得ない[12]。

しかし、本当にマネタリストの論理を杓子定規に信じているのだとしたら、なぜマネタリーベースを2倍にも増やさねばならなかったのだろうか。貨幣数量説が成り立ち、貨幣乗数も一定とするなら、マネタリーベースを2倍にすれば物価水準も2倍になるはずである。これを2年間で実現するなら、物価上昇率は（$\sqrt{2}-1\fallingdotseq$）約40％となり、インフレ目標である2％からはるかにオーバーシュートしてしまうことになる。

これはやや極端だとしても、日銀の公式文書を丁寧に読んでいけば、インフレ期待の役割が繰り返し強調されている一方、マネタリーベースの増加が直接、あるいは広義のマネーストックを通じて物価に影響するというルートは一切言及されていないことがわかるはずだ。それどころか、2014年6月に黒田総裁がアカデミックな場で行った講演（黒田［2014a］）では、前掲EWを明示的に引用しながら、「単に量的緩和の目標額を拡大したり、買い入れる資産を多様化したりするだけで効果を上げることはできない」と明言している。つまり、マネタリーベース目標や国債の大量買入れなどは機械的に物価を押し上げると想定されているのではなく、あくまで設定したインフレ目標を信じてもらうための「期待の管理」（expectation management）の手段と位置づけられているのである。

また、同じ講演で総裁は「いったんインフレ予想が低下した場合、インフレ予想をどのように目標へ修正させるかの理論は、これまでのところ確立されていない」とも述べており、ゼロ金利下でのインフレ目標の難しさもはっきり認めている。

あるいは、黒田総裁が講演などでしばしば「デフレ均衡」という言葉を口にするところから推すと、次のように考えることもできる。それは、米国セントルイス連銀のジェームズ・ブラード総裁の論文（Bullard［2010］）のように、ゼロ金利の下でのデフレという「悪い均衡」とプラスの金利とインフレ率の「良い均衡」という二つの均衡を持つモデルを想定することだ[13]。その場合は、仮に日本経済が悪い均衡に陥ってなかなか抜け出せなくなっていても、中央銀行が経済に大きなショックを与えることで（ビッグ・プッシュなどと言う）、悪い均衡から良い均衡へとジャンプさせる可能性が理論的には存在することになる。ただし、この場合も先の「期待の管理」と同様に、具体的にどのような政策を採れば、どのようなメカニズムで均衡がジャンプするのかは必ずしも明確ではない。

だとすれば、大胆な金融緩和さえ行えば、デフレからの脱却は容易だと日銀が考えていなかったことは明らかだろう。筆者のように、実験とかギャンブルといった表現は使っていないとしても、そこに「賭け」の要素があることは十分に自覚していたはずである。それでも、日銀がそこに賭けたのは、結局のところ、ほかに手段がなかったからではないか。

ここで重要なのは、デフレの長期化によって、単にフィリップス曲線が下方にシフトしただけでなく、著しくフラット化してしまったことだと筆者は考えている【図1－2】。そうなると、好景気が続いてもなかなか物価は上がって来ず、まさに上記の「デフレ均衡」ともいうべき状態に陥ってしまうからだ。事実、2000年代央には世界的な住宅バブルを背景に、戦後最長の景気拡大が実現

図1－2　フィリップス曲線

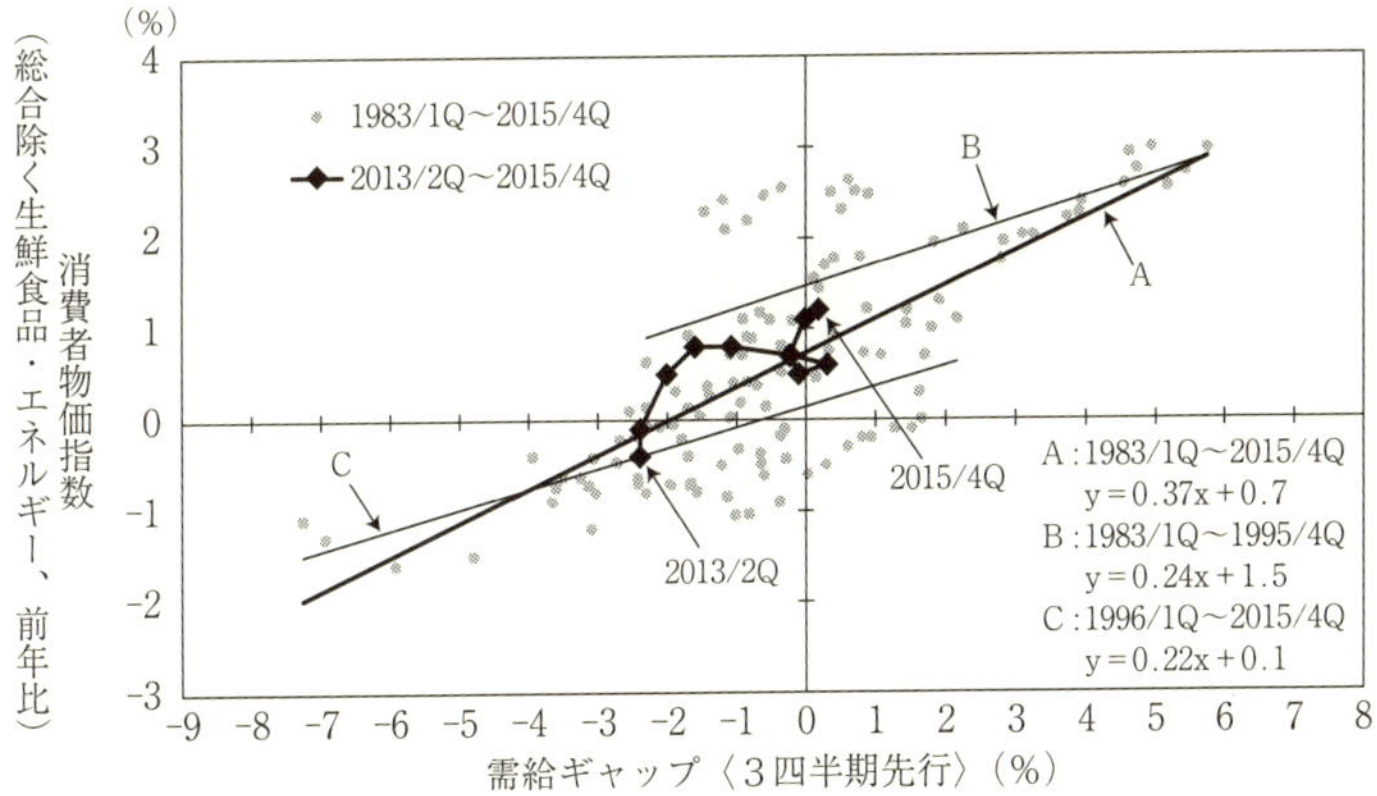

出所：日本銀行「経済・物価情勢の展望（2016年1月）」

し、GDPギャップもかなりのプラスになったのだが、それでもインフレ率は1％にさえ達しなかった。このようなチャンスはそう簡単にはめぐって来ないと考えれば、ゼロ金利など通常の政策だけを漫然と続けていても、いつまでもデフレから脱出できないのではないかとの不安が募るのが自然である。

このように、QQEの効果の不確かさについても、デフレ心理の根深さについても、日銀は十分に理解していたはずだ。しかし、そうであればあるほど、前述のビッグ・プッシュのように、むしろ「現実に効果を発揮するためには、人々にショックを与えて期待を動かす大胆さが求められる」と考えたのではないか。それが、QQEが「バズーカ」とならざるを得なかった本当の理由だと筆者は理解している。

先に、QEの期間中バーナンキ前FRB議長は自信満々の姿勢を崩さなかったが、その内心は必ずしも穏やかではなかったのではないかとの憶測を述べた。記者会見の場などでの黒田総裁の姿勢を見ると、しばしばバーナンキ議長以上に強気に映るし、時に強弁とも受け取られかねないようなロジックを展開する。だが、果たして総裁の心の中はどうなのだろうか。

第1章【注】

（1） 金利をゼロ以下にできないのは、銀行券が存在するためである。もし預金金利がマイナスになれば、多くの預金者は銀行券のかたちで資産を保有するだろう。もっとも、この「ゼロ以下にできない」というのは厳密なものではなく、小幅のマイナスは可能なことがわかってきている。実際、後述のように欧州ではマイナス金利政策が行われており、２０１６年1月には日銀もマイナス金利政策を導入した。ただし、これは金融機関が中央銀行に持つ当座預金の金利を小幅のマイナスにするというもので、一般の預金金利や貸出金利が幅広くマイナスになっているわけではない。

（2）　バブル崩壊に伴う金融機関の不良債権問題がクレジット・クランチなどを通じて実体経済に及ぼした影響については多数の文献があるが、ここでは代表として小川［２００９］を挙げておく。バブルと金融政策について論じたものとしては、たとえば香西・白川・翁［２００１］などがある。

（3）　この間、ＦＲＢはさまざまなかたちでフォワード・ガイダンスも併用した。このうち、「暫くの間」、「○○年までは」異例の低水準の政策金利が続くなどと金融緩和の期間に言及する場合は「カレンダー・ベース」、「失業率が×％を下回り、インフレ率が△％に達するまで」などと解除条件に言及する場合は「アウトカム・ベース」と呼ばれる。

（4）　リフレ派の中には、ワルラス法則を持ち出して「貨幣の超過供給を増やせば、財への需要が増える」と、ゼロ金利の下でもマネタリーベースの増加が効果を持つと論じる者がいるようだ。しかし、これも全く同じことであり、ワルラス法則とは本来ΣPi(Di－Si)＝0であるから、価格がゼロ（Pi＝0）の財の供給を増やしても、均衡には何の影響も与えない。

（5）　ただし、植田［２００５］が刊行された時点では、時間軸政策導入当時の金融政策決定会合の議事録が公表されていなかったため、この政策を考案したのが植田委員自身であったことは示されていない。

（6）　『大恐慌論』はバーナンキ［２０１３］として翻訳されており、Bernanke［1983］はその第2章に収められている。同論文が刊行された頃、プリンストン大学に留学していた筆者は、自他共に認めるケインジアンであるアラン・ブラインダー（Alan Blinder）教授から、「反マネタリズム」の実証研究として熱心に教えられたことを記憶している。バーナンキはブラインダーのＭＩＴの後輩に当たり、その後暫くしてプリンストンに着任した。さらに、バーナンキが金融理論家として名を成したのは、情報の非対称性を前提に、金融仲介機能や担保の役割などをマクロ理論に導入したBernanke-Gertler［1989］、Bernanke-Gertler-Gilchrist［1996］などによってであり、この考え方は「金融的アクセラレーター理論」と呼ばれるようになる。このように、金融学者としてのバーナンキは一貫して信用の役割を重視してきた人物である。

（7）この点に関しては、ＱＱＥが長期国債の純供給額を減らすことを通じて長期金利を押し下げたとする実証研究が日銀のエコノミストらから発表されている（Fukunaga-Kato-Koeda［2015］）。

（8）日本でのマネタリー・アプローチの代表的な研究は、当時同アプローチの本拠地であったシカゴ大学への留学から帰ったばかりの白川［１９７９］である。このため、「白川前日銀総裁は若い頃にはマネーを増やせば円安になると主張していた」などと批判する意見もあるが、あくまで１９７０年代の実証研究であり、これと近年の政策との矛盾を批判するのは時代錯誤だろう。残念ながらマクロ経済学の分野では、理論にしても実証にしても40年持ち堪えるものは少ない。

（9）なお、ＦＲＢの量的緩和終了から1年以上経って公表されたBernanke［2016］は、米国が今後再度ゼロ金利以上に強力な金融緩和を求められる局面が来ても、calibrationとコミュニケーションの困難さから、ＦＲＢはもう量的緩和は行わないのではないかと予想している。このうち、コミュニケーションの難しさはもちろんバーナンキ・ショックを意識したものだが、calibrationの困難さとは（量的緩和には理論的根拠がないのだから当然）適切な政策の程度を決められないという意味である。これは、量的緩和の波及メカニズムが明確でないことをバーナンキが改めて認めたものと言えよう。

実務的に考えると、ＭＭＦが発達した米国ではマイナス金利の導入は難しいとみられ、大規模緩和が必要な場合は再度の量的緩和との見方が多い。しかし、元来学者出身のバーナンキは量的緩和に一種居心地の悪さを感じていたのかもしれない。

（10）ごく基本的な文献としてKydland-Prescott［1977］、Rogoff［1985］、Alesina-Summers［1993］、Walsh［1995］を挙げておく。興味ある読者は、藤木［１９９８］を参照されたい。

（11）上川［２０１４］は、政治学者が日本銀行と政治の関係を論じた数少ない文献だが、筆者は近年の日銀総裁の「政治家」としての資質をうまく描写しているとの印象を受けた。

（12）日銀の雨宮正佳理事は、日本証券経済研究所の講演において「『日本銀行がおカネを刷ってばらまけば、皆がそれを使うので、物価が上がってデフレは止まる』というような考えに基づくものでは（ない）」と明確に語っている（雨宮

[2015])。

(13) Bullard［2010］では、インフレ率（X軸）と名目金利（Y軸）の平面上に、フィッシャー効果を表す直線と、第3章で紹介するテイラー・ルールを表す折れ線が描かれる。テイラー・ルールはy＞0では1以上の傾きの直線となる（フィッシャー効果の傾きは1）一方、y＝0の時はX軸に沿った水平線となるため、両者は二つの交点（均衡）を持つことになる。

第2章　QQEの成果と誤算

1　QQEがもたらした成果

(1) 大幅な円安と株高

本章では、QQEがどのような成果をもたらし、逆にどのような点で限界を示したのかについて考えることにする。ただし、QQEは安倍首相が唱える経済政策であるアベノミクスの「第一の矢」として位置づけられている。このため、QQEの成果や限界と言っても、これをアベノミクス全体の文脈から切り離して考えることはできない点は、あらかじめ指摘しておく必要がある。

そのうえで、QQEの最大の成果は何であったかと問えば、それが大幅な円安と株高の進行に求められることは衆目の一致するところだろう【図2－1】。

前章でみたように、量的緩和が為替レートに影響を及ぼす理論的なメカニズムは必ずしも明らかでないが、現実にはQQEが円安、そしてその結果としての株高につながる可能性は十分にあ

図２－１　円安、株高の進行

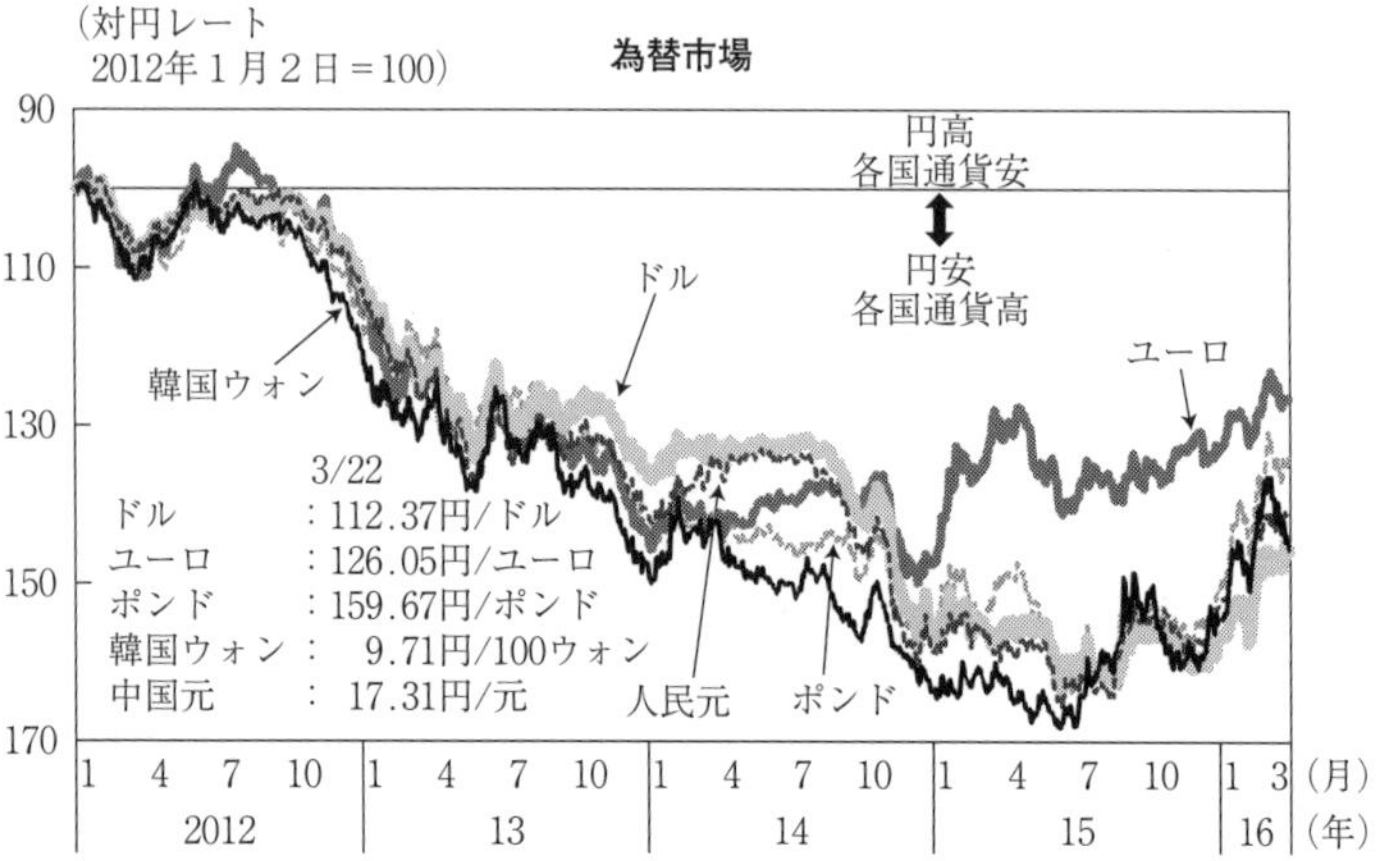

(備考) ブルームバーグより作成

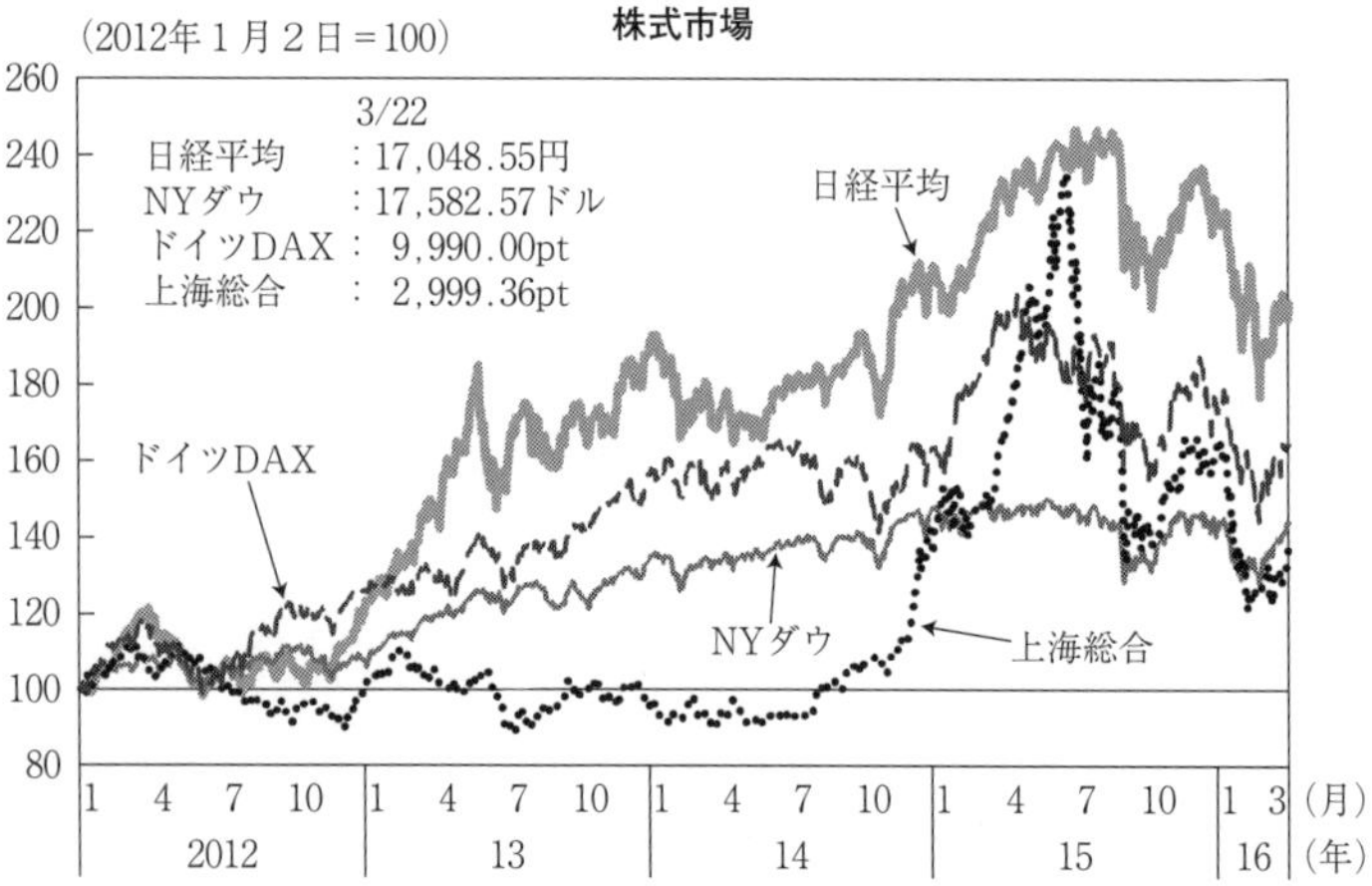

(備考) ブルームバーグより作成

出所：内閣府「月例経済報告等に関する関係閣僚会議資料」(2016年３月)

った。その効果が偽薬であれサン・スポットであれ、とにかく実際に働いたと理解することができきょう。

なお、金融緩和が主として為替の減価を狙ったものだとすると、本来は競争的な通貨切り下げを避けるという国際的な合意に反するものだが、前章でも述べたように米国のQE2以降は「金融緩和の結果としての為替下落」と解釈されるようになっていた。まして、日本の場合は過去15年あまりの間デフレに苦しんできたことが広く認識されていただけに、「黒田バズーカ」は主要国や国際機関から評価されることはあっても、批判されることは少なかった。

後述のように、今回の円安は輸出数量の増加には結びつかなかったが、輸出採算の向上を通じて輸出企業の収益は間違いなく改善する。それだけでなく、近年は非製造業まで企業活動のグローバル化が進み、海外事業で収益を稼ぐ企業が多くなっている。その場合は、海外事業収益の円評価額が円安で膨らむことで非製造業まで含めて企業収益を押し上げる。こうして輸出の増加はなくとも、企業収益改善→株価上昇のメカニズムは働いたのである。

しかも、2012年秋までの1ドル＝70円台の円高と日経平均8000円割れの株安は、リーマン・ショック後の沈滞した日本経済、東日本大震災による甚大な被害、その後の原発をめぐる混乱などと重なって、国民の心理に重く圧しかかっていた。それだけに、この円安・株高は単なる資産価格の変化にとどまらず、人々のマインドを明るい方向へと大きく転じさせる効果を持った。また、経済政策とは関係ないが、2020年のオリンピック・パラリンピックが東京で開催されることが決まったのも、国民の心理を前向きに変える点で大きな効果を持った。

野党党首だったから許された円安誘導発言

それにしても、年金記録問題や閣僚の辞任ドミノ、さらには自身の健康問題などで早期退陣に追い込まれた第1次政権期の不運さに比べ、円安や株高、さらにオリンピック招致成功まで引き寄せた第2次政権初期の安倍晋三首相の幸運ぶりは、大いに印象的だった。そして一国のリーダーの幸運は、国民にとっても幸福である。安倍内閣が成立後しばらくの間、国民からの高い支持率を誇ってきたのも、こうした国民心理の変化を反映したものだったと思われる。

先にも述べたように、円安・株高が始まったのは、QQE開始に半年近く先立つ2012年11月頃であった。しかし、この相場はもともと大胆な金融緩和への期待感から始まったものだったし、「黒田バズーカ」は市場の事前の期待を大きく上回る大胆さでさらなる円安・株高につながることとなった。

もちろん、この円安・株高がQQEのみの結果であったかといえば、それは議論のあるところだ。このうち為替レートについては、まず第一に2012年の秋頃には、仮にQQEやアベノミクスがなかったとしても、これまでの円高基調が転換点に近づいていたと考えられる。

その一つの背景は、ECBドラギ総裁のユーロを守るためなら「何でもする」発言や欧州安定メカニズムの発足などを契機に、欧州債務危機が落ち着き始めていたことにある。この欧州債務危機は世界的なリスク許容度の低下（リスク・オフ）を通じて重要な円高要因となっていたため、この問題の落ち着きは円高圧力の減退を意味した。

また、もう一つの要因は日本における貿易赤字の定着である。東日本大震災の後、わが国の貿易収支は赤字に転じたが、当初はあくまで一時的な現象との見方が一般的だった。しかし、12年に入ってもむしろ赤字幅が拡大していく中で、高齢化（＝貯蓄率の低下）などを背景とした国際収支構造の転換だとの認識に変わっていった。このため、急激な円安が始まる直前の10月頃には、金融市場の中では「そろそろ円高は終わり」との見方が拡がっていたのである。

第二に、当時まだ野党だった自民党の安倍総裁による円安誘導発言が大きなインパクトを持ったことも見逃せない。安倍氏は、衆議院が解散された11月前後から円安誘導発言を繰り返したが、これはその時点で安倍氏が首相であったとしたら、国際的に到底容認されなかっただろう。野党総裁だからこそ許される発言だったが、実質的には総選挙での自民党勝利＝安倍氏の首相就任が確実視されていたことで、大きな効果を持つことになった。まさに絶妙のタイミングでの円安誘導発言だったと言えよう。

もちろん、安倍氏は首相就任後露骨な円安誘導発言は一切慎んでいる。しかし、その頃にはアベノミクス＝円安誘導との見方が市場に定着しており、そのことがその後も折に触れて円安要因として働き続けることとなった。

反転上昇の兆しがあった株価

一方、株価について考えると、２０１２年11月には、欧州景気の後退や中国での在庫調整等を背景として同年春に始まったミニ景気後退（戦後２番目に短い景気後退）が底を打っていた。その面からも、株安はすでに転換点であった可能性がある。また、当時は高収益企業であっても株価純資産倍率（ＰＢＲ）が1以下という銘柄が増えており、さすがに株価は大底圏内との見方が拡がっていた。さらに、株式市場からアンチ・ビジネスとみられていた民主党政権からの政権交代も、株価にはプラスに働いたと考えられる。

実際、五重苦、六重苦（円高、高い法人税率、自由貿易協定への対応の遅れ、厳しい労働規制、環境規制の強化、電力不足）といった言葉が象徴するように、民主党政権の経済政策に対する経済界の評価は芳しくなかった。中でも株式市場では、民主党政権下の3年間、米国をはじめ多くの国でリーマン・ショック後の株価下落からの回復が進んでいた中にあって、日本だけが取り残されていたことへの不満が強かった。このため、その反動もあって自民党の政権復帰への期待感が高まっていたのである。

このように、アベノミクスやＱＱＥがなかったとしても、1ドル＝70円台の円高、８０００円割れの株価からは、何がしかの是正が起こっていた可能性は高い。しかし他方で、アベノミクスやＱＱＥなしに1ドル＝１２０円台の円安、日経平均2万円超の株価が実現したとは思えない。アベノミクス、ＱＱＥは相場の自律的な反転のタイミングを捉えることでその効果が増幅されたというのが、最も自然な見方だと思われる。

ただし、その一方で気をつけなくてならないのは、ＱＱＥが終わるタイミングでの為替レートや株価への影響だ。米国のケースをみると明らかなように、量的緩和が進められる局面ではドル安、米株高が進んだが、その後量的緩和が縮小され、利上げが模索される時期になると、ドル高、米株安の局面がやって来ている。非伝統的な金融政策に限った話ではないが、金融緩和による円安や株高は、企業の収益力自体の強化を伴わない限り、あくまで一過性のものである可能性には注意すべきであろう（過度の円安や異常に低い長期金利を前提として計算した時に妥当な株価であっても、前提が変われば過度の株高ということになる）。

(2) デフレ脱却の実現

「デフレ脱却」未達感の理由

ＱＱＥのもう一つの大きな成果は、デフレ脱却の実現だと筆者は考えている。円安・株高とちがって、デフレ脱却は必ずしも共通認識になっていないようだが（たとえば政府は「デフレではなくなっている」としながらも、デフレ脱却宣言はしていない）、デフレの定義が「持続的な物価下落」であることを踏まえれば、デフレ脱却が実現したことは明らかだろう。

実際、①円安によるコスト増に負う部分が大きかったとはいえ、２０１３年後半から15年前半まで約2年間にわたって消費者物価の前年比はプラスを続けたうえ、②15年秋口と16年春から小幅の前年比マイナスとなったものの、それはもっぱらエネルギー価格の下落によるものであり（日銀が注目していた「生鮮食品とエネルギーを除く消費者物価」は、この時期にもプラス１％程度の上昇を続けていた）、マイナスの期間は一時的だと考えられる。こうしたことからみて、物価の基調がプラス方向に転じたことは間違いない【図２－２】。これは、日本経済が過去15年あまり苦しんできた宿痾から漸く抜け出したことを意味するものであり、ＱＱＥの極めて大きな成果だと評価すべきであろう。

図2－2　消費者物価（除く生鮮食品）前年比

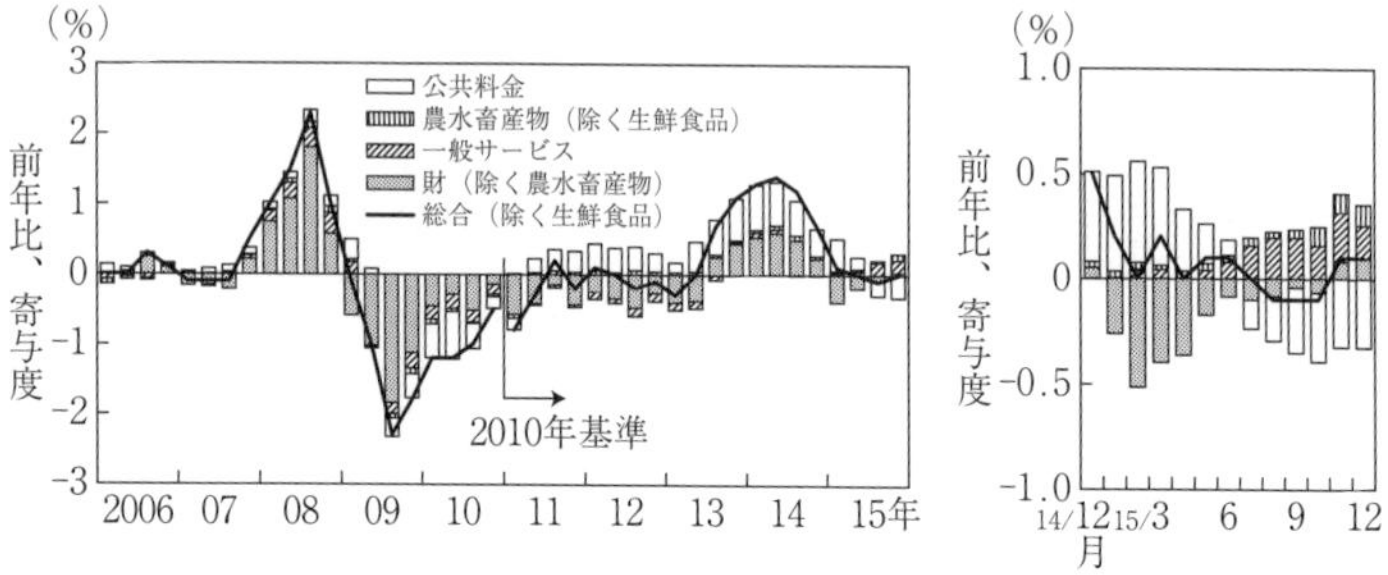

出所：日本銀行「経済・物価情勢の展望（2016年1月）」

にもかかわらず、これが広く一般に「デフレ脱却」と受け止められていないのは、次の二つの理由によるものだと思われる。その一つは「2年で2%」というQQEで日銀が掲げた目標が実現できなかったことだ。事実、QQEがスタートして3年あまりになる本書の出版時点でも消費者物価の前年比は2%には到達していない。これでは、日銀が何度「所期の成果を上げている」と繰り返そうと「2年で2%」の約束が果たされなかった事実は否定しようがない。

前章でも述べたように、「2年で2%」の目標は、誰もが驚くほどの約束をすることで人々にショックを与え、期待を動かそうと試みたものだと思われるが、その約束を実現する確実なメカニズムは、もともと存在しなかった。それが実現できなかったことと、物価の基調がプラス方向に転じた、つまりデフレが終わったこととは区別して考えるべきだろう。

現状が「デフレ脱却」と認められていないもう一つの理由は、デフレの定義に景気の良し悪しが忍び込んでいるからではないか。

実は、かつての日本では、デフレは「景気後退局面にあり、物価が下落している状態」と捉えられていた。それを小泉政権時代に、当時の竹中平蔵経済財政相の意見を容れて「持続的な物価下落」と、物価のみに着目する国際標準の定義に変えた経緯がある。２０００年代央には景気はかなりよくても量的緩和が継続され、その解除条件が「消費者物価の前年比が安定的にゼロ以上」と物価だけに言及していたことには、そうした背景があるのだ。

そう考えるなら、物価さえ上昇基調になればデフレ脱却と認めるべきなのだが、２０１４年春の消費増税以降景気の足取りが鈍く、実質賃金の低下が続く中で、「デフレ脱却」とは言い難い雰囲気になってしまったのだろう。アベノミクスが「デフレさえ終われば、人々の暮らしはよくなる」という印象を国民に植え付けてきたため、円安、物価高で実質賃金が下がる中ではデフレ脱却宣言は出せないのだとすれば、これは極めて皮肉な状況だと言わざるを得ない。

デフレ脱却の条件はクリアできたか

なお、現在内閣府ではデフレ脱却の条件として、①消費者物価の前年比がプラスであるだけでなく、②ＧＤＰデフレータがプラスになっていること、③ユニット・レーバー・コスト（雇用者報酬／実質ＧＤＰ）がプラスになっていること、④ＧＤＰギャップがプラスになっていること、の四つの条件を求めている。このうち①については、生鮮食品を除いたコアＣＰＩだけでなく、食料品とエネルギーを除いたいわゆるコアコアＣＰＩもプラスになっていることはすでに見たとおりである。②も、原油価格下落に伴う交易条件好転もあって、明確にプラスだ。③は名目雇用者所得／実質ＧＤＰ＝名目賃金／労働生産性に等しいので、賃金はあまり上がっていなくても、労働生産性の低下ではっきりとプラスになっている。

このように、現状すでに①～③は満たされているうえに、④が必要だと言っているわけだが、④はまさに景気条件にほかならない。しかも、後述のように筆者の考えでは内閣府のＧＤＰギャップの推計はデフレ・ギャップを過度に大きく評価するものとなっており、この条件は不適切である。折角物価の基調はプラスに転じたのだから、ここは素直にデフレ脱却と認めるべきではないか。

2　ＱＱＥ（アベノミクス）の誤算

(1)「2年で2%」の未達成

一方、日銀にとってＱＱＥの最大の誤算は、先に述べたように「２年で２％」としたインフレ目標が達成できなかったことだろう。人々に衝撃を与えて期待を変化させるというショック療法に賭けて大見得を切ったのだが、もともとやや強引な目標でもあり、結局は力足らずだったということになる。

ただし、かつてはインフレ目標というと、厳格にターゲットを守るという考え方もあったが、２００８～09年の世界金融危機は、インフレ率の安定だけでは重大な危機を未然に防止することがでないという反省をもたらした。それ以降は、一時的な目標からの乖離を容認し、中期的な物価安定を重視する「柔軟な物価目標（flexible inflation targeting）」が国際標準となっている。

今回のように原油価格の急落といった予期せざるショックが加わった場合には、インフレ率の実績が下振れても、その事情をよく説明したうえで容認するのが常識的な対応だろう。そう考えれば、期間内に目標を達成できなかったのは、「残念だが止むを得ない」と受け止めればよいことである。

「インフレ目標2％」は妥当な水準

市場関係者などの中には「2％という目標自体が高すぎる」との見方もあるようだが、筆者は2％というインフレ目標の水準自体は妥当なものだと考えている。プラスのインフレ目標を掲げる理由としてしばしば指摘されるもののうち、「物価指数の上方バイアス」については、詳しい説明はあまりにもテクニカルになるため省略するが、個人的にはあまり重視していない(1)。しかし、わが国の潜在成長率が非常に低い事実を踏まえれば、物価上昇率ゼロを目標とした金融政策の下ではわずかなショックでも政策金利はゼロ制約に突き当たってしまう可能性がある。だから、そのリスクを減らすための「糊代《のりしろ》」、ないし保険としてプラスのインフレ目標を持つことが望ましいという考え方である。

これは、いわば中央銀行の都合で人々に物価上昇の容認を求めることになるが、過去20年あまり事実上ずっとゼロ金利を続けざるを得なかった日本の経験を踏まえれば、保険の必要は明らかだろう。たとえば、リーマン・ショックの後を思い出すと、わが国は本来危機の震源地ではなかった。にもかかわらず、米国が大幅に金利を引き下げても、日本には金利引き下げ余地が少なかったため、日米金利差の縮小が円高を招くなどして、結果的に大きな打撃を受けてしまった経験がある。

また、FRBやECBをはじめ主要国のほとんどが望ましいインフレ率として2%を掲げている現状では、わが国のみが0%や1%を目標とすれば、長期的には購買力平価が成り立つ以上、長い眼で見て円高が進んでいくことを意味する。為替相場の長期的な安定が望ましいと考えるならば、日本も同じ2%を目標とするのが現実的な選択だという面もある。いずれにしても無理に2年にこだわることなく、時間はかけて2%の実現を目指していけばよいのだと思う。

三つの留意点

ただし、以下の三点については、ここで指摘しておくべきだと考える。その第一は、日銀が「2年で2%」が達成されなかったのは、すべて原油価格急落のせいだと言わんばかりの説明をしている点についてである。日銀がしばしば使う「エネルギーを除くコアCPI」で見ても、2015年夏からの一時的なマイナスは消えるにしても、これまで2%に達したことはない。しかも、それは原油価格急落に伴うエネルギー価格低下の影響は除くが、円安に伴う食料品などの値上がりはカウントするご都合主義の数字である。エネルギー、食料品ともに除くコアコアCPIの動きなどを見れば、「2年で2%」が達成されなかったのが原油価格急落のせいだけでないことは明らかである。

第二は、それとも関連するがマネタリストによる物価の説明の誤りが明確になった点だ。周知のように、マネタリストの論理によれば、中国から安値輸入品が入って来ようと原油価格が下がろうと、それは相対価格の問題にすぎず、物価水準を決めるのはマネーの量だとされてきた。誰もが驚くほどのマネタリーベースが供給されているのに、原油価格のせいで物価が上がらないのならば、上記の論理は少なくとも1年や2年のオーダーでは成り立たないということが確認されたことになる。

もちろん、フリードマンの言う long and variable lags を考えれば、1年や2年では成り立たないのがマネタリズム本来の考え方かもしれないが、そうであれば「２年で２％」などという無理な約束をすべきではない。

前章でみたように、現在の日銀の公式見解はマネタリストの論理に立ってはいないので、日銀への批判にはならないが、従来の「リフレ派」の議論の仕方は勇み足だったことになろう。なお、「マネタリーベースは増えたが広義のマネーストックはあまり増えていない」との指摘もあり得るが、それはゼロ金利の下では貨幣乗数の考え方が崩壊することを再確認しただけで、マネタリストの論理が破綻している点に変わりはない。

第三は、柔軟な物価目標が標準となった時代に、なぜ敢えて2年という硬直的な時限を日銀が設定したのかという疑問である。

そもそも２％は一種の保険であって、リフレ派が主張するように、その目標さえ達成されれば日本経済が抱える問題の大部分が解決するといったものではない。繰り返し述べているように、ショック療法で期待に影響を与えようと考えたのだろうと想像するが、マネタリストの機械的な論理を前提にしない限り、「2年で2％」が実現する保証などどこにもない。一発でシュートが決まればよいに決まっているが、うまくいかない可能性は考慮しなかったのだろうか。

結局、約束が守れなかったことで、日銀への信認が失墜してしまった事実は否定し難い。詳しくは次章で採り上げるが、ここには「必勝の信念さえあれば、自《おの》ずと途は拓《ひら》ける」式の主観主義、楽観主義の錯誤があったのではないか。

(2) 経済成長率の低迷

ＱＱＥのもう一つの大きな誤算は、デフレ脱却が実現したにもかかわらず、それが経済成長につながっていないことである。

周知のように、「リフレ派」と呼ばれる人々は、日本経済の長期低迷の基本的な原因がデフレにあるとしたうえで、大胆な金融緩和を主張し続けてきた。もう少し詳しく言うと、彼らの主張は次のようなものだった。

まず個人消費については、デフレの下では待っていればモノの値段は安くなるので、人々は消費を先送りする。これが個人消費低迷の主因だというのである。やや乱暴な物言いだが、もう少し正確に表現すれば、金利にはゼロ制約があるため、デフレの下では結果的に実質金利が高くなる。そうすると、齊藤ほか［２０１０］(2)などのマクロ経済学の教科書にもあるように、「オイラー方程式」に従って現在の消費水準が下がるということだろう。これは、経済理論的に正しい考え方である。

同じく、設備投資についても、デフレとゼロ金利制約の下では実質金利が上昇し、設備投資を抑制するという議論であり、これも基本的に正しい。

一方、デフレの下では円高になるので輸出が伸びないという見方はさすがに短絡的だろう。デフレで国内のモノの値段が海外より安くなるならば、仮に円高となっても物価水準の差を勘案した実質為替レートが上昇するとは限らないからだ。

ただし、ここでもデフレ下で実質金利が上がれば、物価見合いの円高ではなく実質為替レートの上昇につながり得る。

「長期低迷の主因はデフレ」とは限らない

このように、デフレと名目金利のゼロ制約によって実質金利が必要以上に上昇してしまうと、需要の抑制要因となり得るという、リフレ派の論理そのものは基本的に正しいと考えられる。しかし、だからといって、これまでの日本経済の長期低迷が「主に」デフレに起因するものだったとは限らないし、デフレが終わることでどれだけ成長率が高まるのかは別問題である。

そもそも、日本経済の長期低迷は１９９０年代の「失われた10年」に始まるが、消費者物価がマイナスに転じたのは、金融危機後の98年からだった。デフレの結果長期低迷に陥ったというより、長期低迷と金融危機がデフレを招いた面は否定できないだろう。しかも、１９９７年度から

図２－３　実質 GDP の推移

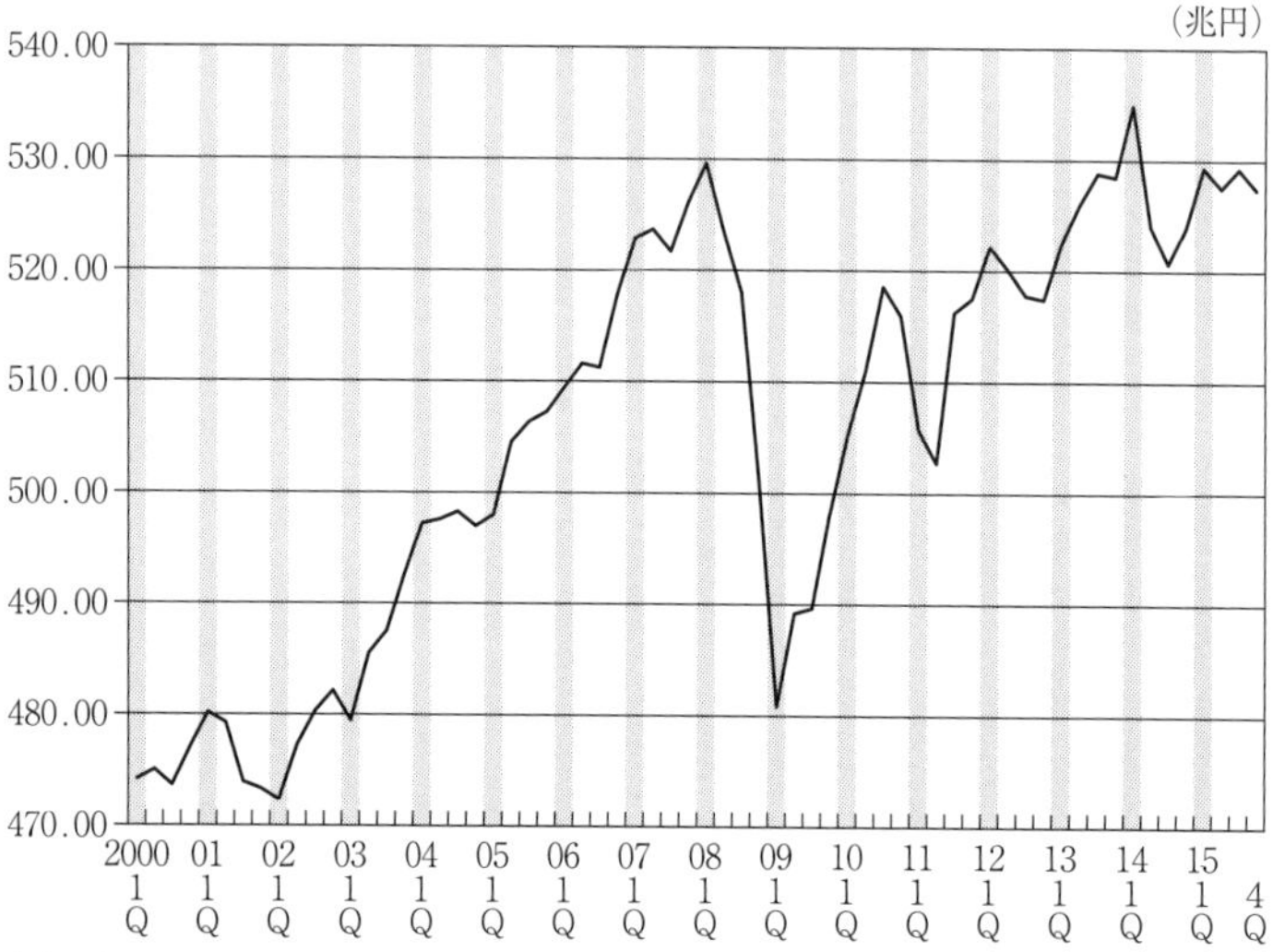

資料：内閣府「四半期別 GDP 速報」

２０１２年度まで15年間の消費者物価指数（除く生鮮食品）の変化率は年平均でわずかマイナス０・３％だった。この程度の物価下落で欲しいモノの購入を先送りするというのは、たとえ話としても少し大袈裟すぎるのではないか。まして設備投資については、パソコンや半導体、薄型テレビなどで日本メーカーが世界の先頭を走っていた時代には、価格が毎年２割、３割下がる中で熾烈な投資競争が展開されていたことは記憶に新しいところだ。

論より証拠、もし彼らの主張が正しければ、すでにデフレは終わり、実質金利はマイナスとなっているため、個人消費も設備投資も伸び、まして為替レートは大幅な円安になっているのだから、輸出も大きく伸びて、日本経済は大変な活況を呈しているはずだが、残念ながらそのような事実は全くない【図2－3】。

実際、安倍政権の下（2012年第4四半期を起点に15年第4四半期まで）での実質GDP成長率の平均を計算してみると年率プラス0・7％となり、驚くことに民主党政権下（09年第3四半期～12年第4四半期）の同プラス1・7％の半分もないことがわかる。

もちろん、民主党政権期はリーマン・ショックによる大幅な落ち込みからの回復期にあった一方、安倍政権期には消費増税の影響があることを考慮する必要はあろう。しかし、安倍政権期にも14年以降は原油価格急落に伴う大幅な交易条件の好転というボーナスがあったことを考えると[3]、0・7％成長が誇るべき成果だとは到底言えまい。

もっとも、日銀はインフレ目標を掲げていても成長目標を持っているわけではないので、これはQQEの誤算というより、リフレ派、ないし彼らの考えに大きな影響を受けたとされるアベノミクスの誤算というべきかもしれない。

ただし、経済成長の低迷はリフレ派にとって驚きであったとしても、他の経済学者やエコノミストたちにとっても驚きであったとは限らない。少なくとも、個人消費や設備投資が大きく伸びなかったのは、おおむね常識の範囲内だったのではないだろうか。というのも、個人消費については、理論的には実質金利の影響を受けるとしても、過去の日本に関する実証研究によれば、消費者ローンの影響が大きい米国などの場合とちがって、個人消費の金利弾力性は低いことが知られていたからである。

しかも、石油ショック時の経験等からは、インフレ率が大きく高まると、実質金利は低下しても、家計の消費意欲はむしろ減退する可能性が示唆されていた。実際の個人消費の動きを見ても、アベノミクス始動からQQEに向かう2013年前半までは順調に伸びたものの、その後は冴《さ》えない動きが続いている。これは基本的に、企業収益が改善しても賃上げは小幅にとどまった一方で、円安によって物価が上がって実質賃金が目減りしたためであり、そこに消費増税が輪をかけた図式だ。実質金利よりも実質所得のほうが重要という経験則に合致した動きである。

なお、13年前半まで個人消費が大きく伸びた時期には、株価上昇による資産効果を強調する説明が多く聞かれた。しかし、そうであれば15年央の株価2万円超えの頃にはもっと大きな資産効果が発生したはずだが、いつの間にかそういう説明は消え失せてしまった。

日本の場合、家計の株式保有が少ない以上、ここでも米国等と異なって資産効果もあまり大きくないと考えるのが自然である。13年前半までの個人消費の伸びは、アベノミクスへの幻想に近い期待感、ある種のユーフォリアが一時的に消費を押し上げたのではないだろうか（逆に、その後は反動が出た可能性がある）。

また、設備投資に関しても、これまでの実証研究から製造業設備投資の金利弾力性は低いことが知られていた。中でも非製造業、とくに中小企業設備投資には金融政策の影響が大きかったが、この場合も、間接金融への依存度が高いこともあって、金利よりも短観の「資金繰り判断DI」や「貸出態度判断DI」の説明力が高いというのが日本の常識であった。このため、QQE開始時にはすでに企業金融が十分緩和的であったことを踏まえると、円安に伴う企業収益改善が設備投資に影響することはあり得たとしても、実質金利低下による追加的な緩和効果を大きく期

図２－４　実質輸出入の推移

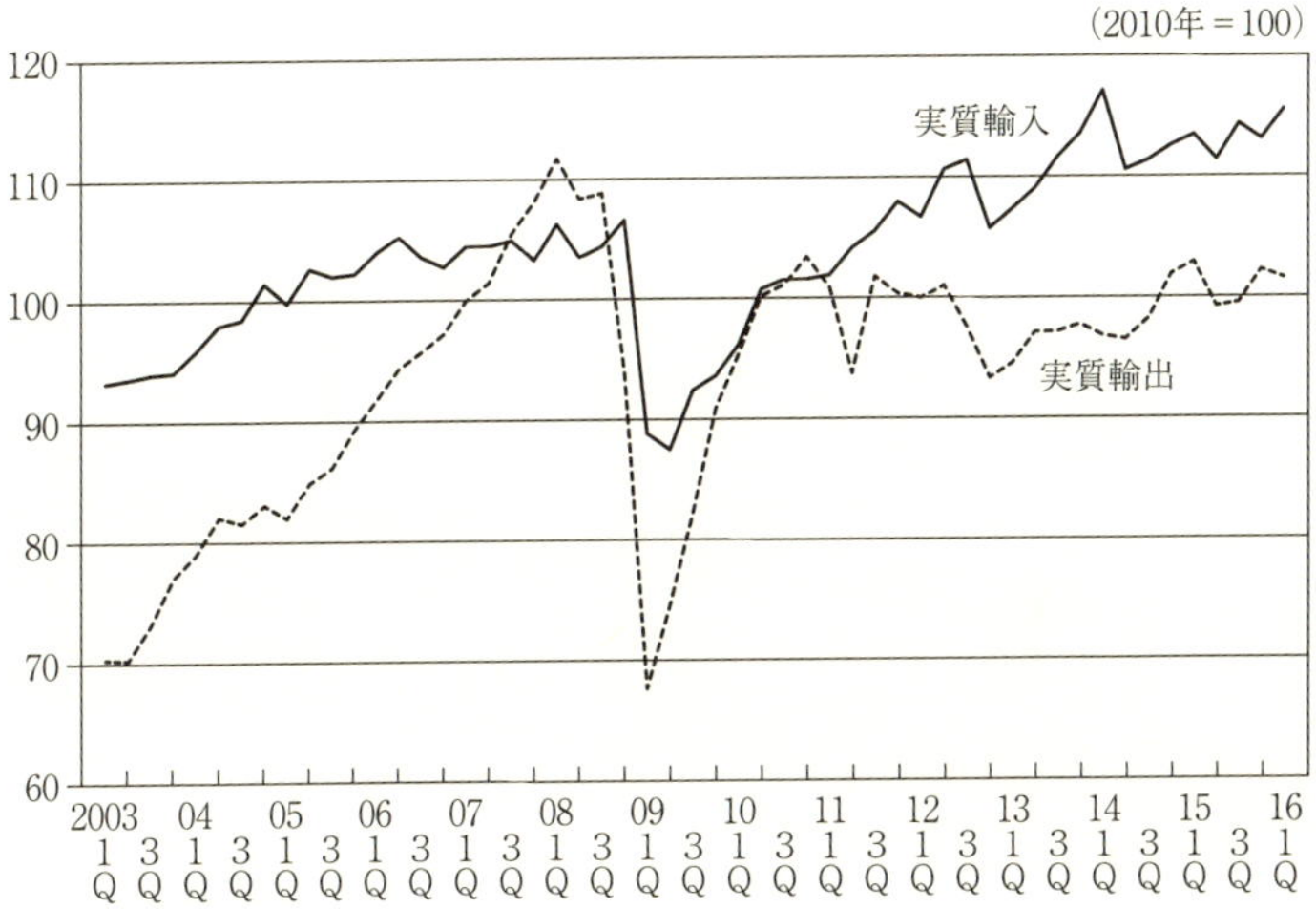

資料：日本銀行「実質輸出入」

待することは困難であった。

現実の設備投資の動きを見ても、回復基調にあることはたしかだが、企業収益が過去最高を更新する一方で、設備投資の水準はリーマン・ショック前のピークよりずっと下にあり、実質金利がマイナスになっても企業が貯蓄を溜め込んでいる姿に変わりはない。

最大のサプライズは輸出の伸び悩み

これに対し、大幅な円安にもかかわらず輸出がほとんど伸びなかった点は、経済学者・エコノミストの多数派にとっても大きなサプライズであった【図２－４】。

前章で２０００年代央の量的緩和に関する本多ほか［２０１０］の実証研究について、円安→輸出増加→鉱工業生産増加のルートを捉えたものではないかと示唆したが、これは円安は明確に輸出に影響するという経験則に基づく判断であった。

この輸出の伸び悩みに関して、当初はJカーブに基づく効果発現の遅れを指摘する見方が多かったが、現在では①世界経済全体の回復の鈍さに加え、②円安でも日本企業の海外生産拡大の流れは変わらないこと、③エレクトロニクス分野を中心に日本産業の競争力自体が衰えてしまったことなど、より構造的な要因を重視するのが一般的になっている。

因みに、２０１４年秋から15年初にかけて輸出の伸びが高まった時には、「ようやく円安の効果が顕われ始めた」との見方も出たが、それも新型スマートフォン発売に伴う一時的な現象だったようだ。筆者の理解も基本的には同じであるが、とくに重要だと思われる点について若干のコメントを加えておこう。

第一に、日本企業の価格設定行動に着目し、かつては円安時に外貨建て輸出価格を引き下げて輸出数量を増やそうとする動きが広くみられた一方で、今回は円安になっても外貨建て輸出価格を引き下げていない。つまり、企業が数量重視から収益重視に変わった結果であり、輸出数量が伸びないのは当然だという見方についてである。

この見方は基本的に正しいが、それは上記②、③と別のものではないと理解すべきである。一つに、これは日本企業のグローバル戦略の変化の表れである。以前は国内生産を主とし、国内からの輸出に力を入れていたが、今では消費地での生産が当然となった。

もちろん、これには過去の円高で懲りたという面も多少あるかもしれないが、基本的には海外生産経験の蓄積で、現地生産の効率が高まったことによるものだ。とくに重要なのは、現地で調達される資本財や部品の質が向上した点だろう。このため、かつては海外生産が増えても、部品や資本財の輸出が増える（「誘発輸出」と呼ばれていた）ので輸出全体ではあまり影響されないと言われたが、今回は資本財や部品の輸出も増えなかった。

もう一つは、円安時にどの産業が外貨建て価格を引き下げていたのかを考えることだ。以前も自動車産業であれば、主な競争相手が現地企業、たとえば米国市場なら米国の自動車メーカーであるため、価格は市場ごとの設定（pricing to market）が中心となっており、円高時にもドル建て価格をあまり上げなかった代わりに、円安時にもドル建て価格はあまり下げなかった。また、素材産業では基本的に一物一価であるため、自由に外貨建て価格を変更することはできない。

一方、全盛時代のエレクトロニクス産業では、海外市場でも主な競争相手は日本企業だったため、円安時にはお互い外貨建て価格を下げて競争するのが当然だった。そのエレクトロニクス産業が国際競争力を失ったことで、価格引き下げ競争が行われにくくなった可能性が高い。

第二は、米国の量的緩和と日本の量的緩和の効果の非対称性である。一般にはあまり理解されていないが、ここでは21世紀に入って米国の金融政策の影響力が高まったことを認識する必要がある。ブレトンウッズ時代はドル本位制であったが、その後米ドルの地位は徐々に衰え、一番弱ったのがプラザ合意後だった（その頃、日本は米国との貿易摩擦に苦労し、ドルを支えるために過度の金融緩和や財政支出を強いられた）。

ところが、１９９０年代後半からは世界経済に占める新興国のウエートが高まっていく。このため、実物（貿易）の世界では米国のウエートはさらに低下するのだが、新興国の多くは、中国を筆頭に自国通貨を米ドルにペッグする（ペッグしないまでも、対米ドルでの通貨価値の安定を強く意識する）政策を採った。このため、少なくともおカネ（国際金融）の世界では米ドルの地位の復活が起こったのだ。

２００８年末以降の米国のＬＳＡＰについて考えても、本来ゼロ金利に直面する米国での量的緩和の効果はあまり大きくないはずだった。しかし、ＬＳＡＰに伴う資金流入により自国通貨高の圧力に直面した新興国の多くは、ドル買いや金融緩和を行った。つまり、ゼロ金利制約のない新興国が金融緩和を行うことによって、世界全体に大きな景気刺激効果が生まれたのだ。

これに対し、日本のＱＱＥにはこのような増幅効果は働かない。それどころか、ＱＱＥスタートから1年足らずで米国がテーパリング（＝量的緩和ペースの縮小）を開始し、世界全体に景気抑制効果が働き始めることとなった（新興国の通貨価値が下落し、新興国の景気減速を招いている）。これが、前述の「世界経済全体の回復の鈍さ」につながっているのであろう。

また、米国の金融緩和が資源価格の上昇を招いた一方で、現在は米国の金融引き締めが新興国の引き締めを通じて資源価格下落につながっている。そう考えると、ＱＱＥは足もと物価面でも大きな制約に直面していることになる。

このように、円安でも輸出がさっぱり伸びなかった一方、外国人訪日客が急増したのはプラス方向での大きなサプライズだった。もともと日本は歴史にしても自然にしても潜在的な観光資源に恵まれた国でありながら、みずからを「モノづくりの国」と規定しすぎていたせいか、観光に対してあまりにも無関心だったのではないか(4)。その意識が徐々に変わりつつあった中、急激な円安が訪れたことが訪日客急増につながったのだろう。用いる物価指数や基準時点の取り方で多少のちがいはあっても、購買力平価がおおむね1ドル＝100円前後と考えられる中、1ドル＝120円は訪日客にとって大変なバーゲンだ。

ただ、この相場はいつまでも続かない以上、円高になっても「また日本を訪れたい」と思うリピーターをどれだけ確保できるか、地域間の競争になるだろう。

公共投資と駆け込み需要による攪乱

なお、QQEの評価に直接関係するものではないが、アベノミクス当初に経済成長への期待がいったん盛り上がった後、失望に転じた背景にも少し触れておく必要があろう。

まずアベノミクス当初の高成長に関しては、前述の資産効果によるものか期待の錯誤によるものかはともかく、個人消費の一時的な盛り上がりの影響もあったが、やはり「第二の矢」であった公共投資の大幅な増加と、消費税率引き上げ前の駆け込み需要が2013年度の成長を大きく押し上げた結果という面が大きい。

安倍首相は政権に返り咲くや否や、ただちに公共投資の追加を柱とした総額13兆円超の緊急経済対策を策定し、これを実行に移した。この結果、公共投資の増加が13年1〜3月から7〜9月にかけて成長率を大きく押し上げ、13年度の実質GDP成長率への寄与度はプラス0・5％に達した（これは確報時の下方改定の結果であり、速報段階での寄与度はプラス0・7％だった）。

また、14年4月の消費税率引き上げには大方の予想を超えて駆け込み需要が盛り上がった。14

年度の経済財政白書の分析によれば、個人消費の駆け込み需要だけで13年度の成長率をプラス0・5〜0・6％押し上げたとされる。

さらに、住宅投資の駆け込み需要が成長率をプラス0・2％程度押し上げたとみられるほか、やや細かい話になるが、消費税の軽減税率が適用される中小企業において、14年1〜3月に駆け込み需要と目される設備投資の増加がかなりの規模でみられた。

これらを合わせると、各種の駆け込み需要は13年度の成長率を最低でもプラス0・7〜0・8％は押し上げた可能性が高い。つまり、アベノミクス初年度である13年度の成長率はプラス2・0％と近年ではかなり高いものとなり、アベノミクスの成功を印象づけたが、それは大部分が公共投資の増加と駆け込み需要の結果であって、これらを除いた「実力」はプラス1％未満だったということになる。

しかも、このように一時的な要因で成長率を押し上げれば、当然その後に反動が出る。14年4月の消費増税に備えて総額5・5兆円の13年度補正予算が組まれたが、建設現場の人手不足に伴う工事の遅れなどもあって、14年度の成長率に対する公共投資の寄与はマイナス0・1％と、むしろマイナスとなった。

さらに、駆け込み需要が控え目に見積もって13年度の実質GDPをプラス0・7％押し上げていたとすると、（増税に伴う購買力の減少を無視しても）その反動だけで14年度の実質GDPの水準はマイナス0・7％分下がる。結局、14年度の成長率は駆け込み需要の規模の2倍、すなわちマイナス1・4％押し下げられるのだ。だから、14年度の成長率がマイナス1・0％となった

図２－５　労働需給

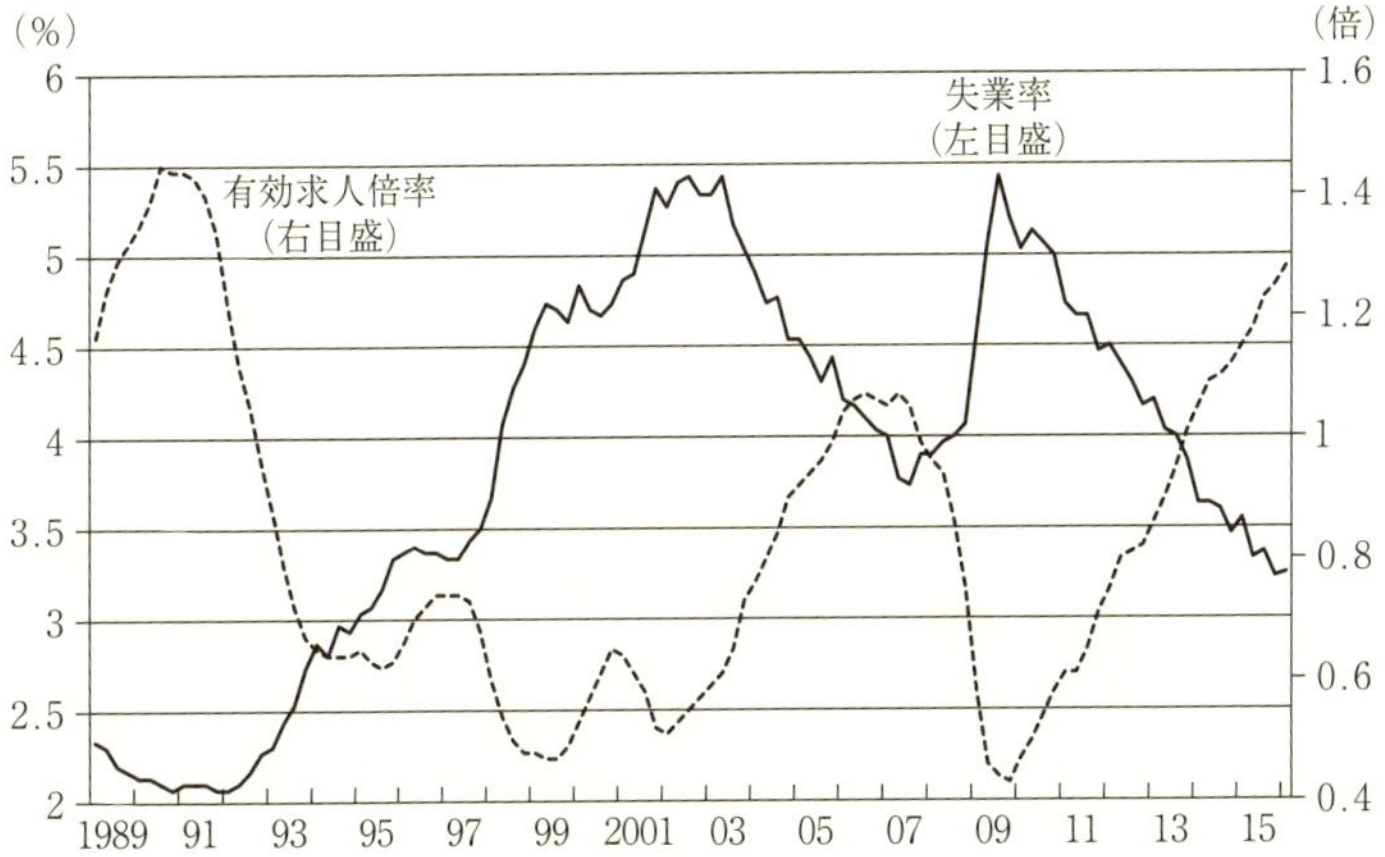

資料：総務省「労働力調査」、厚生労働省「一般職業紹介状況」

のは少しも不思議なことではないのだが、この公共投資と駆け込み需要の撹乱によって、アベノミクスは当初予想以上の成功、その後思いのほかの不振という印象を与えたのであろう。

(3)　人手不足時代の到来

うれしい誤算

最近の経済指標の動きで一番大きな驚きは、突然に人手不足の時代がやって来たことだろう。ついこの間まで雇用機会の不足が心配されていたのに、アベノミクスが始まると短期間のうちに失業率は３％台半ばまで低下した。日本の構造失業率は３％台半ばと推計されているため、これは完全雇用の実現を意味する。

さらに、２０１５年に入って失業率は３％台前半まで下がった。また、失業率のような需給のミスマッチの影響が少なく、長期時系列による比較が可能とされる有効求人倍率は１・２倍台となった【図2－5】。

このグラフを見ると、過去には景気拡大局面のピークでも有効求人倍率が1・2に達しないケースが少なくなかったことがわかる。新卒採用市場がバブル期以来の売り手市場となっていることなどと考え併せれば、現状はもはや完全雇用を超えて人手不足の状態に入りつつあるといえよう。

これが、QQEなりアベノミクスによって経済成長が実現し、完全雇用に到達したのであれば、まさに「うれしい誤算」と言うべきだろう。しかし、前述のとおりアベノミクスの下でも大した成長は実現していない。それでは、なぜ完全雇用が実現したのかといえば、基本的には高齢化に伴う労働供給減少の結果である。この点は早川［2014c］に詳しく述べたが、そのポイントは以下のとおりだ。

まず、わが国の生産年齢人口はピークだった1995年の約87百万人から2015年には約77百万人と、20年間で約10百万人も減っている。問題は、労働人口は20年も前から減り続けているのに、なぜ最近になって急に人手不足になったのかという点だが、それにはやはり団塊世代（1947～49年生まれ）の引退の影響が大きい。一つは、団塊世代の人数が極めて多いため、彼らが65歳を超えたことでこのところ生産年齢人口が毎年1百万人以上のペースで減っているという事実がある。

しかし、もう一つ注目すべきは、それ以前の世代と比べた団塊世代の、高齢者としての「質」のちがいである。1995年に65歳を迎えた人々は1930年生まれ、終戦の年に15歳になった人々だ。

終戦後に、彼／彼女らが最初に就いた職は農業が中心だったはずである。その後、離農したり兼業農家になった人も少なくなかっただろうが、彼／彼女らにとって60歳、65歳はあくまで人生の通過点にすぎない。それ以前も働き続けてきたし、それ以後も健康が許す限り働き続けるからである。

これに対し、団塊世代の多くは会社勤めで社会人生活を始めた人たちであり、団塊世代の女性たちは空前絶後の「専業主婦世代」として知られている。だから、彼／彼女らにとって定年退職は人生の大きな転換点となる。それ以後は労働人口であることをやめ（高齢者はますます元気になったにもかかわらず、65歳以上の男性の労働参加率は１９９５年以降大幅に低下している）、しかし消費人口にはとどまり続ける。

こうして日本全体で徐々に消費人口が生産人口を上回る傾向が強まることで、人手不足時代が訪れたのであろう。そう考えれば、足もとの人手不足は景気循環に伴う一時的なものではなく、構造的な変化と受け止める必要がある。

賃金上昇の実態

こうした人手不足を背景に、ようやく賃金も上昇を始めた。とくに注目すべきは、２０１４年の春に久し振りのベース・アップが実現したことだろう。主要企業でみて定期昇給部分を除いたベース・アップ率は14年がプラス０・４％、15年がプラス０・６％程度であったとみられる。２

000年代央の好況期にはボーナスは増えても、ベース・アップは行われなかったことを思い出すと、重要な変化であることは間違いない。

もちろん、ベース・アップ幅は企業収益の増加と比べれば、ごくわずかなものにすぎない。それでも、この結果には安倍政権が政労使会議の場などを利用して、企業に賃上げの要請を行ったことが、少なからず影響したと考えられている。

こうした安倍政権の「逆所得政策」（1970年代に米ニクソン政権が、賃上げ抑制でインフレ率低下を狙った所得政策とは逆に、賃上げを通じてデフレ脱却を目指す政策）は、正統派の経済学者などには評判が良くないようだ。筆者も、その実効性を過大評価するつもりはない。しかし、吉川［2013］が指摘するように、物価の基本的な決定要因は賃金であり、その賃金を決めているのは単なる「期待」インフレ率ではなく、実際の賃金交渉である。この点を踏まえるならば、少なくともデフレ均衡から脱却するまでの間、こうした非正統的な介入も必要なのではないかと考えている。

労働集約型産業で人手不足が深刻化

とはいえ、賃金上昇の基本的な背景は、やはり労働需給の逼迫に求めるべきだろう。

この点、まず注目すべきは、どの産業において人手不足が深刻化しているかである。これを日銀短観の雇用人員判断DIを使って、リーマン・ショック前と最近時を比較すると、①全体としては当時よりやや人手不足感が強い程度だが、②製造業の中でも一般機械や輸送機械では人手不

図２−６　業種別にみた雇用人員判断 DI（不足—過剰）

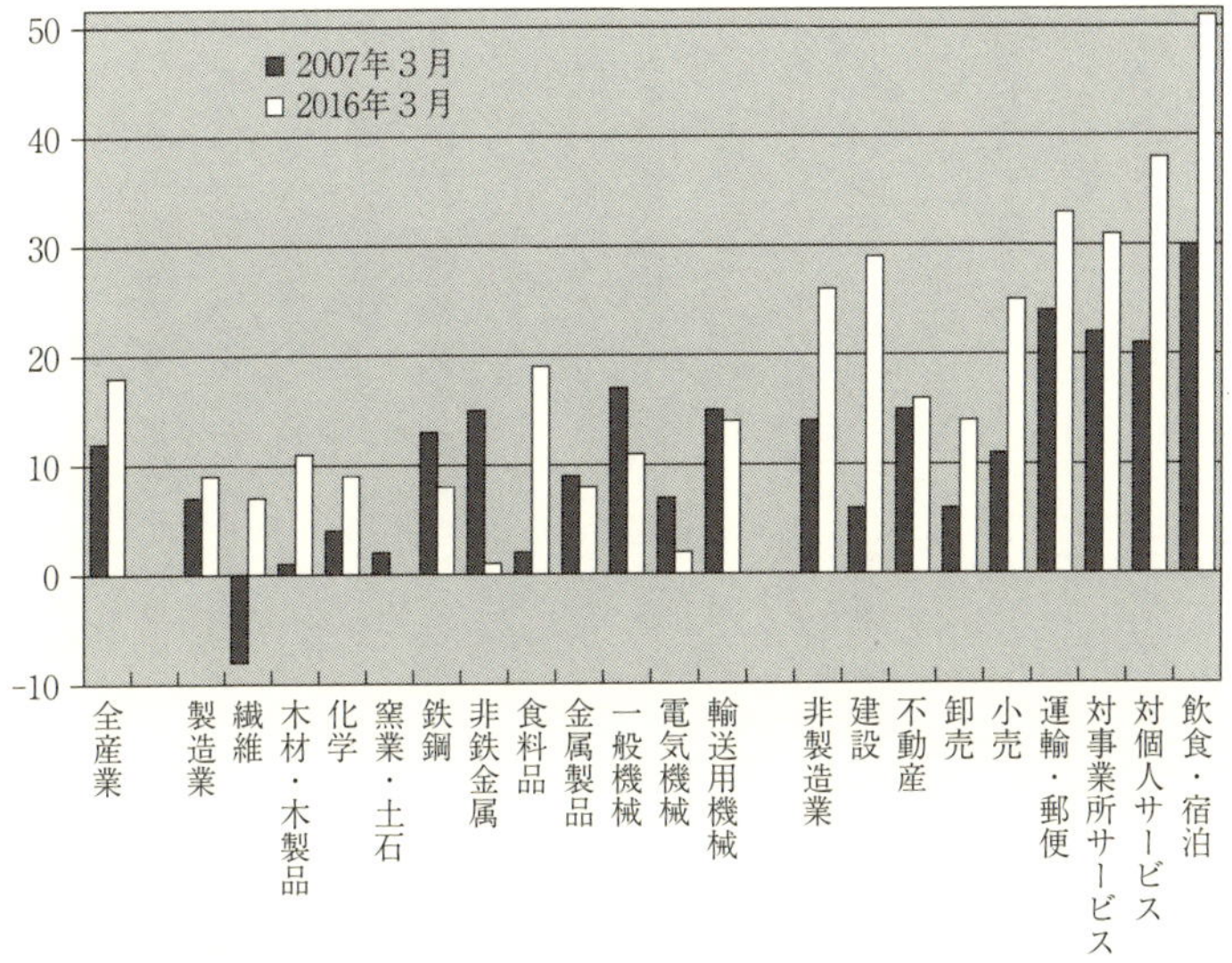

資料：日本銀行「短観」

足がいくぶん和らいでいる一方で、③建設、小売、飲食・宿泊などでは人手不足の程度が顕著に増していることがわかる【図２−６】。

これは、リーマン・ショック前の景気が輸出主導型であったのに対し、足もとは内需主導、とくに労働集約的な産業で人手不足が深刻化していることを示している。しかも、小売や飲食などはパートやアルバイトへの依存度が高い業種であるため、リクルート・ジョブズ調べで三大都市圏のアルバイト・パート募集時平均時給を見ると、２０１５年後半には前年比プラス２％前後の上昇となっており（同じ調査で派遣スタッフの場合はプラス３〜４％の上昇）、毎月勤労統計の上昇率を上回っている[5]。労働需給の逼迫がまずパートやアルバイト等の時給上昇となって現れ、それが正社員のベース・アップにも波及しつつあるということだろう。

なお、大手自動車メーカーが社員の月給を5000円上げても、おそらく自動車の販売価格は変わらない一方、ファストフード店がアルバイトの時給を100円上げたらメニュー価格の引き上げを迫られるだろう。したがって、当面の消費者物価への影響という意味では、パートやアルバイトの時給が重要である可能性が高い。

その一方で、日銀などが重視する物価のアンカーとしては、やはり主要企業のベース・アップ率が重要だと考えられる。そして、後者に影響を及ぼす要因としては、政府からの圧力もさることながら、新卒採用市場の逼迫度合いも無視できない。採用に苦労した企業は初任給を引き上げようとするが（現にその動きは拡がりつつある）、それは賃金カーブ全体の上方シフトにつながるからである。

3　QQEが明らかにした課題：潜在成長率の低下

上がらない生産性

以上、QQEないしアベノミクスの下で日本経済はさほどの経済成長を実現していないにもかかわらず、主に高齢化に伴う労働供給の減少によって人手不足に陥っていることを確認した。そこからただちに想像されることは、日本経済にとっての成長天井を意味する潜在成長率が低下している可能性である。

ここで注意すべきは、①2014年の消費増税後および15年中のマイナス成長の時期にも、労働需給の緩みは全く見られなかったことと、②生産年齢人口減少の中でも、主に女性と高齢者の労働参加率上昇によって、アベノミクス開始以降就業者数は何とか微増傾向を維持していることである。これは、生産年齢人口が減少しているのなら、本来は経済成長を維持していくために労働生産性の上昇が不可欠であるにもかかわらず、実際には生産性が低下していることを示唆している。

実際、14年度の実質GDP成長率はマイナス1・0%であった一方、労働力調査ベースの就業者数はプラス0・6%増加していたため、就業者一人当たりの実質GDPはマイナス1・6%も減ったことになる。もちろん、女性・高齢者中心に短時間労働者が増えているため、人・時間で測った労働投入対比の生産性はもう少しましだろうし、実質GDPがやや過少に推計されている疑いもあるが、生産性が上がっていないことは明白である。

これらを踏まえれば、当然の結果ではあるが、日銀が推計する潜在成長率はプラス0・2%程度と、1%前後であった2000年代半ばからさらに大きく低下している【図2-7】。

このグラフからは、リーマン・ショックを契機に大幅に低下した後はおおむね同水準で横這っているように見えるが、これは新しくデータが加わるごとに過去に遡って再推計が行われるためであり、若干の振れはあるが徐々に下がってきていると理解すべきである[6]。この点は内閣府による推計の場合も同じで、アベノミクスが始まった13年前半の潜在成長率はプラス0・8%とされ

図2－7　需給ギャップと潜在成長率（日銀推計）

(1)　需給ギャップ

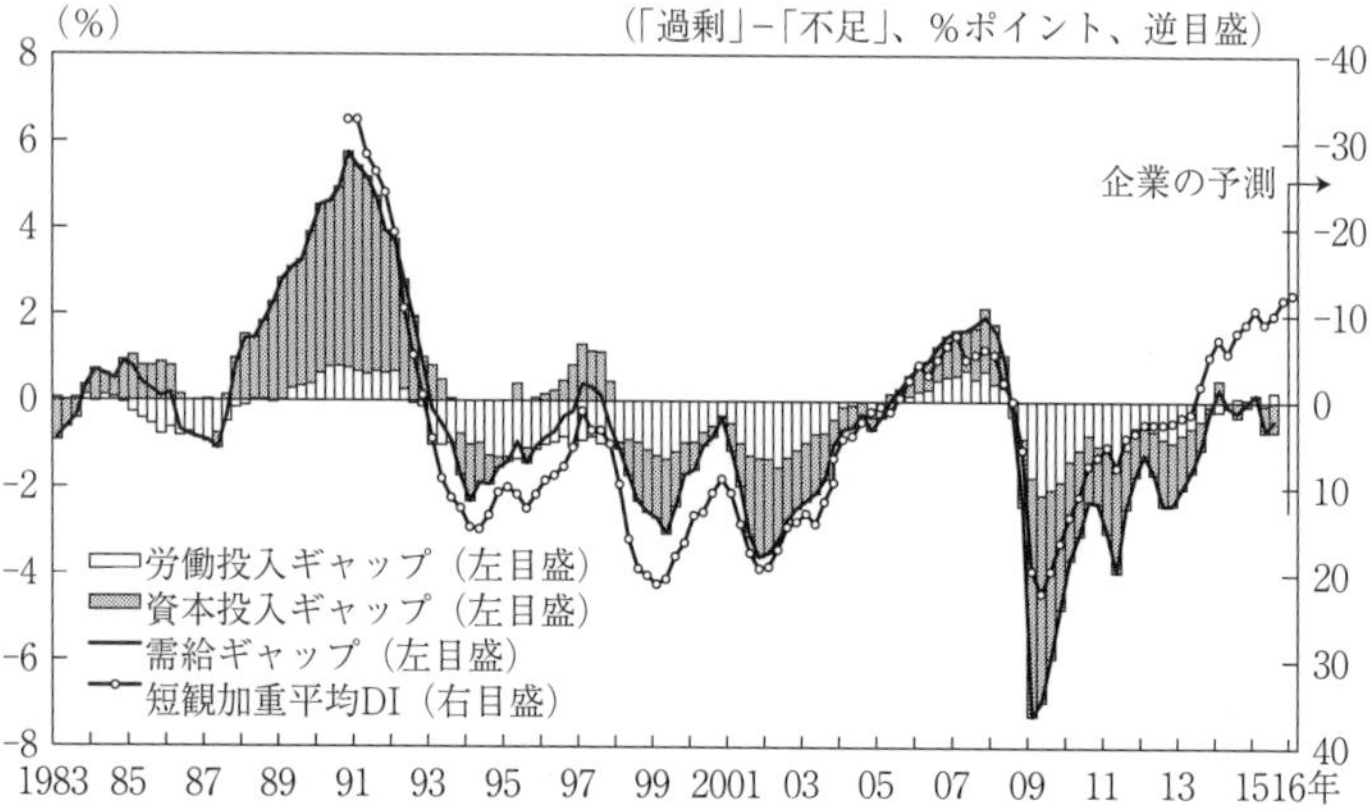

(2)　潜在成長率

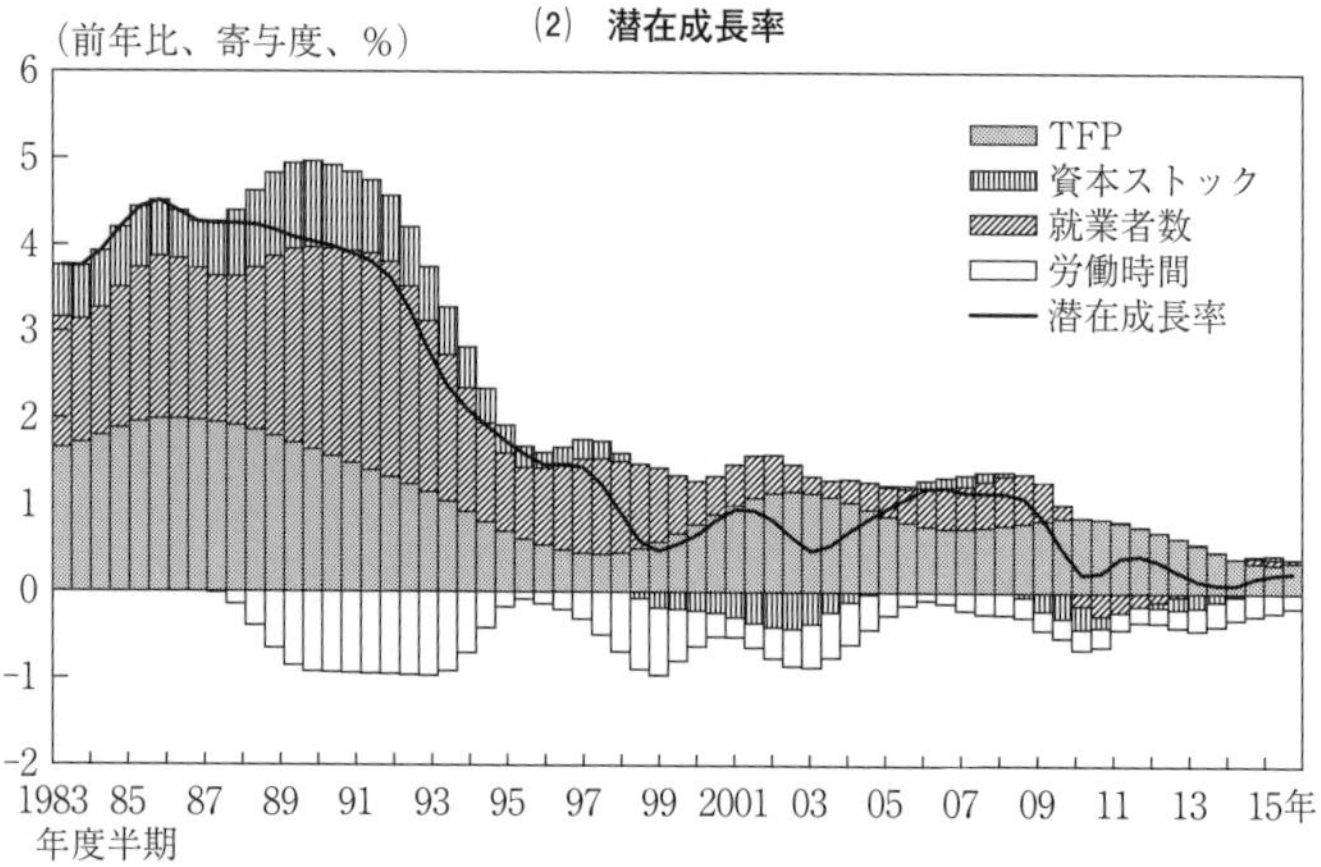

注：1．需給ギャップおよび潜在成長率は、日本銀行調査統計局の試算値。
2．短観加重平均 DI（全産業全規模）は、生産・営業用設備判断 DI と雇用人員判断 DI を資本・労働分配率で加重平均して算出。なお、短観の2003／12月調査には、調査の枠組み見直しによる不連続が生じている。

出所：内閣府、日本銀行、総務省、厚生労働省、経済産業省、経済産業研究所

ていたが、その後毎年０・１％ずつ下方修正されており、16年春時点の推計値はプラス０・４％まで下がった。

このように、潜在成長率の推計値が徐々に下がっていくのは、次のような理由による。事後的な成長会計式（日銀、内閣府ともに本当はもっと緻密な分解を行っているが）は、

$\Delta Y = \alpha \times \Delta L + (1 - \alpha) \times \Delta K + \Delta TFP$　　αは労働分配率、TFPは全要素生産性

であるため、生産性が下がると⊿ＴＦＰがマイナスに出る。しかし、潜在成長率を計算する際には、その時点のＴＦＰ（全要素生産性）の値をそのまま使うのではなくＨＰフィルターなどで平滑化を行うので、ＴＦＰの低下が徐々に潜在成長率に反映されていくのである。

潜在成長率の推計に関しては、日銀と内閣府の手法に概念的に大きくちがいはないため、修正スピードに多少の遅速はあるとしても、両者ともプラス０％台前半に収束していると言ってよいだろう。

エレクトロニクス産業の不振が生産性押し下げ要因か

なぜ生産性が大きく低下しているのかは、現時点では定かでないが、筆者は早川［２０１４ａ］でも述べたように、前節で輸出伸び悩みの一因として挙げたエレクトロニクス産業の凋落が影響しているのではないかという仮説を持っている。というのも、宮川［２００５］、深尾［２０１３］らの研究が示すように、産業別にＴＦＰを推計すると、従来はエレクトロニクスがＴＦ

Pの押し上げに最も大きく寄与していたからだ(7)。リーマン・ショック以降、この分野が中韓との競争に後れをとって急速に縮小したことを考えれば、これがTFP押し下げ要因となった可能性は十分に考えられる。

また、介護をはじめとする相対的に生産性の低いサービス業のウエートが高まっていることも、生産性の押し下げ要因としてじわじわと寄与しているものとみられる。その一方で、本来はアベノミクス第三の矢である成長戦略が功を奏して潜在成長率の底上げを図る予定だったのだが、それが実現しつつある様子は全く窺われていない。

なお、白川［2012］の問題提起以降、2000年からの10年間、①日本の実質成長率は主要先進国の中でも最低水準にあるが、②人口一人当たりの成長率で計算すると、他の主要国とほとんど同じであり、③さらに生産年齢人口一人当たりでは、むしろ主要国のトップクラスに入る、という事実が広く認識されつつある。そうであれば、すでに人口減少が始まった日本では、潜在成長率がゼロ近傍でも一人当たり実質GDPは増える（投資の減少や経常赤字化などを考えれば、一人当たり消費はもう少し伸びる）から、それでよいではないかという議論が出て来るかもしれない。

それどころか、アベノミクス、QQE下の現状が示すように、潜在成長率が低ければ低成長でも完全雇用が維持できる。所得水準の低い新興国ならともかく、一定の豊かさを実現したこの国では、そのほうがよいではないかと思われるかもしれない。

しかし、残念ながら人口に占める高齢者の比率がさらに高まっていくこの国では、ある程度の成長なしに現在の社会保障制度を維持していくことはできない（日本の社会保障制度は、賦課型といって現役世代の保険料により高齢者の年金や医療・介護を賄う方式となっている。このため、現役世代の所得が増えないと、人数が増える高齢者の社会保障給付を賄うことができなくなる）。まして、名目GDPの2倍以上と巨額に積み上がった公的債務の返済は到底不可能となる。したがって、潜在成長率の低下は安倍政権が掲げる財政健全化計画の実現可能性に大きな疑問を投げかけるのであるが、この点は第5章で改めて詳しく議論することとしよう。

需給ギャップの推計をめぐって

一方、需給ギャップ（内閣府の用語はGDPギャップ）については、日銀と内閣府の間に推計の考え方自体にちがいがあるため、推計結果にも大きな乖離がみられる。日銀推計の場合、グラフに見るようにQQE開始後わずか半年の2013年第4四半期におおむねゼロに転じた後、14年第1四半期の駆け込み需要の時期には小幅のプラス（＝需要超過）、消費増税後には小幅のマイナスとなったものの、基本的にはおおむねゼロ近傍で推移している。

これに対し、内閣府推計では14年第1四半期にほぼゼロとなったのを別にすると、14年第2四半期の消費増税後一貫して実質GDP対比で1～2％のマイナス（15年第4四半期時点ではマイナス1・6％）、すなわち需要不足となっている。過去に両者の間でこれほど大きな開きが見られたことは少なく、一部エコノミストの関心を呼んでいるようだ。

元日銀調査統計局長であった筆者の意見は公平とは受け取られないかもしれないが、この点に関してはやはり日銀の推計のほうが妥当ではないかと考えている。というのも、日銀の推計では、需給ギャップの大きさを直接に捉える方法を採っているからだ。すなわち、失業率や労働時間、製造業稼働率や短観の設備判断DIなどを用いて、労働や資本の稼働状況を直接調べている。そうすると、たしかに製造業の設備稼働率には比較的余裕があるものの、分配率からみて生産要素の3分の2近くを占める労働に関して完全雇用、ないし完全雇用超である現状では、需給ギャップがほぼゼロという結論は当然なのである。

ただし、この日銀の推計方法を採用すると、

⊿需給ギャップ＝現実の成長率－潜在成長率

というわかりやすい関係が崩れてしまうのが厄介なところである。実際、2014年央や15年央のように、実際の成長率がマイナスになっても、生産性の低下で労働需給が緩まない場合には、直接に計測された需給ギャップは悪化しない。

この式を前提にすると、潜在成長率がマイナスにならなければならないが、上述のように潜在成長率はゆっくりとしか低下しないので、この関係式が壊れてしまうのである。それでも敢えて需給ギャップを直接推計しているのは、物価を重視する中央銀行としては、物価に影響を及ぼす需給ギャップを正確に捉えることが重要だと考えているためである。

他方、内閣府の方法では、過去のデータから推計された潜在成長率を所与とした上で、上記の関係式からGDPギャップが計算される。この場合、実際の成長率が潜在成長率を上回れば（下

回れば)、GDPギャップは改善(悪化)することになり、大変わかりやすいというメリットがある(政府にとってわかりやすさはとても大切だ)。

しかし、この方法では負の生産性ショックが起こった場合にも(現に負のショックが現在起っていることは、実質GDPと就業者数の動きから明らかである)、潜在成長率はゆっくりとしか低下しないため、成長率の低下が負の需給ギャップの拡大として認識されてしまう。現に、労働需給は著しくタイト化しているのに、まだ大きな負のGDPギャップが残るかたちとなっているのは、こうした生産性ショックの認識の遅れを反映したものだと考えられる。

生産性ショックがホワイト・ノイズのような不規則変動ならば内閣府の方法でも問題ないが、ある程度持続的なショックの場合、内閣府の方法ではGDPギャップの推計の歪みが累積してしまうのである。

資本ストックの不稼働問題

なお、日銀の需給ギャップの推計法のもう一つの大きな特徴は、資本ストック統計を明示的に使わない点にある。これは、日銀が資本ストック統計の値に信頼を置いていない(少なくとも、筆者の現役時代には信頼を置いていなかった)からである。民間企業資本ストック統計については、設備の経済的価値が時間の経過とともに下がっていく点が考慮されていないことがしばしば問題にされており、この点に関しては民間の研究者による補正の努力も行われている(8)。

しかし、それ以外にも、たとえば企業が経済的価値を失ったと考えて減損処理を行った場合にも、その設備が物理的に除却されない限り、そのまま資本として残っていると見做されるという問題がある。したがって、リーマン・ショック後にエレクトロニクス産業などが減損処理した設備も、同統計上は依然として生産能力に加えられ、それが需要不足＝負のＧＤＰギャップにカウントされている可能性が高い。

もう一つ、とりわけ近年に起きた問題としては、東日本大震災に伴う福島の原発事故以降、電力設備について大きな歪みが生じていると推測される。

というのも、福島事故以降、わが国の原発はすべていったん停止され、本書執筆時点でも再稼働しているのはわずかにすぎない。しかも、老朽化した原発や地震発生リスクを抱えた原発の存在を考えると、将来もすべての原発が再稼働することは考えられない。

しかし、上記の約束により廃炉されていない原発はいまだにすべて資本ストックとしてカウントされているはずである（この点は、産業別資本ストック統計で震災後も電気・ガス・水道業の資本ストックが減っていないことから確認できる）。それどころか、電力会社は福島事故以降、電力不足に備えて多数のＬＮＧ火力や石炭火力発電所を新設した。また、多額の補助金（フィード・イン・タリフ）を前提にした太陽光発電などの再生可能エネルギー施設も急増しており、これらも資本ストックに計上されている。

労働市場はすでに完全雇用状態にある以上、内閣府ベースのＧＤＰギャップは、基本的に資本ストックの不稼働というかたちで存在しているものと考えられる。だが、その正体がすでに減損された後のエレクトロニクスの設備であったり、重複投資された電力設備であるとするなら、その大部分は今後も稼働され得ない設備だということになる。これをもって資本ストックの過剰＝需要不足による負のＧＤＰギャップと捉えるのは不適切だろう。

デフレ脱却は潜在成長率低下のおかげ？

以上、アベノミクスないしＱＱＥの下でも経済成長率は目立って高まらなかったが、高齢化に伴う生産年齢人口の減少や労働生産性の低下によって潜在成長率が下がり、結果として需給ギャップはほぼ解消したことを確認した。だとすると、デフレ脱却の実現は潜在成長率の低下という、日本経済にとっては不都合な真実のおかげということにならないだろうか。これは、ＱＱＥの成果に対する極めて深刻な疑問となろう。

その答えを言えば、部分的にイエス、部分的にノーということである。日銀の展望レポートに掲げられたフィリップス曲線の図を見ると【前掲図１－２】、ここ１～２年の消費者物価（生鮮食品・エネルギーを除く総合）」の実績は、１９９０年代後半からのデータで推計された直線よりやや上方に位置している。すなわち、需給ギャップの値を所与とした場合、デフレ期のフィリップス曲線から示唆される物価上昇率より少し高めの物価上昇が実現しているということであり、これは、日銀が強調する期待インフレ率の上昇が何がしか現実の物価にも影響を与えていることを示唆する。

しかし他方で、２０００年代央の約プラス１％の潜在成長率が維持されていたとすれば、２０１４年春の消費増税以降の需給ギャップは大幅に悪化していたはずであり、その場合は物価のプラス基調が保たれることもなかっただろう。結局、デフレ脱却の実現は、QQEの効果と潜在成長率の低下という、日本経済にとってプラス・マイナス両面の変化の結果もたらされたと考えるのが、最も公平なようである。

この点では、日銀が15年の5月に「『量的・質的金融緩和』：2年間の効果の検証」というレポートを公表しているので（日本銀行企画局［2015］）、日銀自身の見解を確認しておこう。このレポートは、QQE導入後の10年国債の利回りと各種データから推測される期待インフレ率の上昇から、実質長期金利が0・8％低下したと考え、その影響をQ－JEMと呼ばれる日銀のマクロ計量を使って試算している。

その結果、①CPI前年比の上昇幅はモデルの試算ではプラス0・6～1・0％であるのに対し、実際にはプラス1・0％上昇幅が高まった、②需給ギャップの改善幅はモデルの試算がプラス1・1～3・0％であるのに対し、実績はプラス2・0％の改善だったとして、これを「おおむね想定どおり」と評価している（【表2－1】、ただし計数はレポート公表時までに入手可能であったもの）。

モデルの試算結果に幅があるのは、実際の円安の程度や株価の上昇幅がモデルの予想を大きく上回ったため、モデルに忠実な【試算1】と、現実の為替や株価の動きを基にモデルを廻し直した【試算2】の2ケースを示しているためである。

このレポートに関しては、すでに私見を公表しているが（早川［2015c］）、ここでも試算の方法と結果について、以下の三点を指摘しておきたい。

表2－1　日銀によるQQEの効果（試算）
2013/1Qから2014/4Qまでの各種金融経済変数の変化

	マクロモデルによる試算		実績
	【試算1】	【試算2】	
実質金利	▲0.8%ポイント	▲0.8%ポイント	▲ 1%ポイント弱
中長期的な予想物価上昇率	+0.5%ポイント	+0.5%ポイント	—
株価（TOPIX）	+ 18%	+ 40%	+ 40%
為替レート（円／ドル）	+ 8%	+ 25%	+ 24%
需給ギャップ	+1.1%ポイント	+3.0%ポイント	+2.0%ポイント
CPI前年比（除く生鮮食品）	+0.6%ポイント	+1.0%ポイント	+1.0%ポイント
実質GDP	+ 6兆円	+16兆円	+ 1兆円
個人消費	+ 2兆円	+ 5兆円	▲ 4兆円
設備投資	+ 3兆円	+ 7兆円	+ 3兆円
雇用者報酬（名目）	+ 2兆円	+ 5兆円	+ 6兆円
企業収益	+ 4兆円	+ 9兆円	+12兆円

注：1．日本銀行のマクロ計量モデル「Q-JEM」を使用。
2．シャドー部分は試算の前提。中長期的な予想物価上昇率については、モデルの定常状態での変化幅。
3．需給ギャップは、日本銀行調査統計局の試算値。具体的な計測方法については、日銀レビュー「GDPギャップと潜在成長率の新推計」（2006年5月）を参照。
4．CPIの前年比は、消費税調整済み（試算値）。
5．企業収益については、モデルによる試算ではSNAの残差営業余剰ベース。実績では法人季報の営業利益ベース（全規模、金融・保険業を除く全産業）。

出所：内閣府、総務省、財務省、Bloomberg等
日本銀行企画局［2015］

まず試算の方法に関してであるが、このレポートではマネタリーベース増加の影響を直接に計算するのではなく、まず実質長期金利の低下幅を推計したうえで、その影響をモデルで試算という、回りくどいやり方となっている。それはなぜかといえば、実は日銀の計量モデルにおいてマネタリーベースは実質的な役割を果たしていないからである。[9] このことは、QQEの効果はモデルであらかじめ計算できるものではなく、筆者が繰り返し強調してきたように「やってみなければわからない」実験的なものであったことを改めて確認するものである。

一方、試算結果に関しては、第一に2013年第1四半期から14年第4四半期までの間にコアCPIの前年比がプラス1・0%上昇したのは、このレポートが示すとおりだが、それはマイナス0・3%がプラス0・7%に上がったということにすぎない。日銀は「想定どおり」の効果が上がっていると主張するが、日銀モデルどおりの効果であれば、もともと「2年で2%」は無理だったということになる。

また第二に、たしかに需給ギャップはプラス2・0%改善しているが、この間に実質GDPはわずか1兆円（増加幅ではプラス0・2%）しか増えていない。つまり、実質長期金利が0・8%低下しても実質GDPはほとんど増えず、需給ギャップの縮小は、主に生産性の低下による潜在GDPの減少の結果だということになる。これはQQEの結果、期待インフレ率が何がしか上昇したのはたしかだが、デフレ脱却の実現は潜在成長率の低下に負う部分が大きいという上記の結論と整合的である。

4　ハロウィン緩和の「誤射」

さて、これまでQQEの成果や誤算についてみてきたが、ここでいったん時計の針を2014年10月まで戻すことにしよう。この月の終わりに行われた追加金融緩和、別名QQE2ないし「ハロウィン緩和」について考えるためだ。

この当時、景気の面では消費増税前の駆け込み需要の反動が予想以上に大きいことが判明し始めていた（ただし、2四半期連続のマイナス成長を予想するエコノミストは、筆者も含め、まだ少なかった）が、労働市場は完全雇用状態から緩みはみられず、マクロ経済学の定石からは景気刺激策が求められる状態ではなかった。

一方、物価の面では日銀の2％目標からはまだ遠いとしても、消費者物価の前年比は消費税の影響を除いてもプラス1％を維持していた。そうした中、その直前まで記者会見や国会答弁などで黒田総裁が景気、物価の両面について強気の判断を繰り返していたため、市場でも追加金融緩和を予想する向きはほとんどなかった。にもかかわらず、10月30日の金融政策決定会合において、原油価格の下落などを背景に「デフレ・マインドの転換が遅れるリスクがある」として突然の追加金融緩和が決定されたのである（その内容については、第1章の【表1－1】を参照）。

不可解な緩和決定

正直に言って、この追加金融緩和の決定は筆者にとって大変に不可解なものであった。まず景気の面から考えると、たしかに２０１４年第２四半期、第３四半期は結果的に2期連続のマイナス成長となったが、上記のとおり労働需給は緩んでいない。しかも、このマイナス成長は基本的に駆け込み需要の反動に天候不順等が加わったものであり、景気がさらに悪化していくことが予想される状況ではなかった。それどころか、当時進行中だった原油価格の急落は、円安プラス消費税引き上げによる実質賃金目減りに悩む家計にとっては大きな恩恵となり、個人消費は早晩持ち直すと予想することができた。

もちろん、物価面では原油価格下落で消費者物価の前年比が低下していくことが予想されていた。しかし、黒田総裁自身が追加緩和直後の記者会見において述べたとおり、原油価格の下落は「長い眼で見れば、物価にとってもプラス」に働くものである。

もちろん、ＱＱＥ当初の「２年で２％」の約束を死守するというのであれば、何らかの追加措置が必要だっただろう。しかし、ＱＱＥから2年に当たる15年春はもう半年先に迫っていた。仮に原油価格急落がなかったとしても、この時点の追加金融緩和では手遅れだっただろう。しかも日銀は、翌15年から16年初にかけて2％の達成時期を三度も先送りしており、「２年で２％」死守というのもその後の行動とは整合的でない。

なお、当時の日銀は、物価連動国債の利回りから間接的に予想物価上昇率を計算するブレーク・イーブン・インフレ率（ＢＥＩ）の低下などを根拠に、しきりに「インフレ期待が下振れるリスク」を強調していた。しかし、もともと期待インフレ率の指標はたくさんあり、14年秋時点で多くの指標が下向きになっていたわけではない。しかも、ＢＥＩは15年央にもかなり低下したが、このとき日銀はＢＥＩの指標性の限界などを挙げて、これを重視する様子をみせなかったことなどを考えると、この説明にもあまり説得力があるとは思えない。それ以外に、15年10月に予定されていた消費税再増税の決断を安倍総理に促すため、黒田総裁が誘い水として追加緩和を行ったとの憶測があり、筆者自身もその可能性は否定できないと思っている。

また、15年春のベース・アップに向けて企業の背中を押すための措置だったとの見方もあるようだ。といっても、もとより黒田総裁の心のうちを探ることはできるはずもない。ここでは、総裁の心中をあれこれ探るより、追加緩和の結果として何が起こったのかを考えることにしよう。

「誤射」の結末：トリクル・ダウン戦略の破綻

まず、金融緩和はこの時もさらなる円安と株高につながったが、大きなちがいは国民一般の円安に対する反応だった。２０１２年秋から13年前半にかけて、アベノミクスの始動とＱＱＥ実施を背景として１ドル＝80円前後から１００円前後へと円安が進んだ時期は、経済界だけでなくマスコミや一般国民からも熱烈な歓迎を受けた。

これに対し、追加緩和後１ドル＝１２０円に向けて進んだ円安に対しては、経済界の一部から歓迎の声が聞かれたものの、マスコミ論調や一般国民の受け止め方は総じて批判的であった。もともと円安にはメリットとデメリットがあり、メリットを享受する者とデメリットを被る者がいるわけで、なぜこのように反応が大きく変わったのかは、必ずしも定かでない。前述のように、円安でも輸出数量が増えにくくなり、貿易赤字、すなわち輸出金額より輸入金額が多くなったことで、「全体としてプラス面が大きい」と簡単に言いにくくなったのは事実だが、それは12年秋時点でも同じだったはずである。

ただ、先にも述べたように、購買力平価（ＰＰＰ）の推計値はおおむね1ドル＝１００円前後に集まっている。だとすると、日本国民は「過度の円高の是正」を歓迎した一方、「過度の円安の進行」には批判的だったことになる。1ドル＝80円以下では輸出企業が可哀想だと思った一方、1ドル＝１００円を超えて円安が進んで、実質賃金の目減りが起こると「これではたまらない」と感じたのであろうか。国民の多くが購買力平価を理解しているとは考えにくい以上、理由は明らかでないが、一般国民の絶妙なバランス感覚が示されたと言えよう。

一方、この追加緩和が大きな景気刺激効果を持ったとは考えにくい。円安は進んだが、今回も輸出の増加にはつながらなかった。前述のように、15年初にかけて輸出が伸びた時期には「ようやく円安効果が出て来た」との見方もあったが、これは一時的な現象にすぎなかった。

しかし、それ以上にこの追加緩和がはっきりさせたことは、トリクル・ダウン戦略の破綻であろう。もともとＱＱＥは、円安を通じて企業収益の改善をもたらし、それが設備投資の増加や賃金の上昇を背景とした個人消費の増加につながるという好循環を期待するものであり、まさに典型的なトリクル・ダウン戦略だった。

以前からこの好循環が本当に作用しているか否かについて議論はあったが、14年秋の追加緩和以降、答えはあまりにも明瞭なものとなった。まず、企業収益はさらなる円安の効果に加えて、原油安に伴う交易条件効果も大部分企業が吸収した結果、上場企業だけでなく、中小企業まで含めた法人季報ベースでみても史上最高益が実現した。にもかかわらず、設備投資は日銀短観などでみた設備投資計画こそ強かったものの、実際の投資の実行はかなり控え目なものにとどまっていることは、第4章で確認するとおりである。

また、前述のように２０１４年、15年と2年連続のベース・アップは実現したが、それはごく小幅のものだった。このため、円安に伴う食料品価格の値上がりが消費者心理を冷やし、個人消費の低迷につながったと言われている。

実は、食料品価格上昇とエネルギー価格下落の影響を非対称的だとする見方に対して、筆者はやや懐疑的なのだが、せっかくの原油安の好影響を円安が部分的に打ち消してしまったことは否定できない。このように、円安、原油安双方の恩恵を企業部門がブラックホールのように吸収して、設備投資や賃金への波及が極めて限定的であったということは、トリクル・ダウン戦略の破綻以外の何者でもあるまい。

もちろん物価面では、それが仮に景気にとってマイナスだったとしても、円安による食料品などの値上がりで何がしか物価の下支えになったことは間違いない。日銀が「生鮮食品とエネルギーを除く消費者物価」という指標を編み出して「物価の基調は強い」と強弁できたのも、少なからず円安のおかげである。日銀の言い訳には多少役に立ったということだろうか。

しかし、それでも日銀は、２％目標の達成時期について、ハロウィン緩和の際の「２０１５年度を中心とする時期」から、15年4月には「16年度前半頃」に、さらに同年10月には「16年度後半頃」、翌16年1月には「17年度前半頃」と先送りを繰り返さざるを得なかった。

仮にこれが実現できたとしても、QQEの開始から4年以上も後となる。もとを質《ただ》せば、柔軟な物価目標が標準の時代に「2年で2%」という硬直的な目標を掲げたことが問題であった。だから本当は、原油価格が急落したタイミングで、「すでにデフレからの脱却は実現しているのだから、この際現在の国際標準であるフレキシブル・インフレーション・ターゲットに移行する」と言えばよかったのだと思う。にもかかわらず、2年の時限にこだわって深追いしながら、結局約束は果たせず、市場の信認を失う結果になったのではないか。

市場の信認という点では、直前まで強気の景気・物価観を示しておきながらサプライズ緩和を狙ったのも不適切だったと思う。たしかに、サプライズだったからこそ為替や株価は今回も大きく反応したのだろう。しかし、本当に大切なのは資産価格を動かすことではないし、「バズーカ」とか「衝撃と畏怖」といった軍事用語で語られるような政策の進め方が望ましいとも思えない。13年4月のQQE開始時には短期決戦を狙ってサプライズを仕掛けたのだろうが、14年秋時点ではQQEの長期化が不可避となっていた。長期戦を覚悟するなら、奇襲攻撃で戦力を消耗するのは得策ではない。

前章で紹介したEWの理論によれば、ゼロ金利制約の下での金融政策の要諦は「期待の管理」にあり、それは中央銀行の政策意図を市場によく理解してもらい、信じてもらうところから始まる。ところが、このサプライズ緩和以降、市場は日銀の発信に対して疑心暗鬼に陥ってしまった。日銀が景気や物価への強気の見方を繰り返しても、「またサプライズを狙っているのではないか」として、折に触れて追加金融緩和の観測が浮かび上がるのはその証拠である。これでは、「期待の管理」がうまくいくとは到底思えない。

ハロウィン・バズーカはミッドウェー海戦だったのか

また、長期国債大量購入を短期間で収束させる目処もないまま、毎月の購入額を10兆円にまで膨らませたことは、市場機能の低下につながったばかりか、追加的な政策手段の選択の幅を狭める結果ともなっている。「戦力の逐次投入はしない」と決意を示すのも結構だが、旧日本海軍はミッドウェー海戦に主力空母のすべてを投入し、これを失ったことで戦力を大きく低下させた。適切な比喩でないことを承知で言えば、筆者には２０１３年４月のＱＱＥは奇襲に成功した真珠湾攻撃、14年10月の追加緩和はミッドウェーのように思えてならない。

さらに、消費再増税の決断を促すことが黒田総裁の意図だったか否かはともかく、安倍首相は追加緩和からひと月も経たないうちに増税先送りを決めた。日銀が国債購入額を増やしたことで、長期金利の跳ね上がりを恐れることなく、首相は増税先送りに踏み切れたという面があったのではないかとの疑いもある。第5章で論じるとおり、これはＱＱＥの出口をさらに困難にするものであり、結果的に日銀は追加緩和を食い逃げされたことになる。

また、15年春には2年連続のベース・アップは実現したものの、それは円安で嵩上げされた企業収益に比べれば、ごく小幅のものにすぎず、２％のインフレ目標を射程に収めるには全く不十分であった。仮に賃上げが追加緩和の狙いだったとすれば、日銀はここでも食い逃げされてしまったことになる。

このように、14年のハロウィンの日に決定された黒田バズーカ第2弾は、結局のところ「誤射」に終わり、その代償は日銀にとっても日本経済にとっても極めて大きなものだったと言わざるを得ない。

【コラム】人口動態、過剰貯蓄とデフレ：「長期停滞論」再考

２０１３年秋のＩＭＦリサーチ・コンファレンスにおいてクリントン政権時代の米国財務長官だったラリー・サマーズが長期停滞（secular stagnation）に関する問題提起を行ってから、世界的に長期停滞論が注目を集めていることを耳にされた読者は少なくないだろう。従来は長期停滞と言えば、「失われた20年」を経験した日本のことだと考えられがちだったが、２００７〜08年に起きた世界金融危機以来、欧米の多くの国でも長期にわたって低成長が続いたことで、長期停滞への関心が高まってきたのだ。

本コラムでは、まず米国を中心とした近年の長期停滞をめぐる議論を概観したうえで、本家本元ともいえる日本の長期停滞の背景について考えてみたい。

長期停滞をめぐる三つの考え方

事態を複雑にしているのは、長期停滞論に関して、長期停滞の有無を含めて大まかに三つの考え方、ないし陣営が対峙していることだろう。

まず、長期停滞の事実自体を否定するのがブリニョルフソン＝マカフィーの話題の書物『ザ・セカンド・マシン・エイジ』［２０１５］が代表する、われわれはデジタル技術の急速な高度化が花開く成長の時代を迎えつつあるという見方である。

彼らは、デジタル技術の進歩は今まさにスピードが一段と加速していく「変曲点」を越えようとしており、むしろ今後人類の暮らしは急激に豊かさを増していくと考えている。これは長期停滞という考えとは正反対の見方といえるだろう。そして、経済統計において成長率が高まっていないのは、①技術進歩が生産性を高めるには時間がかかること[10]、②そもそもＧＤＰ統計自体がデジタル技術の進歩を適切に反映できていないことによるもの、と考えるのだ。自動車の自動操縦技術などにみられる人工知能（ＡＩ）の進歩やウーバーなどにみられるシェアリング・エコノミーの拡がりを眼の当たりにすると、彼らの議論が極めて説得的に響くのは事実である。

だが、これをマクロ経済学の文脈で考えようとすると、まず無料で提供される検索サービスやＳＮＳ、映像、音楽などの経済価値を統計にどう反映させるかという、決して簡単には解決できない困難に直面する。また、伝統的な物価指数の考え方では、効用の増加をデフレータの低下として捉えることになる。

だが、仮にそうすると、日本だけでなく、ほとんどの先進国がこれまでずっとデフレ下にあったのではないかなど、従来の考え方を土台からひっくり返す結論にもつながりかねない。このため、筆者が知人の経済学者やエコノミストと意見交換すると、ＡＩやロボットが雇用や所得格差に及ぼす影響には注目する必要があるが、「成長率や物価との関係は、とりあえず敬して遠ざけておく」と言う人が多い。米国でも、マクロ経済学者がこの問題を正面から議論することは多くないようだ。

一方、既存のＧＤＰ統計などを前提に、低成長＝長期停滞が起こっていることを認めたうえでの議論は、主に供給サイドに着目し、技術進歩の停滞を指摘するロバート・ゴードンらの議論と、需要不足の可能性にも着目するラリー・サマーズらの議論に大別することができよう[11]。

このうち、マクロ実証分析の大家である米ノースウェスタン大学のゴードン教授の議論は、標準的な経済成長理論に立つものであり、この場合、技術進歩が一人当たりの生活水準を決める。そしてゴードンは、18世紀後半からの蒸気機関を代表とする第一次産業革命よりも、19世紀末から20世紀初頭にかけて起こった電気、内燃機関、上下水道などを代表とする第二次産業革命が重要だったとする（上下水道の重要性を強調するのがゴードンの議論の特徴だ）。この影響で１９６０年代までの高成長が実現し、逆に第二次産業革命の影響が使い尽くされたことで、70年代以降成長率が鈍化しているというのが彼の説明である。

とくにゴードンは、ICT革命の影響について、90年代には生産性向上に大きく寄与したが、あくまで一時的なものにとどまったと捉えており、ここがブリニョルフソン＝マカフィーらの見方と鋭く対立する点である。因みにゴードンは、「フェイスブックと携帯電話は使えるが、上下水道はない生活」と「上下水道はあるが、フェイスブックも携帯電話も使えない生活」のどちらを取るかと選択を迫るのだが、読者はどう考えるだろうか。

これに対し、サマーズの議論は世界金融危機の前後により焦点を絞ったものとなっている。まず金融危機で米欧の経済が大きく落ち込んだ後、回復の足取りが極めて鈍く、潜在成長率も下がり続けていることを確認する（ここには、需要不足による景気の落ち込みが後遺症を通じて供給力も下げてしまうという、サマーズが若い頃に欧州の不況について述べた見方が反映している）。そのうえで彼が注意を促すのは、２０００年代央の米国では史上稀にみるほどの住宅バブルが発生していたのに、その当時の経済は過熱状態ではなかったという事実だ。

この点に関するサマーズの解釈は、完全雇用の下で貯蓄と投資がバランスする均衡実質金利＝自然利子率がマイナスになってしまったというものである。その場合、金融緩和を行ってもなかなか効果が出ず、バブルが発生することでようやく完全雇用が達成されるというわけである。

もちろん、このサマーズの見立てには異論もあろう。サマーズは住宅バブル期の米国について、物価が上がらなかったことを理由に過熱ではないというが、ＢＩＳのエコノミストたちなら、インフレ率は高まらなくても資産バブルというかたちでの金融不均衡こそが過熱の証だと考えるはずである（BIS［2015］）。たしかに、ニュー・ケインジアンの経済学では、価格の硬直性だけが市場の非効率性の原因なので過熱＝物価上昇となるが、これはあくまで理論の話である。普通に考えれば、住宅バブル最中の米国経済が過熱でなかったというのは無理だろう。

また、サマーズが考える自然利子率がマイナスになる理由は、需要・供給の双方から多くの要因が挙げられていてなかなか複雑である。ただ、そこには過去10年近くの間、マクロ経済学で論じられてきた多くのイシューが含まれていて大変に興味深いので、そのいくつかを紹介することとしよう。

第一に、投資需要の減退が指摘される。サマーズは、アップルやグーグルといったデザインやソフトウェアに強みを持つ企業はあまり実物投資を必要としないと言うのである（実際、彼らの投資はM＆Aが中心である）。ブリニョルフソンたちが成長の源泉と考えていた産業こそが、ここでは投資不足の原因とされるのは大変に興味深い。また、この関連では、投資財の相対価格低下が投資率の低下につながっているとの見方も示されている。

第二は、人口成長率や技術進歩の鈍化であり、これは先のゴードンの主張と同じである。

第三は、所得分配の不平等化であり、近年のピケティー・ブーム（Pikkety［2014］）の中で日本でも大きな関心を集めた論点である。米国などのように富がごく一部の大金持ちに集中すれば、彼らは当然使い切れずに多くを貯蓄するため、マクロ的にも貯蓄率が上がることになる。日本ではともかく、中国をはじめ一部の新興国でも妥当する議論かもしれない。

第四は、アジアを中心とする新興国の貯蓄過剰である。２０００年代央にＦＲＢが利上げを始めた頃、長期金利がなかなか上がらず、これを当時のグリーンスパン議長は謎（conundrum）だと述べたことがあった。これに対して、当時ＦＲＢの理事だったバーナンキが中国の外貨準備積み上がりなどを意識しながら出した回答が、この「世界的貯蓄過剰論」であった。

日本の場合：団塊世代と長期停滞

こうした米国での長期停滞をめぐる議論は、日本人にとっても大変興味深いものがある。実際、１９８０年代後半の日本のバブル時代を思い出すと、不動産バブルや株式バブルが膨らんでいく過程の日本経済も、物価をみる限り、過熱とはほど遠いものだった。たしかに経済成長率は４～５％と高かったが、88年には円高などを背景に消費者物価の上昇率がゼロ近傍まで下がり、今ならさぞやデフレ懸念が騒がれたことだろう。

インフレ率が本当に高まったのは、むしろ株価がピークを打った後の90年であった。その後の四半世紀は、その間に何回かの好況期をはさみながら、大規模バブルが膨らむことがなかった代わりに、物価が明確に上がることもなかった。サマーズの米国バブルの解釈と重ね合わせると、日本人の多くが絶好調と思い込んでいた80年代後半のバブル期にはすでに長期停滞の芽が忍び込んでいたということになるのかもしれない。

さらに日本では、先にもみたように、バブルの頃には4％強とみられていた潜在成長率が90年代を通じてほぼ一貫して下がっていく。小田・村永［2003］も指摘するように、定常成長モデルで考えると、一定の前提の下で自然利子率はおおむね潜在成長率に等しいと考えることができる（日銀スタッフによる最新の自然利子率の計測値もほぼ潜在成長率に等しい。今久保・小島・中島［2015］を参照）。

一方、金融政策は実質利子率が自然利子率を下回る場合にのみ景気刺激効果を持ち得る。したがって、潜在成長率が下がってしまうと、インフレ率が低い場合には、名目金利を下げても十分な景気浮揚効果を得られず、結果としてデフレに陥ってしまうリスクが高まる。

実を言うと、第1章で紹介した1998年のクルーグマン論文は、人口減少などで日本の自然利子率がマイナスになっているということを前提としたうえで、日銀に量的緩和などでインフレ率の引き上げを求めたものだった。本章の第2節で筆者が2％のインフレ目標が必要だと考えたのも、潜在成長率が低い日本では、低インフレの下ではゼロ金利にしても十分な緩和効果を得られないからであった。

ただし、筆者は最近になって自然利子率≒潜在成長率と考えるのは単純にすぎるのではないかと考え始めた。と言うのも、先にも述べたように、自然利子率の元々の定義は「完全雇用の下で貯蓄と投資がバランスする実質利子率」であり、自然利子率≒潜在成長率となるのは定常成長の場合だけである。しかし、日本においては長い間人口が増え続けた後で、今度は長期にわたって減少していくというのだから、これは定常成長ではあり得ない。結局は元の定義に戻るほかないということになる。

こう考えるようになったきっかけは、最近よく話題になる米ブラウン大学のガウティ・エガートソンとニール・メーロトラ両教授による「長期停滞のモデル」（Eggertsson-Mehrotra［2014］、以下ＥＭと表記）という論文を読んだことにあった。

ＥＭのエッセンスは、若者、中年、老人の三世代重複モデルを使ってマイナスの自然利子率を伴う均衡を導出することに求められる。仕掛けはごく単純で、①若者は所得がないので、借金をして生活する（ただし、借金には上限が想定されている）、②老人は過去の貯蓄を取り崩して、現在の消費を賄う。その一方で、③中年は若者時代の借金を返済し、老人期に備えるために猛烈に貯蓄に励むと想定される。そうすると、直感的にもわかりやすいと思うが、このモデルで、たとえば①人口増加率が下がって、借金をする若者の人数が減ったり、②若者の借金の制限が厳しくなったり、③所得の不平等化で、中年の所得のシェアが大きく高まったりすると、プラスの実質金利では経済全体が貯蓄過剰に陥ってしまうケースがあり得る。

さらにＥＭは、ここに名目賃金の下方硬直性を加えることで、①低インフレの下では完全雇用は達成されず、失業とデフレの並存に陥る、②そこから脱するには、高いインフレ目標か財政政策の発動が必要といった結論を導いている。

一般には、この結論部分だけが注目されることが多いのだが、筆者の関心は人口動態と貯蓄・投資バランスの関係にある。ＥＭでは明示的な解を得るために、人口成長率一定の場合のみを考えているのだが、日本では時間の経過につれて世代ごとの人口比率が大きく変わっていく。その場合は、所得分配の不平等化によって中年の所得のシェアが増える代わりに、中年の人数が増えることでも貯蓄過剰＝負の自然利子率につながるだろう。

日本の場合に「中年」とは誰を指すのかと考えてみると、それは50代ではないだろうか。筆者自身の経験を思い出しても、30～40代では教育費や住宅取得に追われてなかなか貯蓄できないというのが実態だ。日本の賃金水準は50代で最高になるが、そこから退職金をもらうまでの時期に資産を蓄えるのが平均的なサラリーマンの姿だろう。

思えば、日本がデフレに突入した１９９７～98年は、ちょうど日本最大の人口のコブである団塊世代が50代になった年だった。一方、彼らが65歳を越えて完全引退したのが２０１２～13年のアベノミクスの始まりと一致する。まさに、この15年間貯蓄過剰となって自然利子率がマイナスとなり、日本はデフレに苦しんだという解釈も可能ではないのか。

ここで重要なポイントは、人口動態と自然利子率の関係を考えると、人口成長率が落ちると自然利子率も下がるといった単線的な関係ではないことである。貯蓄過剰が起きるのは、高齢化が進む直前の時点であり、本当に高齢化が進んでリタイアした人が増えれば、いずれ貯蓄過剰は解消するからである。

この点、最近多くの国について自然利子率の計測が行われ、その低下を示唆する結果が得られているが、大抵のケースで斉一《せいいつ》成長モデルが前提にされていることには注意を要しよう。このケースでは、人口増加率の低下が単線的に自然利子率の低下と捉えられてしまうからだ。なお、ここでは投資は明示的に考えられていないが、投資率が下がるのも労働供給の減少が本格的に始まる前だろうから、議論の大筋は変わらないと考えられる。

もちろん、日本では巨額の財政赤字、増加し続ける企業部門の貯蓄超過といった問題がある以上、これだけで議論を進めるのは強引すぎることは承知している。それでも、家計貯蓄率が大幅に低下して、２０１２～13年には貿易赤字が定着する一方、完全雇用が実現したのは、この解釈と整合的である。

なお、団塊世代が「中年」から「老人」になることで、日本の自然利子率がプラスに浮上しつつあると考えれば、デフレ脱却の展望は明るくなる。ただし、それはいよいよ本格的な超高齢社会へ突入する結果だから、単純にデフレ脱却＝経済の活性化とはならない点を忘れてはならない。このように、ＥＭのモデルからは、デフレからの脱却は進みつつある一方で、経済成長の低迷がますます鮮明になりつつある日本経済の現状を理解するうえで、重要なヒントが得られるのではないかと筆者は考えている。

第2章【注】

（1）以前に早川・吉田［2001］で論じたように、物価指数の概念にはさまざまな問題があり、「消費者物価指数の下方バイアスは○％」などと安易に数量化することは困難だと筆者は考えている。この点、後にも触れるブリニョルフソン＝マカフィー［2015］などが論じるデジタル技術の急速な進歩を考えると、物価の測定はますます難しくなっていると考えるべきだろう。さらに、渡辺［2015］が家賃との関連で述べているように、中央銀行が目標とすべき物価指数は品質調整済みのものとは限らない（＝バイアスを考慮しないほうがよい場合もある）という論点もある。

（2）「オイラー方程式」とは、本来は変分問題の解として与えられる微分方程式を指すものであるが、近年のマクロ経済学では最適な消費・貯蓄計画の解を「オイラー方程式」と呼ぶことが通例となっている。「オイラー方程式」の解説まで含んだ上級現代マクロ経済学の教科書としてはRomer［2011］などが有名である。一方、第1章で触れたニュー・ケインジアンの経済学についてはWoodford［2003］が基本文献であり、Walsh［2010］の教科書にもわかりやすい解説がある。なお、齊藤・岩本・太田・柴田［2010］は、ニュー・ケインジアンの解説を含む数少ない日本語の教科書であり、大変便利である。

（3）国民所得統計には「交易利得（損失）」と言って、交易条件の変化による購買力の海外からの流入（流出）が推計されている。これを見ると、原油価格の急落を主因に2014年第3四半期から15年第2四半期までの間に8・1兆円、実質GDP対比1・5％もの交易利得が発生していた。

（4）余談ではあるが、先日オードリー・ヘップバーン主演の映画『ローマの休日』を観て驚いたのは、当時はローマでも観光客はとても少なかったことである（コロシアムでも人影は疎らだった）。過去半世紀のツーリズム拡大をわれわれは見逃していたのかもしれない。

（5）毎月勤労統計の賃金が上がりにくいのは、賃金水準の低いパートの比率が高まっているためだが、とくに最近は女性や高齢者の労働参加率上昇が影響しているとみられる。女性や高齢者の場合、短時間労働が多いため、時給は上がっても一人当たりの給料は上がりにくいためだ。なお、労働需給が逼迫すると、①新規の労働参加者は、どうしても女性や高齢者中心になるが、②彼／彼女らは短時間労働が多いため、生産増にはあまり貢献しない一方、③失業者や求職者は減少するため、ＧＤＰはあまり増えなくても労働需給はさらに逼迫を強めるという循環が働く。

(6) この点、白井［２０１４］の図表2を見ると、アベノミクス開始後の1年半で日銀が推計した潜在成長率が大きく下方修正されていった様子がわかる。なお、以前は、日銀推計の潜在成長率は「展望レポート」に掲載されたグラフから読み取るほかなかったが、最近は日銀のホームページに計数が公表されるようになっている。

(7) もっとも、エレクトロニクス産業は物的生産性向上には寄与していたものの、韓国メーカー等との競争で追い上げられた後は、値下げ競争に陥って交易条件が悪化したため、付加価値の創出には寄与していなかった。塩路［２０１３］の言葉を使えば、価値ＴＦＰは上昇していなかった。

(8) 深尾・宮川編［２００８］を参照。

(9) 正確に言うと、モデルの中に入ってはいるが、他の変数の影響でマネタリーベースが決まる一方、マネタリーベースが他の変数に影響を与えることはないという意味で、「ぶら下がり変数」として扱われている。それは、日銀モデルだけの特徴ではなく、米国ＦＲＢが使うＦＲＢ-ＵＳモデルでも同じはずである。

(10) かつてノーベル経済学賞受賞者であるロバート・ソローが「生産性統計以外のあらゆる場所でコンピュータ時代を眼にすることができる」とコンピュータ化が生産性を高めていないと指摘したが、その後にＩＴ革命による生産性の急向上が起こったのは有名な話である。

(11) 長期停滞論に関しては、VoxEUからサマーズ、ゴードン、クルーグマンなどの論考を載せたTeuling-Baldwin［2014］という無料の電子書籍が出されており、大変便利である。このほか、以下で採り上げる基本的な文献はGordon［2012］とSummers［2014］であり、サマーズが若き日に欧州の不況とその後遺症を分析した論文はBlanchard-Summers［1986］である。

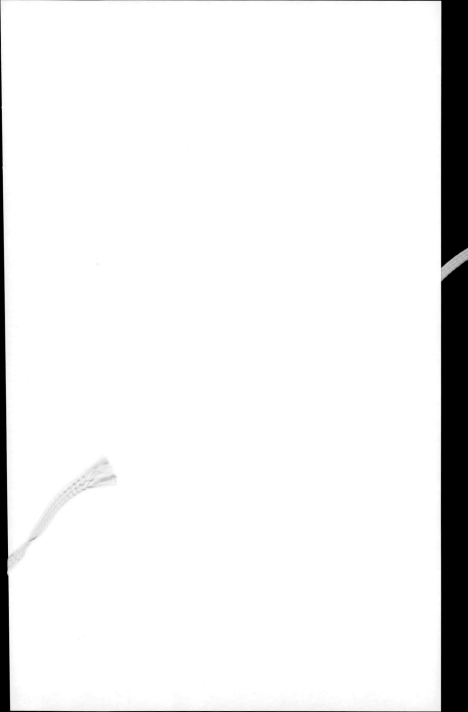

第3章　「リフレ派」の錯誤

1　「リフレ派」的思考法：主観主義・楽観主義・決断主義

筆者の日本経済や金融政策に対する見方は、一般には「反リフレ派」に分類されることが多いようだ。しかし、本書の第1章、第2章を読まれた読者にはおわかりのように、筆者は必ずしも積極的な金融緩和、あるいはQQEの実験そのものに反対しているわけではない。15年にも及ぶデフレから抜け出すためには、政策効果の不確実性や副作用の懸念がある程度あったとしても、敢えて「行動する勇気」(Bernanke〔2015〕)が必要だったと考えるからだ。そういう意味で、決してみずからを「反リフレ派」とは位置づけていない。

その一方で、筆者が「リフレ派」と呼ばれる一群の人たちが「デフレさえ克服すれば、日本経済のほとんどの問題は解決する」かの如き根拠に乏しい楽観的な幻想を振り撒くことで政策論議を大きく歪めていることに対しては、強い抵抗感を覚えているのは事実である。だから、もしそれを「反リフレ派」と呼ぶのであれば、筆者は「反リフレ派」の一人であることを否定するつもりはない。本章では、この「リフレ派」の考え方の錯誤について論じていきたいと思う。

「リフレ派」を定義する

そのためには、まず「リフレ派」の定義を明らかにする必要がある。そこでたとえば、「デフレは経済にとって望ましくない状態だから、中央銀行はデフレに陥ることのないように、またデフレに陥ってしまった場合は、そこから早く脱出できるように金融政策を行うべきである」という命題を認める者をリフレ派と定義するのはどうだろうか。

しかし、リフレ派をこのように広く定義すると、筆者を含めてほとんどの（元）日銀関係者はリフレ派に含まれることになる。現に、第1章でみたように、ゼロ金利にしても、フォワード・ガイダンス（時間軸政策）にしても、量的緩和にしても、すべて日銀が世界に先駆けて実施してきたものであることを想い出してほしい。しかし、それでは、リフレ派が口を極めて非難してきた日銀も「ずっとリフレ派だった」という大変奇妙なことになってしまう。

また、リフレ派の人たちはみずから日本の経済学界における少数派と自覚しているようだが、上記の命題を受け容れないマクロ経済学者はほとんどいないはずである。内閣官房参与の浜田宏一は、しばしば欧米の主要なマクロ経済学者のほとんどは自分と同意見だとの趣旨の発言をされるが、仮に上記のような質問であれば、誰もがイエスと答えるのは当然だろう。

そこで筆者はリフレ派の定義を強めて、次のような命題のすべてを基本的に受け容れる人たちを狭義の「リフレ派」と呼んではどうかと思う。具体的には、

【リフレ派の命題1】 過去20年あまりにわたる日本経済の長期低迷は、基本的に需要不足によ

るものであり、需要不足をもたらした主因はデフレにある。

【リフレ派の命題2】 ゼロ金利の下でも中央銀行が使える有効な金融政策手段は十分にあり、ゼロ金利制約はあまり深刻な問題ではない。

【リフレ派の命題3】 財政政策に関しては、次のようなポジションを採る。

①財政政策、とくに財政支出の増加はマクロ経済に対して一般に有効ではない。

②にもかかわらず、なぜか消費税増税は景気に極めて大きなマイナスのインパクトを与える。

③財政赤字の問題は、デフレ脱却の結果としての経済成長によって大部分解決できる。

という命題を提起したい。

ここまで限定すると、長年にわたってインフレ目標政策を提唱してきた政策研究大学院大学・コロンビア大学教授の伊藤隆敏（伊藤［2001］、［2015］）や、現在まさにQQEを推進している日銀の黒田東彦総裁その人は、財政健全化を重視し、消費税増税の必要性を強調しているという意味で、リフレ派ではないということになってしまう。それでは、リフレ派が狭くなりすぎないか心配されるかもしれない。

それでも、筆者はリフレ的な政策が必要だと考える数多くの経済学者・エコノミストと、狭義の「リフレ派」を区別することが重要だと考えている。現に、岩田・浜田・原田［2013］に結集した経済学者・エコノミストのうち、編者を中心とする大部分や、本田悦朗内閣官房参与、嘉悦大学教授の高橋洋一、三菱UFJモルガン・スタンレー証券参与の嶋中雄二らは、いずれもこれらの命題に同意するはずである。そして、これらの認識を共有する人たちのグループが実体として存在し、「デフレこそが諸悪の根源」とすることで、財政健全化や潜在成長力の強化といった、より重要で困難な課題から政治家や一般国民の眼を背けさせてしまう点に問題がある、というのが筆者の理解である。

このように、広い意味でデフレに対して金融政策の積極的な対応を求める人々と、デフレ脱却さえ実現すれば日本経済が抱える多くの問題は事実上解決すると考えている狭義の「リフレ派」を区別することの重要性は、やがて第5章でQQEからの「出口」や財政健全化の問題を論じる際に、一層明らかになるはずである。

「リフレ派」の主張は整合的か

そのうえで、QQEの実験の結果がリフレ派の主張を確認するものだったか否かは、本章の後続部分で詳しく検討することとして、ここではQQEスタート前の時点でこれらの命題に関してどういうことが考えられたのかについて、いくつかコメントしておきたい。

まず命題1と命題2を認めるのであれば、リフレ派の人たちが口を極めて日銀を批判してきたことは大変よく理解できる。日本の不幸はデフレの結果であり、日銀はデフレを解消することができる手段を十分に持ち合わせていたのに、それを使わなかったということになるからである。(1)

しかし、命題1について言えば、先にも述べたように過去15年間の物価下落は年率わずか0・3％だった。果たして、その程度のデフレが本当に「失われた20年」と呼ばれる日本の長期低迷の主な原因だったのかは、自然に湧いて来る疑問だろう。

また、2000年以降に限ってみれば、日本の人口一人当たり成長率は他の主要国に劣るものではなかった。だとすれば、日本の低成長の少なくとも一部が人口減少（正確には生産年齢人口の減少）に起因することは疑いようがないのではないだろうか。

命題2に関しても、「ゼロ金利制約（zero lower bound＝ZLB）の下での金融政策」というテーマは、過去10年以上にわたって世界の金融マクロ経済学の大きなテーマであり続けてきた。この事実は、命題2のように言い切ってしまうことが、デフレからの脱却の困難を過小評価していることを物語るものである。どちらの場合に関しても、日本経済の長期低迷の原因として需要不足以外の構造的問題を重視していない、あるいは金融政策に関するゼロ金利制約を重視していないという意味で、ここにはリフレ派特有の楽観論が表れているように思われる。

一方で命題3は、誰が見ても極めて奇妙な命題の組み合わせである。おそらくリフレ派の財政に関する基本的な見方は、①の財政政策の効果は乏しいということなのだと思う。その説明としては「変動相場制の下では、財政支出を増やしても、金利上昇が自国通貨の増価（日本で言えば円高）につながるため、景気刺激効果を持たない」というマンデル＝フレミング理論がしばしば参照されてきた。にもかかわらず、消費税率引き上げが政策の俎上に載《の》せられると、彼らは②を主張し始めたのであり、普通に考えればこれは①とはっきり矛盾する。[2]

ときに「強力な金融緩和で金利が低水準にペッグされていれば、増税→金利低下→円安のメカニズムというマンデル＝フレミングのメカニズムが働かないため、増税は景気に負の影響を及ぼす」と説明される場合もある。しかし、それなら1990年代後半以降日本の長短金利はほぼ常に低水準に張り付いていたので、①はずっと成り立たなかったはずである。

このように、どう考えても明白に矛盾した主張を多くのメンバーが一致して展開してきたことは、現実に「リフレ派」という、人的なつながりを持ったグループが存在することを強く示唆するものといえよう。

また、③は、デフレさえ脱却すれば経済成長の余地は大きい、したがって税収の増加余地が大きいと考える点では、命題1と整合的であり、上記の②とともにリフレ派が消費増税を急ぐ必要はないと考える根拠となっている。それでも、日本の財政赤字の大きさや高齢化のスピードの速さを考えると、さすがにリフレ派の大多数は未来永劫増税が必要ないとまでは主張していないようである。しかし、岩田規久男・現日銀副総裁（岩田［2013］）や高橋洋一教授のように、増税は税収の名目GDPについて3とか4といった常軌を逸した数字を前提にするのであれば、増税は全く必要ないということになろう（世界に冠たる高齢化国＝日本において1桁の消費税率で社会保障制度を賄っていけるとは、何たる楽観！）。

リフレ派の困った議論①：後出しジャンケン

一部の読者はご存知のことと思うが、筆者は2013年の3月、QQEがスタートする直前まで日銀に在籍していた。まさにリフレ派の人々の批判を浴び続ける立場にいたわけである。もちろん、その議論が正しければ受け容れるべきだし、誤っていると考えるなら堂々と反論すべきなのだが、筆者がどうしても我慢できない（反論のしようもない）と感じたのは、次の二つのタイプの議論である。

その一つは、「後出しジャンケン」だ。リフレ派が次々といろいろな金融緩和手段を提案し、日銀がさまざまな思案を重ねた末にその提案（の少なくとも一部）を実行に移すと、彼らは当然最初には歓迎を示す。しかし、時間が経って思ったような効果が出ないとみるや、必ず「やり方が足りない」と言い出すのである。

たとえば、２０００年代前半の量的緩和のケースを想い出してみると、当初の当座預金の目標額５兆円は最終的に35兆円にまで拡大された。筆者の記憶する限り、最初からこのような巨額の量的緩和を主張していた論者はリフレ派にもいなかったはずである。にもかかわらず、予期したとおりの結果が出なくても、自分たちの考えに誤りがあったと反省することは決してなく、彼らはその過程でさらなる緩和を要求し続けた。そして、暫く時が経って米国のＬＳＡＰが日本円で数百兆円単位の量的緩和を行うと、今度は当時の日銀の量的緩和は「しょぼい」ものだったと言い出したのである。

しかし、第1章でも述べたように、数百兆円単位の当座預金はＦＲＢが超過準備に付利を行うというイノベーションを編み出したことで初めて可能になったものだ。付利のない時代における30兆円台は、当時の金融調節担当者たちが０・００１％単位という「ミクロの決死圏」（１９６

0年代のSF映画のタイトルで、量的緩和時代にはこの表現が短期金融市場関係者や日銀内で流行っていた）での闘いを繰り拡げた結果、ようやく達成できた結果であった。彼ら自身が超過準備付利のアイデアを編み出したわけでないのに、後になって30兆円を「しょぼい」と言うのは「後出しジャンケン」以外の何ものでもないだろう（しかも、当座預金に付利をしたうえでの巨額のバランスシート拡大が果たしてどれだけ本当に量的緩和としての意味を持つのかには疑問があり、この点については後に第4章で議論する）。

先にQQEがバズーカとなった理由のいくつかを説明したが、筆者はいま一つの大きな理由として、リフレ派に後から「これでは足りない」と言われることがないように、そして彼らの「マネーが足りないのがデフレの原因だ」という議論が馬鹿らしく聞こえる程度にまで、資産購入の規模を拡大したのではないかと想像している。しかし周知のように、最初は誰をも驚かせたQQEに対してさえ、一部のリフレ派はやがて「これでは足りない」と言い出したのである。マネタリーベースが名目GDPの60％以上に達しても、彼らはまだマネーが足りないからデフレになるのだと本気で信じているのだろうか。

リフレ派の困った議論②：精神論

もう一つは、「信念が足りない」といった精神論である。リフレ派が強く批判する白川前総裁の時代にも、日銀は「包括緩和」の名の下に、量的緩和やリスク資産を含む多様な資産を購入するなど、さまざまな手段を用いてかなり強力な金融緩和を試みていた。それにもかかわらず、前総裁らが実験的な政策の効果の不確実性や副作用の可能性について丁寧な説明を行うと、彼らから聞こえてくるのは、「みずからが政策効果への信念を持たないから、効果が出ないのだ」という批判だった。

第1章でも述べたように、筆者自身はバーナンキ流の演技もある程度必要だったと考えてはいるのだが、理論的に考えて政策の効果に不確実性が大きいのが事実である以上、それを無視してただ「信念を持て」と言うのはやはり無理ではないか。しかも、彼らの議論の仕方は、「チャンスがあるなら、できる限りやってみようじゃないか」というアングロ・サクソン流のプラグマティズムよりも、「必勝の信念さえあれば、おのずと途は拓ける」という旧帝国陸軍の主観主義・決断主義を彷彿させるものだったと感じている。

以下、本章ではこうしたリフレ派の思考法の特徴である主観主義、楽観主義、決断主義について考えてみたい。

2　期待一本槍の政策論：主観主義の錯誤

まず最初に問題にしたいのは、リフレ派の政策論が、この点に関しては日銀のQQEの説明も同じことだが、期待一本槍の主観主義となっている点である。

ここで大切なのは、第1章で述べたように、長期国債等の大量購入は長期金利の引き下げに一定の効果を持つと考えられるが、長期金利の引き下げ余地が大きかった米国などとは異なり、出発点の長期金利の水準が低かった日本では、インフレ期待が高まらない限り、実質金利の大幅な低下は期待できなかったという点である。しかも、リフレ派の議論には、彼らが元来のマネタリズムから期待重視へと方向転換を図った結果としての一種の捩れがみられる。以下では、この点を振り返りつつ議論を進めていくこととしよう。

リフレ派の大本はマネタリズム

周知のように、リフレ派のもともとの主張はマネタリズムであった。実際、リフレ派の代表的人物である岩田規久男・現日銀副総裁が20年以上くらい前からマネタリズムの立場で日銀批判を繰り拡げてきたことは、よく知られているとおりである（岩田［1993］、翁［1993］との間で交わされた岩田・翁論争が有名）。

マネタリズムは、①マネタリーベースとマネーストック（かつてはマネーサプライと呼ばれていた）、②マネーストックと名目GDPないし物価、の双方についての安定的な関係を前提とするものであるから、本来は極めて客観主義的な考え方である。そして、岩田らは暫くの間、ゼロ金利となってもマネタリーベースを増やせば、マネーストックが増えて名目GDP等を増やすことができるという、古典的なマネタリズムの立場から量的緩和論を唱えていた。

ただし、岩田らリフレ派のマネタリズムは、世界的にみると「遅れて来たマネタリズム」という印象であった。周知のように、マネタリズムがマクロ経済学に覇を唱えたのは1960年代後半から70年代にかけてのことだ。当時進行していたインフレの理解と克服に第二次世界大戦後主流派であったケインズ経済学が失敗した結果、ミルトン・フリードマン率いるマネタリストが少数派から主流派に転じたのである。そして、多くの中央銀行は熱心さに多少のちがいはあれ、マネーストックを金融政策運営上の中間目標として位置づけていった。

しかしながら、マネタリズムの覇権は決して長続きすることはなかった。１９８０年代以降、各国で金融自由化が進むと、マネーと実体経済の関係が不安定化したため、多くの中央銀行は金利ベースの政策に戻っていったのである。そして90年代後半以降には、インフレ目標政策を導入する中央銀行が増えていく（Bernanke *et al.* [1998]、伊藤［２００１］）。

自然利子率の概念

同時に、経済学の世界でも金利の復活が進んでいった。実は、１９８０年代までは中央銀行の実務では短期市場金利が政策手段とされながら、金融論、マクロ経済学の教科書ではマネーストックを使ったモデルを教えるのが普通という奇妙な状態が続いていた。それは、金利を固定する金融政策では物価水準が決まらない（発散する）と考えられていたためである。この点は、前章でも触れた20世紀初頭のスウェーデンの経済学者、クヌート・ヴィクセル（Knut Wicksell）の自然利子率の概念を使うと、簡単に説明できる。

今、中央銀行が名目利子率を決め、そこからインフレ率を引いた実質利子率が自然利子率を下回ったとしよう。そうすると、実質利子率は貯蓄と投資を等しくする自然利子率よりも低いのだから、景気は過熱してインフレ率が上昇する。しかし、そうなると名目利子率一定の下では実質利子率はさらに低下するため、景気は一段と過熱し、物価はさらに高まり……ということになるからである。

これは、デフレの場合も全く同じであり、こうした物価のスパイラル的上昇（下落）は「ヴィクセルの累積過程」と呼ばれている。経済学者はこの困難を避けるためには、金利ではなくマネーを使って理論を定式化することが望ましいと考えてきたのであった。

テイラー・ルール

しかし、これは名目金利を固定するからであって、インフレ率に応じて金利を変えていくなら必ずしもこうした問題は起こらない。この点を明らかにしたのが、１９９０年代前半にスタンフォード大学教授のジョン・テイラーが発表した論文であった（Taylor [1993]）。テイラーは、この論文の中で中央銀行が従う政策金利のルールとして、

政策金利＝自然利子率＋インフレ率＋α×（インフレ率－目標インフレ率）
＋β×需給ギャップ

というかたちを提起した。これは、①インフレ率が目標を上（下）回った場合や、②経済活動が高まって（低下して）、需給ギャップがプラス（マイナス）となった場合には、政策金利を引き上（下）げるという、ごく自然な中央銀行の反応をルールに表したものといえる。そして、ここで自然利子率＝2、α＝β＝0.5とすると、この式が現実のＦＲＢの政策をうまく描写し、かつそ

のパフォーマンスは良好だったと論じたのである。

このテイラー論文は学界だけでなく、中央銀行の政策担当者にも大きな影響を及ぼすこととなり、やがて上記の式は「テイラー・ルール」と呼ばれるようになった。さらに、これを受けてウッドフォード教授らが発展させたのが、現在の標準的な金融マクロ経済学となっているニュー・ケインジアン理論である。そこではもはやマネーの果たす役割はほとんどなくなり、厳密なミクロ的基礎の上で最適金融政策（金利ルール）などが研究されている(3)。

こうした現代の経済理論では、第1章でも述べたように、ゼロ金利の下では古典的な貨幣乗数のメカニズムは働かないことが常識となっている。やや旧い話になるが、2000年代前半に日銀が量的緩和を導入した頃の政策委員会議事録を読むと、「量的緩和で当座預金を増やしても、理論的にはマネーストックの増加につながる保証はないが、ひょっとすると実際にはうまくいく可能性も考えられる」「マネーストックは増えなくても、ポートフォリオ・リバランス効果は働くのではないか」などといった議論が行われていたことがわかる。

植田委員はじめ経済理論に明るいメンバーは、基本的には当時から懐疑的であったが、それでも現実にはマネーストックが増える可能性も残されていると考えたのだろう。そして、実際に日銀が量的緩和を行ってもマネーストックはほとんど増えなかったため、理論だけではなく現実にも貨幣乗数のメカニズムは働かないことが明らかになった。

こうして、リフレ派がマネタリーベースの役割を強調しようとしても、今では「マネタリーベースの増加がマネーストックを増やして物価上昇につながる」と言えなくなった以上、「インフレ期待に影響を及ぼす」と言う以外に途がなくなってしまったのである。

マネタリーベースを金融調節の軸に据えるのは的外れ

しかし、現代のマクロ経済学が期待を重視するのは事実だが、実際に期待がどのように形成されるかに関する明確な理論があるのかといえば、答えは「ない」が正しい[4]。だから、たとえば「期待インフレ率を1％上げるのに、どれだけマネタリーベースを増やせばよいのか」と考えても、その大まかな目処さえ存在しないのである。

この点は通常の金利政策でも、0・25％の金利引き下げがどれだけの効果を持つかは状況次第であって、事前に確たることは言えない。しかし、それでもマクロ計量モデルを使えば、平均的にGDPや物価をどの程度押し上げるかを予測することができる。

これに対し、日銀の計量モデルは上記のような現代の経済理論をもとに組み立てられているため、前章でも述べたとおりマネタリーベースはモデル内で実質的な役割を果たしていない。このため、マネタリーベースの増加が期待インフレ率に与える影響については、その目安すらなく、結局のところ気合で決める以外にないのである。

周知のように、QQEでは当初、インフレ目標は「2％」、目標期限は「2年」程度、マネタリーベースを「2倍」にし、国債の平均残存期間も「2倍」以上に伸ばすなど、数字遊びのように2という数字を並べていた。しかし、これはまさに数字に根拠がないからこそ「2」という数字に気合を込めたのだろう（一方、2014年10月の追加緩和のキーワードは「3」だった）。

第1章で筆者は、QQEはマネタリズムに基づくものではないと述べた。そして、ここではマネタリーベースをどれだけ増やせばどの程度インフレ期待に影響を与えることができるかについて、その目安さえないと述べた。そうすると、なぜ日銀はQQEにおいてマネタリーベースを金融調節の目標としたのだろうか、という疑問が当然に出て来る。

この点に関して日銀の公式文書に明確な説明はないが、一つ考えられるのは岩田副総裁の影響であろう。というのも、岩田は副総裁就任直前の2013年3月に出版した著書（岩田［2013］）の中で、マネタリーベースの増加と期待インフレ率の間に機械的な関係があると主張するグラフを示しているからだ。日銀が副総裁に就任した岩田の主張に配慮してマネタリーベース目標を掲げた可能性は十分に考えられる。

ただし、実際にそこに描かれていたのは、わずか1年半の月次のデータを散布図にして、「マネタリーベースの水準とBEIで測った期待インフレ率の間には相関係数0・98の高い相関が見出せる」という直線を引いただけの、わが眼を疑うような分析であった。経済分析に通じた日銀のスタッフたちが本当にこのような小標本に基づく「相関関係」を「因果関係」と取り違えたとは、筆者には考えられない。岩田自身、さすがに「決定係数」という表現を使うのは憚られたのだろうが、小標本間の相関関係は、因果関係ではなく単なる偶然の結果であることが多いのは常識だからだ。

実際、この相関関係が本当に現在も成り立っているのなら、今頃期待インフレ率は優に5％を上回っているはずである。だが、この関係はQQEを始めた途端に壊れてしまった。このため、マネタリーベース目標の導入が岩田らのリフレ派が日銀に持ち込んだマネタリズムの残滓によるものなのか、それとも市場参加者の多くがソロス・チャートを使っているという事実を前提とした「誤解に働きかける政策」なのか、今でも確たることはわからない。

資産価格への影響を考える

なお、リフレ派の論者は金融政策が期待を通じて経済に影響を与えるルートとして資産価格を大変に重視しており、この点に関しては筆者にも全く異論はない。そして、リフレ派のリーダーの一人である浜田宏一エール大学名誉教授（現・内閣官房参与）がかつてノーベル経済学賞受賞者であるジェームズ・トービン教授に師事したこともあってか、「トービン流の資産市場の一般均衡分析で考えれば、ゼロ金利の下でもマネタリーベースを増やせば、資産価格に影響を及ぼすことができる」といった主張が行われている。

しかし、第1章で述べたように、「価格がゼロの財の供給を増やしても均衡は変化しない」という命題は、資産市場の一般均衡分析でも全く同様に成立する（ただし、筆者はこの説明の仕方を本多ほか［2010］から学んだのだが、マネタリーベースの増加には効果がなくても、特定の資産［たとえば長期国債］を中央銀行が大量に買うことで、その資産の市場への供給が減ることを通じた効果はあり得るとの議論は可能かもしれない）。

結論から言うと、純粋理論的にはこの議論も成り立たない。なぜなら、30年以上も前に当時ミネソタ大学・ミネアポリス連銀にいて代表的なマネタリストの一人とみられていたニール・ワラス教授が、公開市場操作にもモディリアニ＝ミラーの定理（ＭＭ定理）が成立することを証明していたからだ（Wallace [1981]、この性質は「ワラス中立性」と呼ばれている）。第1章で、エガートソン＝ウッドフォード（ＥＷ）によれば国債大量購入等も効果がないと述べたが、ＥＷの結果もこのワラス中立性に従っていたのである。

そのロジックは、ＭＭ定理そのものだから極めてシンプルである。たとえば、中央銀行が長期国債を大量に購入して、長期金利を将来予想される短期金利の平均より押し下げようとしたと想定しよう。その場合、資本市場が完全であれば、民間主体は長期債務を発行して短期債に投資することで利益を得ることができる。こうした裁定行動の結果、中央銀行による長期債購入の効果が中立化されてしまうのである。

もっとも、「これはあくまで純粋理論としては」ということであり、とくに資本市場の完全性というのは、しばしばかなり非現実的な仮定である。実際に中央銀行が数十兆円、数百兆円の単位で長期国債を買った時に、企業であれ銀行であれ、個別の民間経済主体がこれを中立化するほどの規模の裁定ポジションをつくることができるとは考えられない（彼らが発行する長期債務にはかなりのリスク・プレミアムが要求されるだろう）。第1章で「長期国債の大量購入は何がしかの効果を持つと考えるのが常識的だろう」と述べたのは、このためである。

以上の議論は、本来第1章第2節の主題であるが、書物の冒頭であまり理論の話を延々と続けると読者の意欲を殺ぐことを恐れて、ここに述べることとした。

ただし、この議論を理解すると、なぜ米国のＬＳＡＰなどでは長期国債やＭＢＳの購入額にコミットする一方、マネタリーベースの目標を定めていないのか、がよくわかる。ゼロ金利の下で意味があるとすれば、それはマネタリーベースの増加ではなく、長期国債等の購入額のほうだからである。にもかかわらず、日銀がマネタリーベースの増加額を目標としているのは、やはりマネタリズムの残滓か、「誤解に働きかける政策」のいずれかなのであろう。

3　さまざまな「期待」：市場と企業・消費者の温度差

円安・株高のはじまりは外国人投資家

さて、期待なり誤解なりに働きかける政策が行われた結果何が起こったのかといえば、第2章で詳しくみたとおり、金融市場が大きく反応した一方、実物経済の反応はそれに比べてかなり鈍いものにとどまったということである。これは、期待が決して一枚岩ではなく、経済主体が抱く期待は個々に異なるという、期待の複数性（heterogeneity）を示唆するものといえよう。

理論モデルの世界では、期待を複数にすると合理的期待均衡が解けなくなってしまうため、通常は単一の期待を想定するが、現実の世界では人それぞれ異なった期待を抱くのは当然である（そもそも期待がみな同じならば、株式の売買などは成立しないはずだ）。実際、日銀が『経済・物価情勢の展望』に掲げるグラフを見ても【図3－1】、市場に応じて期間に応じてさまざまな期待インフレ率があることがわかる。

ただし、為替や株価が大きく反応したからといって、単純に金融市場参加者の期待インフレ率

図３－１　さまざまなインフレ期待

(1) 市場参加者の予想物価上昇率
(物価連動国債のBEI)

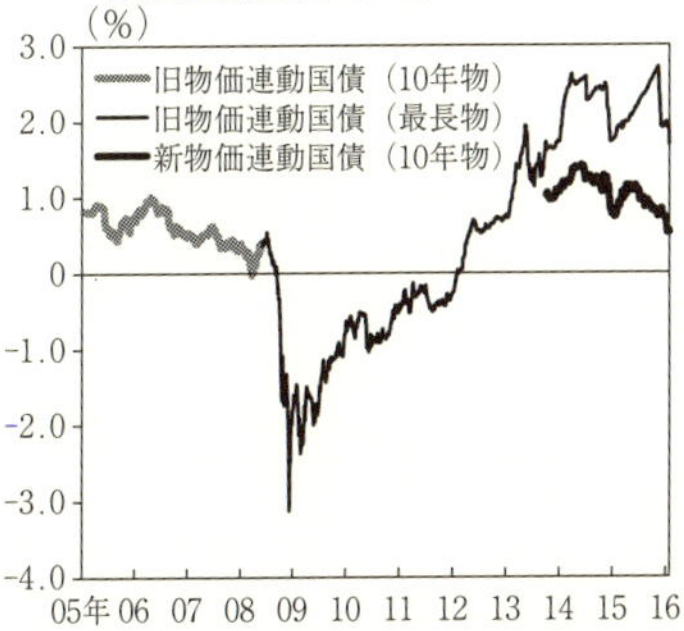

(2) エコノミストの予想物価上昇率

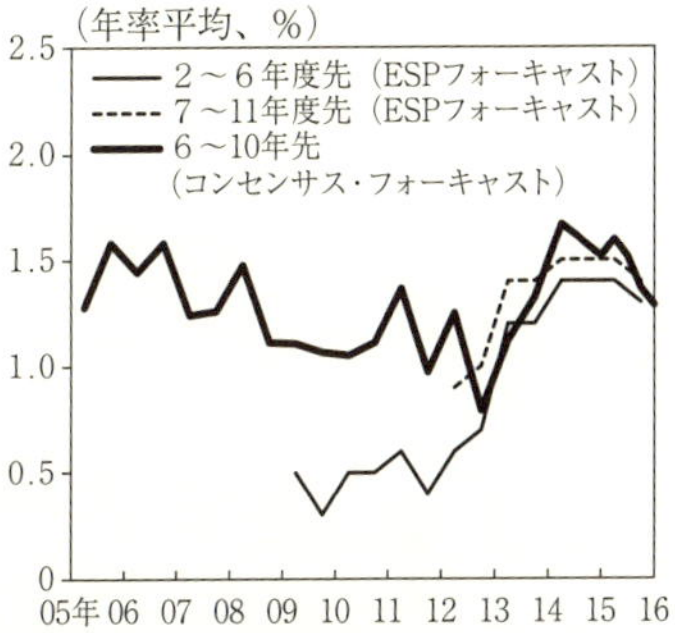

注：１．(1)のＢＥＩは、固定利付国債利回り－物価連動国債利回り。物価連動国債のうち、2013／10月以降に発行されたものを新物価連動国債、それ以外を旧物価連動国債と呼称。旧物価連動国債の最長物は、16回債（2018／６月償還の銘柄）の利回りを用いて算出。

２．(2)のESPフォーキャストは、消費税率引き上げの影響を除くベース。

３．(2)の調査時点は、コンセンサス・フォーキャストについては１、４、７、10月（ただし、2014／４月以前は４、10月）。ESPフォーキャストは６、12月。

(3) 市場参加者の予想物価上昇率

①QUICK調査

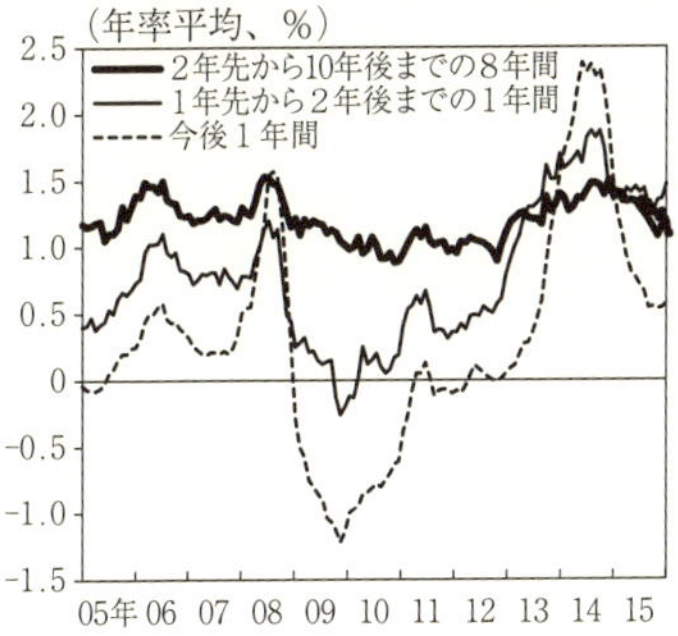

②みずほ証券調査

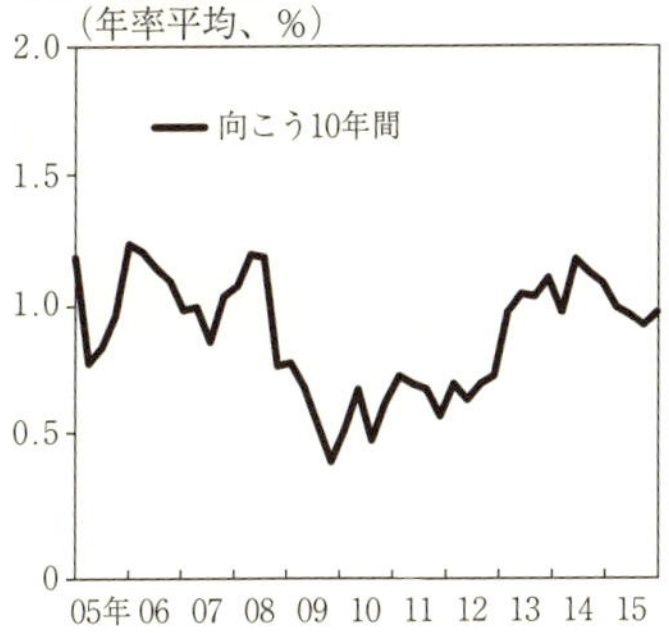

注：QUICK調査は、2013／９月調査から、消費税率引き上げの影響を含む計数を回答するよう質問項目に明記。みずほ証券調査は、消費税率引き上げの影響を除くベース。

出所：Consensus Economics「コンセンサス・フォーキャスト」、JCER「ESPフォーキャスト」、QUICK「QUICK月次調査（債券）」、みずほ証券「Investor Survey」、Bloomberg

出所：日本銀行「経済・物価情勢の展望（2016年１月）」

が大きく上がった結果と単純に解釈できるものではない。このグラフを見る限り、家計やエコノミストのインフレ予想と金融市場のインフレ予想が大きく食い違ったようには見えないからである（QUICK調査の「今後1年間」の物価予想が2013年春頃から大きく跳ね上がっているのは、14年4月からの消費税率引き上げの予想が反映されたものである）。

この点、大変興味深いのは「アベノミクスに対する市場の反応がなぜあれほどポジティブだったのか」について分析した東京大学教授の福田慎一の論文（Fukuda [2015]）である。アベノミクス初期の円安、株高が外国人投資家主導によるものだったことは、よく知られている。その根拠としてしばしば指摘されているのは、2013年1年間で外国人投資家が日本株を15兆円もの規模で買い越したことだろう。これでも十分な証拠だと思われるが、福田が注目したのは、円安や株高が進んだのは日本市場（福田論文では日中 daytime）においてなのか、海外市場（同じく夜間 nighttime）においてなのか、という点である。

資産価格はその時点で活用できるすべての情報を反映して形成されるという、通常の効率的市場仮説に従うなら、為替レートにしても株価にしても、新しく市場に入ってくるニュースにのみ反応するはずである。そして、アベノミクスやQQEに関するニュースの多くは、当然日本の国内で発生するはずだから、相場が動くのは主に日本市場だと考えるのが自然である。

しかし、日中（海外市場の終値から日本市場の終値まで）と夜間（日本市場の終値から海外市場の終値まで）の相場の変化幅を累積した福田のグラフを見ると【図3－2】、円安、株高が進んだのは主に夜間（＝海外市場）においてであって、日中（＝国内市場）はほとんど横這い、な

図３－２ 株価と為替の変動（日中と夜間のちがい）

(1) 日経平均の累積的変化

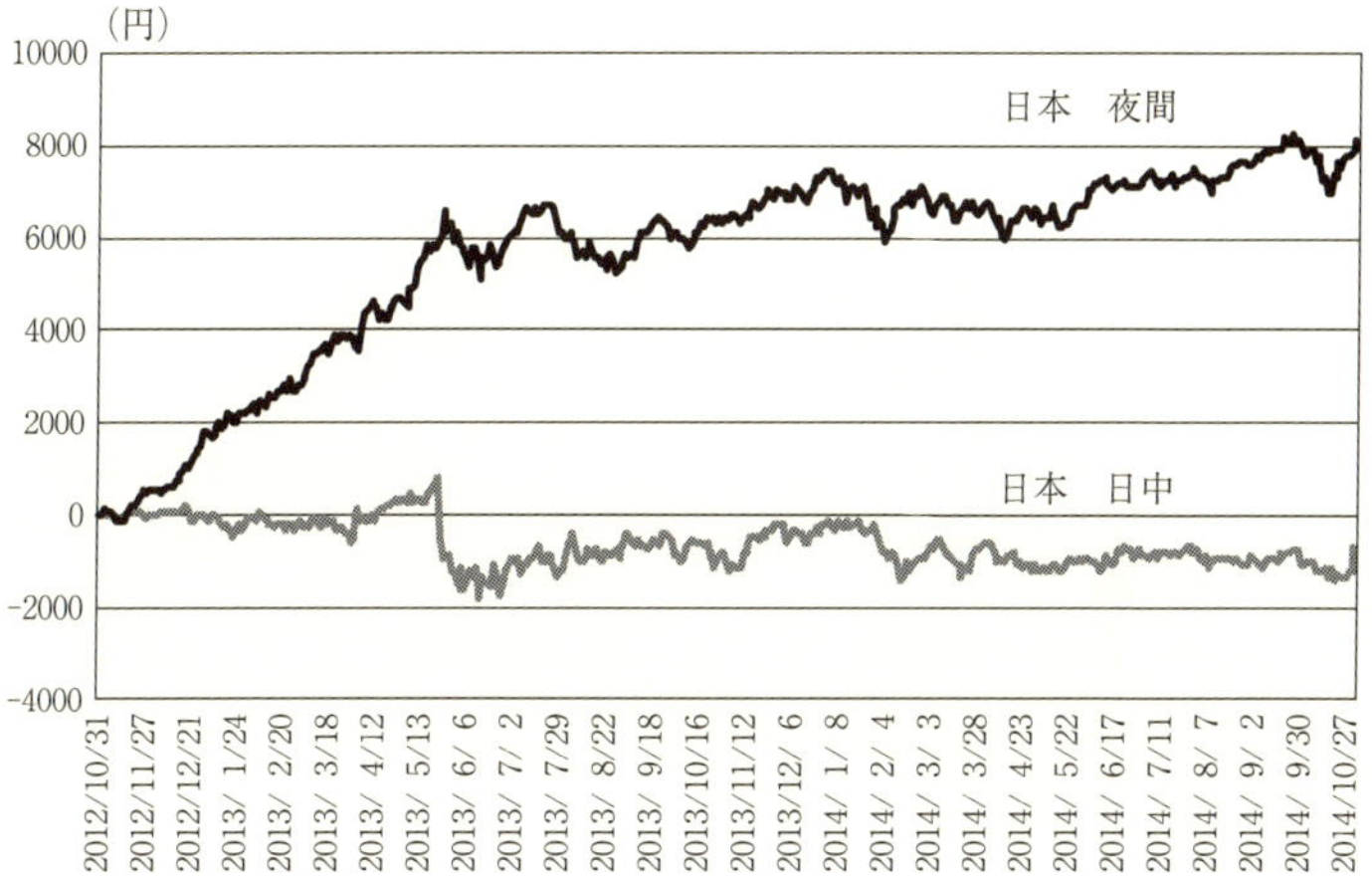

(2) ドル・円相場の累積的変化

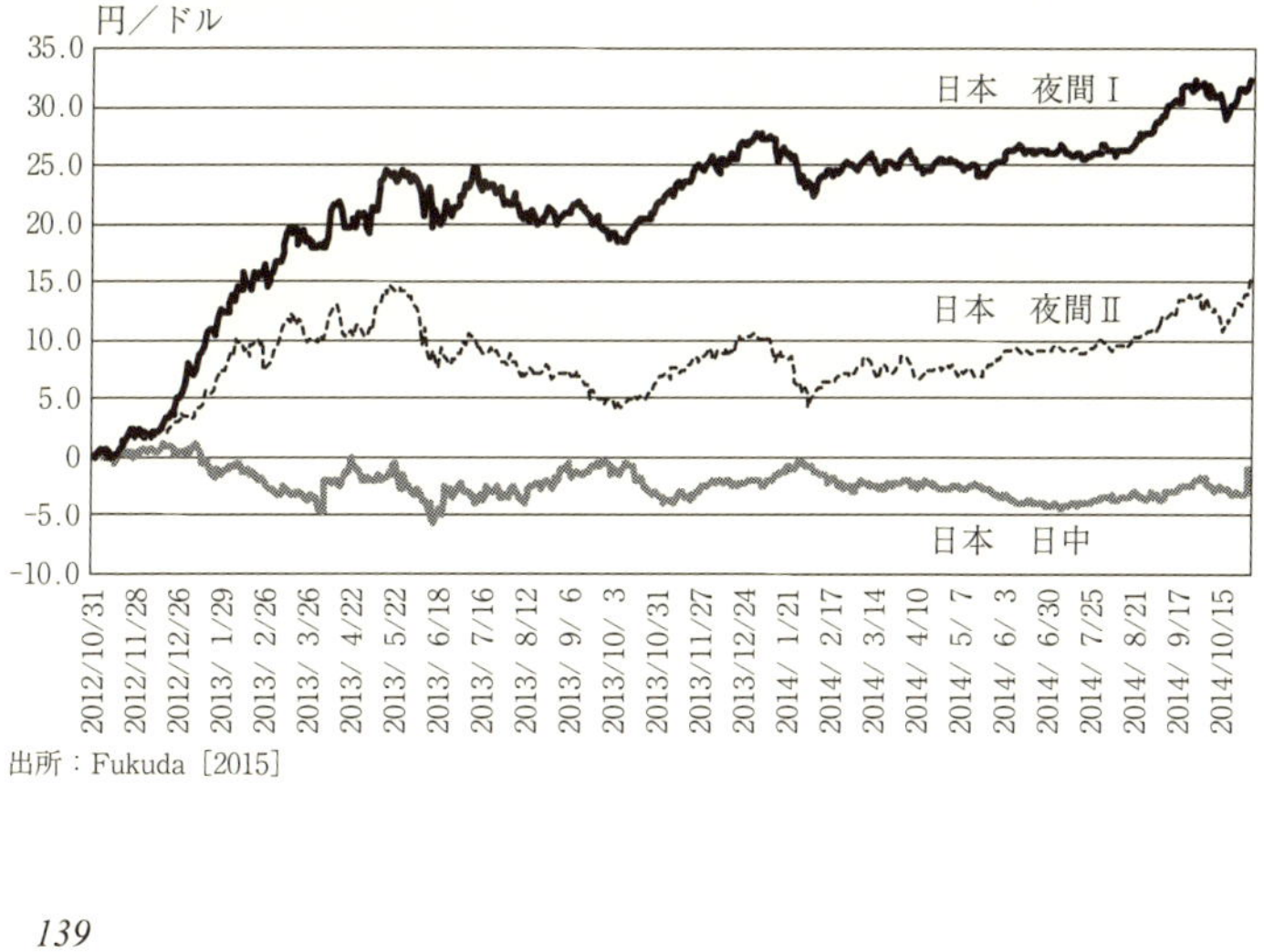

出所：Fukuda［2015］

いし若干円高、株安気味であったことを示している。これは、単に金融市場と実物経済の間の期待のちがいだけでなく、金融市場の中にも期待の複数性があり、アベノミクスやQQEをサポートしたのは主に外国人の投資であったことを確認するものである。

もちろん、こうした外国人投資家の行動が、アベノミクスやQQEによって日本経済の再生が実現するという期待に基づくものであったのか、それとも単に円が安くなる、日本株が上がるという期待であったのかを確認する術はない。第2章でみたように、日本経済の再生は、やや甘めに評価しても途半ばである。しかし、円を売り、日本株を買った外国人投資家の多くがそれで利益を得たことは間違いない。その限りで、彼らの期待は正しかったということができよう。

それでは、なぜ円安、株高だけでなく、物価もある程度上昇して実質金利が低下したのに、日本の企業や家計はそれに反応しなかったのだろうか。この点については次章でも再度採り上げるが、ここでは金融市場での取引と実物経済活動の非対称性という問題に触れておこう。

金融市場と実物経済の非対称性

まず、株式市場の参加者が株価の上昇につながる可能性のあるニュースを手にしたとしよう。そのニュースにある程度の信頼性があると考えるなら、彼／彼女は取り敢えず株を買ってみるべきである。時間をかけてニュースの信頼性を確かめていたら、その間に株価が上がってしまい、利益が得られなくなる可能性が高いからである。

ここで重要なことは、株式の取得には時間がかからないこと、取引コスト（手数料など）が低いことと、もしそのニュースが間違いでも簡単に反対売買ができること（非可逆性がないこと）である。このような条件が満たされるならば、他人より早く動くことが何より大切だ。そして、為替市場でも株式市場でも、金融市場では大抵の場合、これらの条件が満たされている。だから、金融市場の参加者は情報の真偽を確かめるよりも、まず動いてみるのである。

しかし、このような条件は実体経済では成り立たない場合が多い。たとえば、為替が円安になり、企業が「新しい工場を建てれば、輸出で十分に儲けられる」可能性があると考えたとしよう。だが、工場が完成するまでに1～2年はかかるだろうし、その間に為替は円高に戻ってしまうかもしれない。もちろん、円高になったら工場を解体することもできるが、それには多大な費用がかかる。結局、「もとの為替相場、もとの工場なし」に戻っても、この間にかかった工場の建設・解体費用は戻って来ないという意味で、ここには大きな非可逆性があるのだ。こうした場合には、時間をかけて円安が持続するものか否かを確かめるべきである。

これは、期待インフレ率が上昇して実質金利が下がった場合に、設備投資を行うべきかどうかでも、同じことである。また、持ち株の株価が上がって贅沢品を買い込む場合も同じだ（実際に株を売って実現益を得た場合はまだよいが、含み益だけでリッチな気分になって派手な消費をすれば、悲惨な将来が待っているかもしれない）。

こうした、不確実性と非可逆性がある場合には、慎重に行動すべきだという教訓は、経済理論の世界でもディクシット流の投資理論として知られている。[5] これは、プリンストン大学のアバナッシュ・ディクシット教授が開発した理論であり、一定の前提の下に数学モデルを解いてみると、状況を観察して待つことにオプション価値が生まれるというかたちの答えとなるため、ファイナンスの分野では「リアル・オプション理論」と呼ばれることが多い。

このように、QQEに対して金融市場が素早く反応した一方、実物経済ではなかなか明確な反応が生まれなかったことは、経済理論的にみて決して不思議なことではない。現実は「期待に働きかける」という一言で済むほど単純ではないのだ。まして、QQEは実験的政策であり、もともとその効果は不確かであったうえ、後に述べるようにその出口で大きな混乱を招くことが懸念されている。これほど不確実性が大きい（オプション価値が大きい）なら、企業や家計がしばらく様子を見ようとするのは当然である。

4　成長余力の過大評価：楽観主義の錯誤

「日本経済は強い」という主張の根拠はどこにある？

筆者がリフレ派の議論で不思議に思えてならないことの一つに、彼らが日本経済の成長余力を過大に評価し続けていることがある。デフレからの脱却さえ実現すれば、日本経済は夢のような高成長軌道に乗り、「世界が羨む」ような状態になるというのであれば、それ以前の経済の活動水準は極端に低いのでなくてはならない。

たしかに、巨額の公共事業で下支えを行いながら、有効求人倍率が1993年以降一度も1・0に達することのなかった90年代であれば、（公共投資による嵩《かさ》上げ部分を除いた）経済活動の水準は相当に低かったと考えられる。しかし、リーマン・ショック後については、日本の失業率はピークでも５・５％であり、10％を超えた多くの欧米諸国よりはるかに低かった。

もちろん、リーマン・ショック直後については、日本的雇用慣行の下で「企業内失業」がかなりの数に上ったのは事実だろう。だが、この時の不況は鋭くはあったが、比較的短いものであった。安倍政権成立直前のＧＤＰギャップはたかだかマイナス２・５％程度（内閣府推計、この当時は日銀推計【前掲図２‐７】でもほとんど差はない）だったから、もし実質３％成長すれば、ギャップは1年強でなくなってしまうはずであった（当時の内閣府推計の潜在成長率は０・８％）。

さすがに、アベノミクスのスタートからわずか1年未満で完全雇用が達成されてしまったのは、筆者にとっても大きな驚きだったが（これは、予想外の生産性低下の結果である）、ここから何年間も高成長を続けられると考えたこと自体、もともと非常識だったのではないか。

この点に関しては、１９９０年代の日本について、デフレの下で経済活動が極端に落ち込んでいると論じていたクルーグマンでさえ、最近では日本への見方を大きく改めている点を指摘しておきたい。実際、クルーグマンは「日本再考」と題する２０１５年秋のコラム（Krugman [2015]）の中で、白川前日銀総裁と同じように、２０００年以降日本の生産年齢人口一人当たり実質成長率は欧米を上回っている事実を指摘したうえで、「日本経済は米国よりも潜在ＧＤＰに近い水準にあると考えることさえ可能だ」と論じている（同時期の別のコラムには、「日本を訪れる外国人たちは、日本がいかに繁栄しているかに誰もが驚く」という記述さえあった）。つまり、低成長は人口減少の結果であって、今やデフレ・ギャップはほとんどないと考えているのだ[6]。

これに対し、リフレ派の人たちは「GDPギャップというのは、過去の平均をゼロにしたもので、長い間デフレにあった以上、GDPギャップ＝ゼロの水準はまだ大幅な需要不足だ」と一様に考えているようである。しかし、これは「デフレ＝巨額の需要不足」という彼らの思い込みを示しているにすぎない。有効求人倍率が1・2を超え、新卒の就職戦線がバブル期以来の売り手市場になっているのは現実である。原田泰（現・日銀審議委員）などは、人手不足が深刻化し始めた2014年末にも、構造失業率は3％台半ばではなく2・5％程度だと著書に書いていた（原田［2014］）が、この見解と需給ギャップはほぼ解消しているという日銀の見解をどう整合させているのだろうか。

また、同氏は「まだ賃金の上昇が小幅なので、不完全雇用状態にある（失業率は自然失業率より高い）」と考えているようだが、自然失業率の定義は「その水準を下回ると、賃金水準の二次微分（賃金上昇率の変化率）がプラスになる失業率」である。実際、賃金上昇率はまだ低いが、失業率が3・5％に達した頃から徐々に伸びを高めている。これは、構造失業率≒自然失業率≒3.5％という関係がおおむね成り立っていることを示唆するものと考えることができよう（賃金の上昇テンポが鈍いのは、タイム・ラグの長さ＝デフレ・マインドの根深さを示すものであっても、自然失業率の水準自体に関係するものではない）。

なお、この関連では、リフレ派以外の一般の人たちからも「不本意に非正規雇用となっている人が大勢いることを考えれば、雇用の改善はまだ不十分だ」という意見を聞くことが多い。この点筆者は、①今後女性や高齢者にさらに活躍してもらう必要があることを考えても、非正規雇用自体を問題視すべきではないと考える一方、②日本ではフルタイムとパートタイムの賃金格差の大きさが示すように、非正規雇用の待遇が諸外国に比べても極端に悪いという特徴があり、この点の改善は是非必要だと思っている。

ただし、これはマクロの労働需要不足に起因する問題ではない（もし、マクロ的な労働需給がこれ以上にタイト化すれば、建設現場や小売・外食等の人手不足はさらに深刻化し、企業の採用担当者からは悲鳴が上がるだろう）。これは、日本企業の雇用がメンバーシップ型の正社員と非正規雇用に二極化しているという構造問題の反映だと筆者は考えている（早川［2015d］）。この点については、次章において「デフレ・マインド」との関連でもう一度考えてみることにしよう。

リフレ派の空想的楽観論

以上は過去と現状についてだが、リフレ派は先行きについても恐ろしく楽観的である。政府は2015年6月に発表した、翌年度に向けての経済財政運営の方針を示す「骨太の方針」において、実質2％、名目3％の成長が続くことを、「目標」というより「前提」とした。このような安易な前提を置くことが財政規律の弛緩を招き、財政健全化を危うくするリスクについては、第5章で詳しく議論するが、この前提に関しては多くの経済学者・エコノミストからも「非現実的」との批判が集中している。にもかかわらず、こうした楽観的な前提が維持されているのは、首相周辺のリフレ派の人たちの考えが強く反映されたためだと言われている。

しかし、現実を素直にみるならば、①デフレが終わっても高成長は実現せず、安倍政権下の平均成長率はわずかプラス０・７％にとどまっている。②潜在成長率は、内閣府・日銀推計を問わず０％台前半である。しかも、成長戦略が効果を発揮して、潜在成長率は徐々に上がっているのではなく、むしろ下がり続けている。③農業改革の実現やＴＰＰ交渉の妥結は評価に値するが、これらが生産性向上に寄与するまでには時間がかかるうえ、潜在成長率を１％も２％も引き上げるようなものではない。

そうした中で、一体どう考えたら近い将来実質２％成長の軌道に乗るといった空想的なストーリーを「前提」とできるのか、疑問に思うのが普通だろう。それでも、リフレ派からはその根拠について、「潜在成長率や需給ギャップの推計など当てにならない」といった、客観的データよりも自分たちの信念が正しいという主張の繰り返し以外に聞いたことがない。

また、リフレ派は雇用が増えたことをアベノミクスの最大の成果として誇示するのだが、ＧＤＰが増えずに雇用が増えたのは生産性が低下したためであり、人口減少の下ではそれは極めて低い潜在成長率を含意するという、シンプルな論理的帰結には気づいていないようだ。逆に、「名目３％成長はアベノミクスそのものだ。アベノミクスに反対だというのか」などと凄まれる場合さえあるのだが、反アベノミクス＝非国民だとでも言いたいのだろうか。

こうして筆者には、彼らリフレ派の姿が彼我の戦力差を客観的に把握することを怠って、「敵には武器はあっても、戦意を欠く」「わが軍には、装備不足を補って余りある精神力がある」など嘯《うそぶ》いていた旧日本軍の主観主義、楽観主義と重なって映ってしまうのだ。

5　「出口」なき大胆な金融緩和：決断主義の錯誤

「出口」をいつまでも意識しないでよいのか

さて、QQEからの「出口」について問われると、黒田総裁が決まって「『出口』を議論するのは時期尚早」と答えるのは、読者も御存じのことだろう。おそらく、2％インフレの目標達成の目処も立っていないのに、「出口」において直面するであろう困難やリスク、コストを明らかにしてしまうと、人々の不安を掻き立てて目標達成自体が難しくなってしまうと考えてのことだろう（日銀は、内々では「出口」についていくつかのシナリオを想定しながらも、それを口外しないというスタンスを取っているものと思われる）。

QQE導入当初ならともかく、いつまでもこうした姿勢でよいのかという点は、後にもう一度詳しく議論する予定だが、不思議なのは、リフレ派の面々からも「出口」への発言がほとんど聞かれないことである。先行きの不確実性の高い段階では、政策当局者が具体論に踏み込むことを避けるのはしばしばみられることだが、学者・エコノミストのメンバーから聞かれるのも、「2％目標が実現すれば、金融緩和は止めるだけだ」といった漠然とした発言ばかりである。

インフレ目標と通常の金利政策の組み合わせであれば、たしかに「止めるだけ」でよいだろう。実際の物価上昇率がインフレ目標に達したら、金利を正常な水準（＝自然利子率＋インフレ率）へ上げていけばよいだけで、特段「出口」を意識する必要はない。しかし、QQEや米国のLSAPのように長期国債等を大量に買った後の「出口」は、多くのステップを踏まざるを得ないのである。

米国の「出口」政策を意識しながら整理すると、まずバランスシート政策について、①長期国債などの資産購入ペースを落としていく（米国では、これがテーパリング tapering と呼ばれた）、②資産の買入れを停止する、③バランスシートの規模を（超過準備がほぼなくなる）正常な水準まで落としていく、という三つの段階が考えられる。このうち、③に関しては、（i）資産を売却する、（ii）資産の償還を待って自然減を図る、という二つの方法がある。そして、金利に関しては、ⓐまずゼロ金利を解除して、次第にⓑ上記の正常な金利水準まで上げていくことになる。こう考えれば、これらをどういう順番で進めていくかだけでも、問題は相当に複雑だということがわかるだろう。「止めるだけ」とは、一体何を意味しているのだろうか。

2000年代央の日本の量的緩和の場合は、まず資産買入れを停止してバランスシートの規模を正常化した後に、ゼロ金利解除へと進んだ。これは、超過準備への付利が行われていなかったため、バランスシートを正常化した後でないと金利をプラスにできなかった(7)一方、買い入れた資産は短期国債などが中心であったため、償還を通じて比較的速やかなバランスシートの縮小が可能だったためである。

米国でも当初はバランスシートを正常化してから金利を引き上げることが考えられたようだ

が、長期国債等を大量に売却すれば市場が混乱する心配があった一方、償還を待っていたのでは時間がかかりすぎるため、バランスシートの正常化を待たずに金利を引き上げる方向となった。具体的には、①２０１３年末からテーパリングがスタートし、②14年10月に資産買入れ終了、ⓐ15年12月にゼロ金利解除という順序で、約２年の時間をかけて進めていったのである。

この「出口」で最も懸念されるのは、長期金利の急騰である。ＱＱＥにしてもＬＳＡＰにしても、長期債を大量に購入することで長期金利を強引に押し下げてきたわけであるから、その「出口」で長期金利が跳ね上がるのは、当然と言えば当然である。

この点、記憶に新しいのは２０１３年６月に当時のバーナンキＦＲＢ議長が「近いうちに資産購入を縮小できる」と発言したところ、米国の長期金利が急騰したことだろう。これは、米国の長期債市場のみならず、新興国通貨の下落や、日米を含む世界各国で株価下落を招くなど、世界の金融市場に大きな衝撃を与えた。いわゆるバーナンキ・ショック（日本での呼び名、米国ではtaper tantrum などと呼ばれた）である。しかし、バーナンキ前議長は、「資産を売却する」と言ったのでも、「資産購入をストップする」と言ったのでもなく、「資産の購入ペースを落とす」可能性に触れただけであった。つまり、まだＦＲＢのバランスシートは拡大を続けていくにもかかわらず、これだけ大きなショックが走ったのは、非伝統的な金融緩和からの「出口」に対して市場が極めてナーヴァスになっていることを遺憾なく物語るものだった。

米国の場合、ここで一度ショックを吸収したことと、ゼロ金利解除まで極めて慎重に歩を進めていったことから、その後は大きな市場の混乱はみられていない。しかし、一時は「失業率が

6・5％を下回るまで」と言われていたゼロ金利解除のタイミングが失業率5％程度まで後ずれした結果、将来インフレ率が急に高まったり、バブル懸念が生じたりして、金利の上昇スピードが速くなる局面が来れば、再度市場が混乱するリスクがないとは言えない。

日本に潜む「出口」までの困難

しかも日本の場合には、以下の三つの理由から、QQEからの「出口」において、米国以上の困難が待ち受けていると考えられる。第一に、金融機関が大量の長期国債を保有しているため、長期金利が急騰すると金融機関のバランスシート毀損につながり、極端な場合には金融システムの不安定化を招くリスクがあることである。この点は、日銀自身が年2回発行する『金融システムレポート』で毎回警告を発しているところだ。なお、いわゆるメガバンクは保有国債を短期物中心にしているため、金利リスクは経営体力の弱い地方銀行や信用金庫などに集中している点にも注意が必要だろう(8)。

第二に、大量の長期国債買入れを続けている日銀のバランスシートも、当然ながら大きく毀損する。これが国民負担を意味することは、第1章で述べたとおりである。

第三は、政府の財政への負担である。日本の公的債務残高は名目GDPの2倍以上であるにもかかわらず、QQEによって長期金利が抑え込まれている結果、今のところ利払い負担の重さは際立っていない。しかし、長期金利が急騰すれば、政府財政にとって大きな負担増となることは言うまでもない。しかも、長期金利の上昇が財政赤字の拡大につながり、財政の維持可能性への不安が高まれば、ギリシャ等でみられたように、そのことがさらなる長期金利上昇を招くという悪循環に陥る恐れもある。これはわが国にとって極めて大きなリスクであり、第5章でもう一度詳しく検討する。

ジリ貧かドカ貧か

このように、非伝統的金融緩和の「出口」がどれだけ複雑で、どれだけ多くのリスクを抱えるものかを考えてくれれば、リフレ派の「金融緩和を止めるだけ」という発言がいかに無責任なものか理解できよう。結局、彼らは「出口」の問題を真剣に考えることなく、「大胆な金融緩和」、「無制限の金融緩和」を求めてきたことになる。

その一方で、リフレ派の人たちが常々強調するのは、デフレの結果としての長期低迷によって日本経済の体力が大きく損なわれてきたことである。そして、リフレ政策の結果としてインフレ率が高まったり、長期金利の上昇によって財政が悪化するリスクがあったとしても、このままデフレが続いた後でのインフレや財政破綻のほうがはるかに危険だと主張する。つまり、このままではジリ貧なので、まず局面を転換する（彼らの言葉を使えばレジーム・チェンジ）ための決断を急ぐべきだというのである。「出口」のことなど、後で考えればよいということだろうか。

筆者自身は、デフレが日本経済長期低迷の主因だとする彼らの判断には簡単に同意しかねる。バブル崩壊後の不良債権問題の解決が遅れ、金融仲介機能の不全を背景とした不況が長期化した結果、デフレに陥ったという面もあると考えるからだ。しかし、デフレを伴った長期低迷が経済の基礎体力を損ない、相次ぐ景気対策や税収の減少を通じて財政の悪化にもつながったことは否定できないだろう。

また、長期低迷やデフレの原因が何かは別にして、今ここで問題を先送りすれば、デフレからの脱却も財政健全化もより難しくなることは、彼らの指摘するとおりだと思う[9]。これは、QQEが「バズーカ」となった背景にある日銀の問題意識にも通底するものである。リフレ派はQQEの先行きについて極めて楽観的なので、「賭けに出た」意識はないのかもしれないが、第1章のコラムでも論じたように、日銀はこの閉塞状況から脱するための賭けに出たのだと考えている。

だが、このままではジリ貧だからといって、後先を考えずに勝負に出るのはあまりにも不用意ではないのか。長期金利が急騰して財政破綻ともなれば、そのコストはあまりにも大きく、それこそドカ貧になってしまうからだ。

周知のように、太平洋戦争開戦に至った一つのきっかけは、日本の南部インドシナ進駐に対して米国が原油の禁輸措置を採ったことにあった。国内資源のない日本では、時間が経てば経つほど備蓄していた燃料が尽きていく。このため、陸軍を中心とする主戦派は、早期開戦の決断を急ぐ以外選択肢はないと訴えたのである。その一方で、彼らは「一度大きな打撃を与えさえすれば、米国は戦意を喪失するだろう」といった希望的観測以外に、具体的な戦争終結への方策を何も考えていなかったこともよく知られている。

こうして「ジリ貧を避けようとしてドカ貧に陥らないように」という米内光政海軍大臣の警告は無視され、日本はドカ貧へと向かっていったのである。

【コラム】　マクロ政策で潜在成長率の引き上げは可能か

第2章、第3章と話を進めてくると、ＱＱＥが思ったほどの成果を上げられなかったのは、潜在成長率の低さに起因する部分が大きいことがわかる（もちろん、そのおかげでデフレ脱却は何がしか容易になったのだが）。経済学の正統的な考え方では、マクロ政策では潜在成長率に影響を与えることはできないので、それはアベノミクス第三の矢＝成長戦略の役割ということになる。現に筆者もそのように論じてきた（早川［２０１４b］）。

一方、リフレ派の多くは「潜在成長率は高い」「需給ギャップはまだ十分にある」などと勝手に楽観しているため、潜在成長率について正面から議論することは少ない。しかし、筆者が参加した２０１５年春の日本金融学会・中央銀行パネル『量的・質的金融政策の評価』において、明治大学准教授の飯田泰之は金融政策で潜在成長率を上げる可能性に言及していたし、逆に翁［２０１５］は、同じくデフレ脱却による潜在成長率の引き上げの可能性を議論しながら、今後の介護離職増加などから潜在成長率引き上げは容易でないとしていた。マクロ政策で潜在成長率を高められるか否かは、ＱＱＥの評価に関わる隠れた重要論点だと言うことができよう。

この点、理論面から一つのヒントを与えるのは、20世紀最大の経済学者の一人であるケネス・アローの「経験を通じた学習（learning by doing）の経済的含意」という古典的な論文である（Arrow［1962］）。アローによれば、労働者は実際に働くことで生産性が上がるのだから、経済の活動水準を高めれば、生産性は上がることになる。これは、Romer［1986］以降の内生的経済成長論の源泉ともなったアイデアだが、通常は新興国などの経済発展の文脈で捉えられるものであって、マクロ政策で景気をよくすれば、潜在成長率も上がるという議論とは考えられていない。

一方、二度の石油ショックの後に欧州で高い失業率が長期間続いた背景の一つとして、ハーバード大学（当時）のオリヴィエ・ブランシャール、ラリー・サマーズ両教授は、不況で長期間職を失った労働者の人的資本の劣化を挙げた（Blanchard-Summers［1986］）。これは、マクロ政策で潜在成長率の低下を食い止める可能性を示唆するものである。

たしかに、日本でも就職氷河期に非正規雇用に就いた若者は、職業訓練を受ける期間が乏しいため、人的資本が蓄積しないと言われており、これは重要な論点であることは間違いない。しかし、ここで考えなくてはならないことは、経済は1部門ではなく、多様（heterogeneous）な部門で構成されているという事実である。実際、この欧州や日本のケースでも、硬直的な労働市場の下で労働者が自由に移動できない、不良債権を抱えた金融部門の下で企業の新陳代謝が進まないといったことが背景にあったはずだ。

この点を考慮して具体的に考えてみると、以下にみるように、不況期に財政金融政策で潜在成長率の低下を食い止めるのも簡単でないことがわかる。まして、マクロ政策で潜在成長率を高めるのは相当に困難なのではないか。

ここでまず問われるのは、１９９０年代の公共投資を中心とした大規模な財政出動が潜在成長率を押し上げたか否かである。たしかに、建設業を中心に多くの雇用を創り出したのは事実だが、この問いの答えは否だろう。また、マクロ政策ではないが、金融円滑化法や雇用調整助成金といった財政資金を使った弱者救済策は潜在成長率を高めただろうか。こちらも雇用の維持には大きく貢献したが、生産性はむしろ低下したと考えられる。つまり、雇用を増やせば人的資本が自動的に身につくのではなく、生産的な部門に資源が移動することが重要なのだ。

もちろん、生産性を高めるような財政支出が存在するのは事実である。生産性向上につながるようなインフラ投資などの、いわゆるワイズ・スペンディングである。かつての東海道新幹線や名神・東名高速道路などはワイズ・スペンディングだったのかもしれない。しかし、高度成長がはるかに遠い過去となった今、財政支出をワイズ・スペンディングに絞り込むというのは、政治的にほとんど不可能に近いことは誰もが認めるところだろう。

また、金融政策の場合も、高金利によって生産的な投資が阻害されているのなら、金融緩和は潜在成長率を高めることになる。しかし、年率わずか０・３％のデフレで実質金利が高まることによって、生産的な投資が大きく抑制されているとは考えられない。むしろ今は、資産バブルにつながりかねないような金融緩和の効果を問題にすべきだろう。

１９８０年代の株式・不動産バブルの時期に潜在成長率を計測すると、かなり生産性が高まっていたという結果となり、当時はそのことも株や不動産の値上がりがバブルでないことの証拠と解釈された。しかし、それは本来誤った投資であっても、ブームの中で設備が稼働している限りは生産性向上としてカウントされてしまう結果にすぎなかった。やがて投資の失敗が明らかになると、その段階で潜在成長率は大きく低下したのである。

２０００年代央の米国の住宅バブルでも、その渦中では未熟練労働者が建設工事などで雇用された結果、生産性の低下に歯止めがかかったようにみえた。しかし、これもバブルが崩壊した途端に建設現場などの職は失われ、生産性低下が明らかになった。このように、資産バブルは一時的に生産性を高めるようにみえるが、結果的には資源配分の失敗によって潜在成長率の低下につながるのである[10]。

なお、これらの点は、近年ＢＩＳのエコノミストたちによって熱心に議論されている問題でもある。彼らの分析によれば、物価下落という意味でのデフレが実体経済に及ぼす影響は、両大戦間の大恐慌の時期を除けば、言われるほどに大きくはなかった。その一方で、資産バブル崩壊の結果としての資産デフレこそが経済成長に大きな悪影響を及ぼしたというのである（Borio *et al.* [2015]）。

また、低金利の長期化の下での信用ブームは、本来生産性が高いとはいえない建設部門への労働力の集中といった資源配分の歪みを通じて、潜在成長率を押し下げることが指摘されている（BIS [2015]）。

これは円安バブルでも同じことだ。２０００年代央の円安が進んだ時期、電機産業の一部はこれを競争力の向上と誤解して、液晶パネル等の大型投資に走った。その結果がどうであったかは、皆が知るとおりである。このように、マクロ政策が潜在成長率の上昇につながる可能性は全くないわけではないが、それはどちらかと言えば僥倖に類するものであろう。やはり、潜在成長率の引き上げには、マクロ政策ではなく、成長戦略といった構造政策を割り当てる正統的な考え方が正しいのだと思われる。

第3章【注】

（1）読者の多くは、なぜ日銀がそのような愚かな行動を取ったのかという疑問を抱かれるだろう。しかし、この点に関するリフレ派の説明は説得力を欠くものばかりであり、ここに記す必要はあるまい。因みに、リフレ派が経済学界で少数派にとどまっている理由としては、審議委員やその他の研究ポストの提供などを通じて、日銀が学者たちを実質的に買収してきたなどという、到底信じられない理由が挙げられている。それにしては、リフレ派が政府・日銀の枢要ポストに進出して、かなり露骨な人事を行っても（たとえば、最近では日銀審議委員に金融界、学界を代表する人物とは考えられない人々が任命されている）、学界の大勢がリフレ派に靡《なび》き始めた様子がないのはなぜだろうか。

（2）これに対し、明治大学の飯田泰之准教授は、公共工事が民間建設と競合することで、物理的なクラウディング・アウトが生じていた可能性を示唆している（飯田［2013］）。東日本大震災からの復興事業やアベノミクスの下での公共投資拡大では、現実に建設労働者の不足等によって工事の遅れがみられており、物理的クラウディング・アウトが起きた可能性が高いと筆者も考えている。しかし、果たして同じ議論が1990年代にも当て嵌まったかとなると、懐疑的とならざるを得ない。

（3）なお、こうしたその後の研究により、上記テイラー・ルールに関しては、$\alpha>0$であれば、インフレ率が1％上がっても政策金利は$1+\alpha>1$、すなわち1％以上上がって、実質金利は上昇するため、物価水準の発散は起こらないことが証明された。この条件は、現在では「テイラーの原則（Taylor Principle）」と呼ばれるようになっている。なお、ニュー・ケインジアンの総帥はウッドフォード教授だが、教授は自然利子率の概念を再興するなどヴィクセルの業績を大変高く評価しており、同教授の主著（Woodford［2003］）の題名は*Interest and Prices*と、ヴィクセルの著書名の英訳そのものとなっている。

（4）もちろん、現在のマクロ経済学における標準的な期待の考え方は「合理的期待」である。しかし、経済主体の期待が「合理的」であることが実証研究で確認されているわけではない（というより、検証そのものが極めて難しい）。むしろ理論モデルに即して考えれば、「合理的期待均衡以外に適切な均衡概念が見当たらない」というのが最も実態に近い。

（5）これは最初に為替変動に関連してDixit［1989］として発表され、後に不確実性下の投資に関する理論に一般化したかたちでDixit-Pindyck［1994］という書物にまとめられた。

（6）因みに、クルーグマンは今でもインフレ率を高めることが重要だと考えている。しかし、それは今や経済活動を押し上げるためではなく、財政支出に過度に依存している日本経済の現状を改めるには、実質金利を押し下げる余地をつくって、財政緊縮の影響を抑止する必要があるためだという（Krugman［2015］）。この点に関しては、筆者も基本的に同感である。ただし、財政緊縮を可能にするためのインフレ率の引き上げには、まず財政支出を大きく増やす必要があるというクルーグマンの議論は、みずからも認めるように、あまりにも「直感に反するもの」であり、賛成できない。

（7）超過準備への利子がゼロである場合、市場金利がゼロであれば、銀行等も超過準備を持つだろうが、市場金利がプラスになれば、超過準備をできるだけ減らして運用益を得ようとするだろう。したがって、超過準備がほぼなくなるまでゼロ金利を解除することはできない。一方、超過準備に付利が行われている場合には、超過準備への付利を上げることで市場金利を引き上げることができる。市場金利が付利より低ければ、金融機関は超過準備に資金をとどめることで、そうした不利な運用は拒否できるからである。

（8）2015年10月刊行の『金融システムレポート』によれば、短期金利は上昇せず、長期金利のみ上昇する「スティープ化」のケースで、1％の長期金利上昇がもたらす円債時価の低下は金融機関全体で4・7兆円、うち地域金融機関で1・8兆円、信用金庫が1・6兆円という結果であった（15年6月時点にバランスシートによる試算）。
　このほか、長期金利が急騰すると、変動金利型で住宅ローンを借り入れている家計で、返済不能が増加する可能性がある。金融機関にとってのバランスシート毀損要因としては、この分も加わることとなる。

（9）このように筆者は、長期低迷やデフレは、不良債権問題の解決の遅れが長期不況を招き、最終的には1997～98年の金融危機、その後のデフレにつながっていったものだと理解しているが、日銀の金融政策の失敗を否定するものではない。まず、バブル崩壊後の92～93年の不況期にはもっと大胆に金利を下げるべきであった。当時は、その後の大幅な不動産価格の下落を到底想像することさえできなかったが、後知恵としてはそういう結論になる。また、2000年のゼロ金利解除も失敗だった。それが経済に直接大きなダメージを与えたとは思えないが、結果として日銀がデフレ克服に消極的だと受け止められたことの負の遺産は大きかった（遡れば、80年代後半のバブルを拡大させてしまったことが、最も根本的な問題なのだが……）。

その意味で、やはり不良債権処理の遅れに最大の焦点を当てながらも、日銀の金融緩和の不十分さや企業行動の消極化などさまざまな要因が複合的に作用したことを描いた福田［2015］の叙述は説得的である。ただし、すべてを too little, too late で片づけようとしたのはやや強引だったのではないか。90年代の財政出動は相当大規模で遅すぎでもなかったが、的を外したものだった。今回のQQEはさらに大規模だが、潜在成長率の低下といった問題に応えるものとはなっていない。

(10) なお、1990年代後半の米国のITバブルの場合は、生産性が大きく高まった後、バブル崩壊で生産性も一時的に低下するが、90年代の伸びが打ち消されるような結果とはならなかった。これは、ITバブルが単なる株式バブルではなく、その背後にITの発達による技術革新がしっかり進んでいたためだろう。

第4章　デフレ・マインドとの闘い

1　「デフレ・マインド」とは何か

ＱＱＥはもともと期待に働きかける政策だったから、ＱＱＥスタート当初から日銀はしきりにインフレ期待の重要性を強調してきた。しかし、金融緩和だけでは簡単に物価は上がらないという事実をみせつけられた２０１４年後半、例のハロウィン緩和の頃になると、黒田総裁が「デフレ・マインド」という言葉を口にすることが多くなったような気がする。

言葉面《づら》からは、デフレ・マインド＝物価下落予想ということで、単に負のインフレ期待を意味しているようにも思える。しかし、総裁講演の英訳をみると、デフレ・マインドは deflation mindset と訳されており、これは単なる予想ではない。「デフレ時代に身についた思考法」とでも訳すべきものだろう。

企業や家計の消極的な行動様式

それでは、デフレ・マインドとは一体何か。この答えをはっきり示しているのが、２０１４年

12月に経団連で行われた「『2%』への招待状」と題する黒田総裁の講演での発言である（黒田［2014b］）。曰く、「企業にとっては、売上の増加が期待できないことから、人件費や原材料費の引き下げといったコストカットを行い、利益を確保し、財務状況を安定することが最大の経営課題となりました。……将来にかけて所得が増加するとの期待が持てない中で、多くの家計は、消費の節約に努めました。……企業にとっては、リスクを取って設備投資を行うよりも、コストカットなどで内部留保を積み上げ、これを現預金として保有することが相対的に有利な『投資』となったのです」。

要するに、デフレ・マインドとは企業や家計の消極的な行動様式を指すものと考えられているようだ。そして、これを黒田総裁は「物価が持続的に下落する状態」としてのデフレの結果だと解釈する。

たしかに、金利にゼロ制約がある下で、デフレによって実質金利が必要以上に上昇すれば、投資や消費の抑制要因となり得ることは第2章でも確認したとおりである。このように理解するのであれば、物価下落予想とデフレ・マインドを区別する必要はない。

しかし、年率0・3%程度の物価下落が、本当に企業や家計の消極的な行動の「主な」原因なのだろうか。筆者は、まさにQQEという実験的な政策を行った結果、こうした理解が誤りであることが明確になったと考えている。第2章で述べたこととも一部重複するが、ここで再確認しておこう。

まず、円安による物価の押し上げが鮮明になった2013年央以降、消費者物価の前年比は基

図４－１　企業収益と設備投資

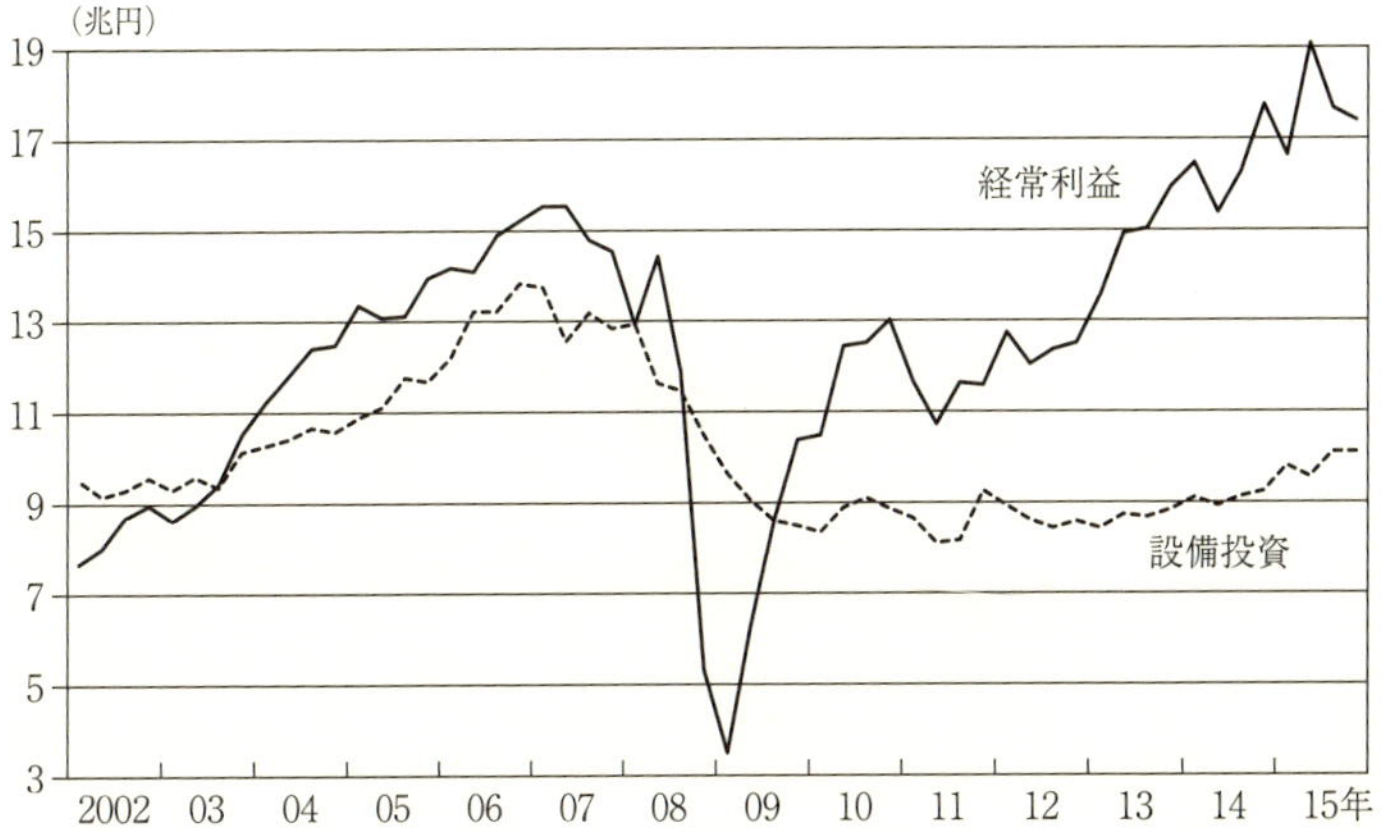

資料：財務省「法人企業統計季報」

調的にプラスで推移している。もちろん、原油価格下落の影響が顕著となった15年秋頃から本書執筆時点の16年春にかけては、表面上、前年比ゼロ前後となっているが、エネルギーの影響を除いた「日銀型コア」でみれば前年比プラス１％程度が続いているのだから、もはや「物価が持続的に下落する状態」としてのデフレではあり得ない。にもかかわらず、著しく慎重な行動という意味でのデフレ・マインドがこれまでにも増して明確になったのは、アベノミクス、ＱＱＥの下の企業部門においてであった。事実、円安効果に原油安という神風まで加わって、２０１４～15年の企業収益は史上最高を大きく更新する水準にまで増加した。

一方、賃金についてみると、２年連続のベースアップなどと大々的に報道はされたものの、定期昇給部分を除いたベースアップ率は13年がプラス０・４％、14年がプラス０・６％程度と、企業収

図４－２　実質賃金

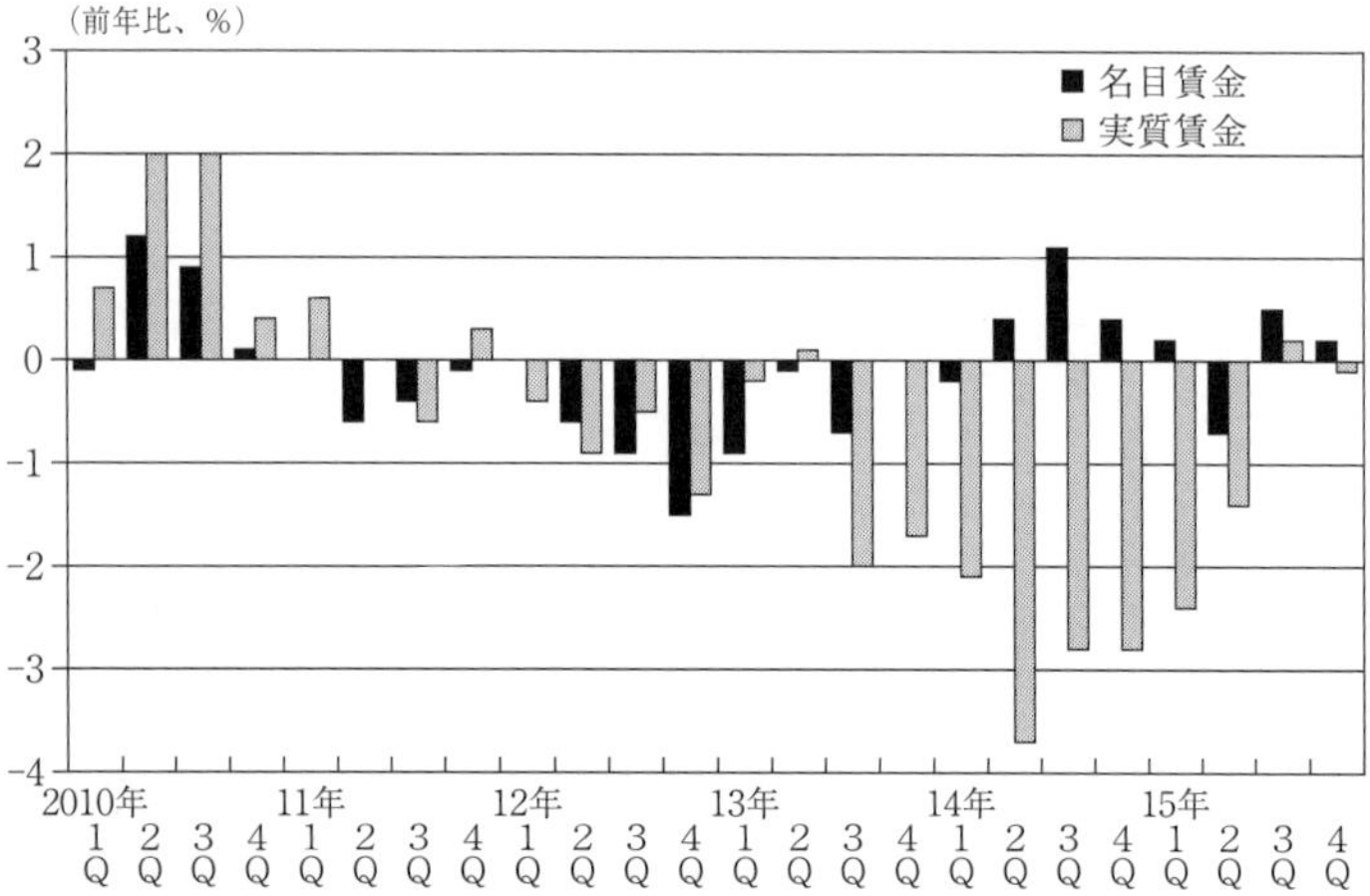

資料：厚生労働省「毎月勤労統計」

益の増加幅とは比較にならない小幅なものだった。その結果、法人企業統計でみた労働分配率は著しく低下している。

また、設備投資も増加傾向にはあるものの、その勢いは極めて緩慢なものにとどまり、企業収益の好調さとの対比が際立っている【図４－１】。しかも近年は、日銀短観などに示される設備投資計画はかなりの強気であっても（投資案件はそれなりにあることを示唆する）、投資の実行は極めて慎重という傾向が定着しつつある。

これに比べると、家計の消費行動は企業ほどの慎重さではない。たしかに、アベノミクスへの期待感が盛り上がった２０１３年前半を除くと、個人消費は一貫して伸び悩み傾向にあり、消費増税の影響や食料品等の値上がりに伴う節約志向の強まりなどが指摘されることが多い。しかし、家計の実質所得と個人消費を重ねたグラフを描いてみると、消費増税に伴う駆け込み・反動を別にすれば、両者はおおむねパラレルに動いており、特段パズル（攪乱要因）とするには当たらないと思われる。

消費の伸び悩みは、基本的には賃金上昇が円安に伴う物価上昇に追いつかず、13年5月から15年4月まで丸2年間実質賃金が前年比で低下を続けた結果とみるべきだろう（【図4－2】、なお15年夏頃から実質賃金はプラスに転じたが、これは原油安によるエネルギー価格の低下に負う部分が大きい[1]）。

賃上げに及び腰の労働組合

それ以上にデフレ・マインドの根強さを強烈に印象づけたのは、労働組合の賃上げ要求姿勢の不甲斐なさである。とくに筆者を驚かせたのは、2016年春闘での賃上げ要求に対する労働組合の弱腰ぶりだった。過去最高の企業収益や人手不足の一段の深刻化（企業は新卒採用にも相当苦労していた）といった背景を考えれば、ベースアップ率は高まっていくのが当然と筆者は思い込んでいたのだが、連合が示したベースアップ要求は15年春の「2％以上」に対し、16年春は「2％程度を基準」と、わずかながらも目線が下がっていたのだ（春闘相場に影響の大きい金属労協の要求額は15年の6000円に対し、16年は3000円だった）。「これでは2％インフレの達成にはまだまだ時間がかかる」と大いに失望したのを記憶している。

もともとアベノミクスは、QQEによる円安の進行が企業収益の改善をもたらし、それが設備投資や賃上げ、ひいては個人消費の増加にもつながっていくというトリクル・ダウン戦略（首相自身の表現を借りれば「好循環」）だった。それだけに、仮にベースアップ率が毎年上昇していくというシナリオが後戻りするような事態になれば、この戦略の挫折はますます明白になる。

結局、われわれが本当に闘うべき相手は物価下落という意味でのデフレではなく、経済主体に染みついた消極姿勢という意味でのデフレ・マインドだということを、アベノミクスとQＱＥの実験が明らかにしたのだといえよう。現状はデフレからは何とか抜け出せたにしても、デフレ・マインドとの闘いはまだまだ続きそうな気配である。

「学習された悲観主義」という日本病

それでは、企業、家計の慎重な行動様式という意味でのデフレ・マインドをもたらしたのは、一体何だったのだろうか。明らかな点は、「日本人の国民性として昔から慎重で控え目だった」というわけではないことだ。高度成長期の日本企業の投資行動が慎重だったとは考えられないし、バブルに踊った時代の日本人の行動が控え目だったとはお世辞にも言えない。

日本の企業や家計が必要以上に慎重化したのは、明らかに１９９０年のバブル崩壊以降、「失われた20年」と呼ばれる時代においてである。しかも、この「失われた20年」は、単に元気を失って沈滞した20年ではなく、その間繰り返し、負のショックに見舞われ続けた20年であった。

次にもみるように、この20年間に日本は、大手金融機関の経営破綻をきっかけに金融危機が発生した１９９７～98年、不良債権の早期処理が進められた２００２～03年、リーマン・ショックの余波による２００８～09年と、三度もの金融不安、金融危機を経験している。また、海外発の大きな経済的ショックとしては、1997～98年のアジア通貨危機、2000～01年の米国におけるITバブルの崩壊、07～08年の世界的な金融危機、さらには10～12年の欧州債務危機が想い起こされる。

急激な円高も1993～95年、98～99年、2008～10年と、少なくとも三度経験している(2)。これに加えて、1995年の阪神・淡路大震災や2011年の東日本大震災といった天変地異も忘れることはできない。

このような不幸な経験の繰り返しの中で日本の企業や家計が身につけていったのが、「学習された悲観主義（learned pessimism）」とでも呼ぶべき消極性であり、ある種の日本病なのではないかと筆者は考えている。

第2章では、QQEの最大の誤算は円安でもほとんど輸出が増えなかったことだと述べ、その背景の一つとして、日本企業による海外生産拡大の流れや電機等における競争力喪失などを指摘した。

ここで想い起こされるのは、2000年代央の円安が進んだ時期に一部のエレクトロニクス産業が液晶パネルや薄型テレビへの大規模投資を行い、それがリーマン・ショックやその後の円高によって大失敗に終わったことである。その結果として、日本を代表するような有力企業までが経営の根幹を揺るがされる事態に至ったことは記憶に新しい（16年3月、シャープは台湾メーカーに買収されることとなった）。今回の円安が輸出の増加や設備投資に結びついていないのは、この経験からの負の学習効果による部分も少なくないのではないか。

図4－3　金融危機と金融機関の融資姿勢

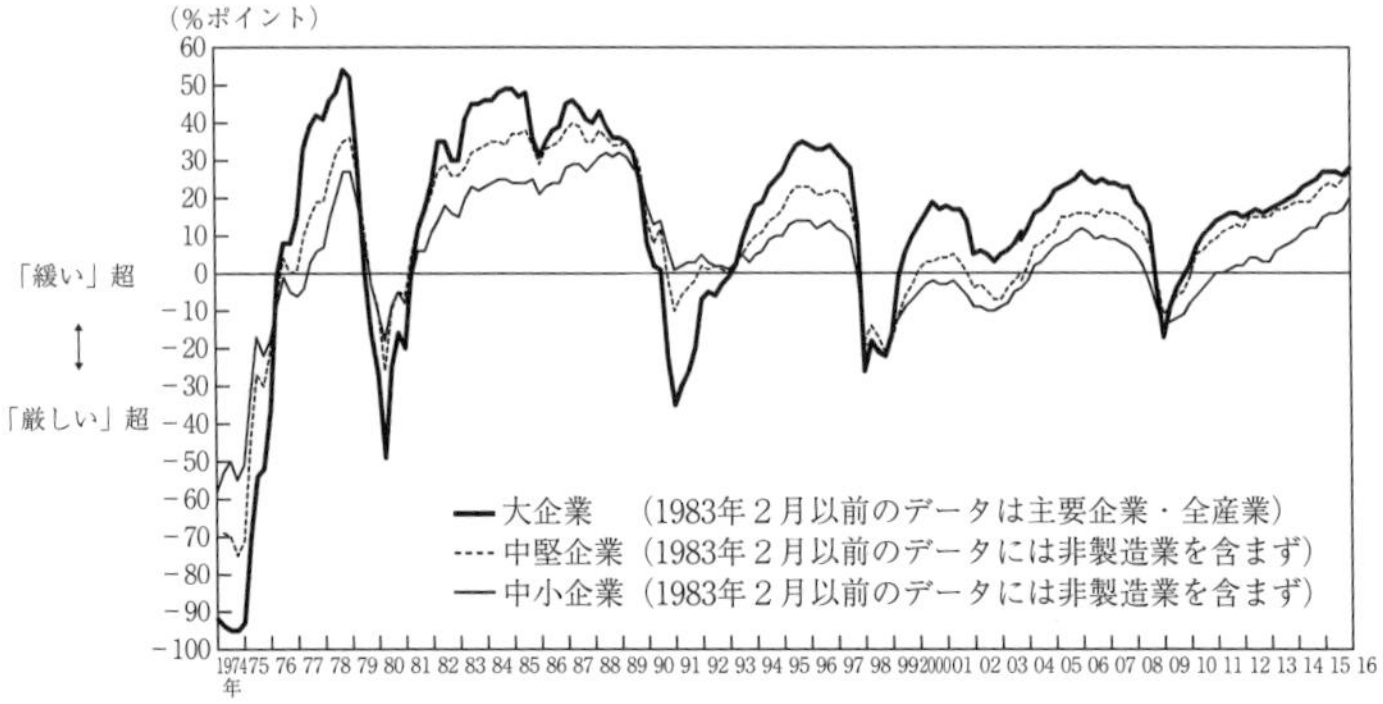

出所：日本銀行「短観（概要）2016年3月」

三度の金融危機が慎重化を促進

中でも、日本経済全体にとって最も影響が大きかったのは、やはり三度にわたる金融危機ないし流動性危機だったと思う。この三度の金融危機は、バブル崩壊後抱え続けてきた不良債権問題がついに火を噴いた結果の全面的危機とも言うべき97～98年、政府主導によって大手行中心に不良債権の早期処理が進められたため（当時の金融担当大臣・竹中平蔵氏の名を取って「竹中ショック」と呼ばれることもある）、主に多額の債務を抱えた建設・不動産、小売、素材型製造業などが苦しんだ02～03年、リーマン・ショックの余波で外貨（とくにドル）調達が困難化したため、グローバルに活動し、むしろ優良企業と見做される企業が流動性不足に直面した08～09年と、それぞれ性質をやや異にするものだった。それでも、日銀短観のデータなどを見れば、毎回金融機関の融資姿勢が著しく慎重化し（「貸し渋り、貸し剥がし」などと呼ばれた）、多くの企業が資金繰りに苦しんだことを明確にみてとることができる【図4－3】。

こうした金融危機、流動性危機においては、どんなに収益力の高い企業であろうと、どんなに成長性の高いプロジェクトを有していようと、手許に現金がなければ企業は倒産してしまう。不条理と言うほかないが、流動性危機の下ではまさに「現金が王様（Cash is king!）」なのだ。

そうした事態を何度も経験すれば、学習の結果として企業が過度に防衛的な行動様式を身につけてしまったとしても不思議はないだろう。実際、企業収益が増えても実物投資はしない、非正規雇用は増やしても正社員は増やさない、ボーナスは出してもベアは避けるといった近年の日本企業に典型的にみられる行動様式は、資金の固定化を回避するという意味で、金融危機時にみずからの身を守るには合理的な行動である。

しかも、金融危機を経験した後の企業行動の慎重化は、日本だけでみられる現象ではない。たとえば１９９７～98年のアジア通貨危機以降、危機を経験した多くの国で企業投資率の低下と家計貯蓄率の上昇が観察された。かつて大幅な経常赤字を抱えていた東南アジア諸国において、黒字化ないし赤字幅の縮小がみられたのは、その結果である。また、２００７～08年の世界金融危機を経験した後は、欧米企業においても、企業収益が改善しても、なかなか実物投資を増やさず金融資産を溜め込む行動が指摘されている。

ここで注意すべきは、これが物価下落予想の結果ではないということだ。実際、たとえば米国ではデフレに陥ることはなかったのに、７年間にわたってゼロ金利が維持された。だから、実質金利はむしろ異例の低水準が長期化したことになるが、それにもかかわらず、米国企業も実物投資に対して一貫して慎重な姿勢を崩さなかった。

こうした点を考えれば、慎重な企業行動という意味でのデフレ・マインドは物価上昇予想だけで解消されるものではない。まして「マネタリーベースを増やせば、デフレ・マインドが消える」などと考えるとすれば、それはあまりにも楽観的な夢想と言うほかあるまい。

2 「日本的雇用」とデフレ・マインド

いまだ「世紀末の悪夢」から抜け出せず

先に、史上最高の企業収益と深刻な人手不足の下でも、労働組合は賃上げ要求に及び腰だということを指摘したが、日本の雇用・賃金慣行が大きく変化したのも金融危機、とくに1997～98年の危機以降であったと筆者は考えている。

この金融危機は97年秋の北海道拓殖銀行と山一證券の破綻に端を発し、翌年には日本長期信用銀行、日本債券信用銀行の一時国有化に至った。その後、金融界では合併・再編が相次いだし、日本を代表するような製造業の大企業、商社、小売業でも経営破綻、合併、大規模リストラが多数起こったため、今では印象がぼやけてしまっているかもしれない。しかし、その当時は依然として「金融不倒神話」が根強く、大銀行や四大証券の一角が倒産するなど、想像すらできないことだった。

筆者個人の話を許して頂けるなら、1977年に東大経済学部を卒業した後の20年余り、当時の友人・知人で自分自身の事情ないし意思で会社を辞めたり転職したりした者は数多くいたが、会社の倒産で職を失った者が出たのは、この時が初めてだった（筆者と同世代である日銀・中曽副総裁は、16年春の講演で97年11月のことを「暗黒の11月（Dark November）」と呼んでいる：Nakaso［2016］）。文字どおり、日本の終身雇用神話が崩れた瞬間だったと思う。

筆者の記憶では、金融危機が実体経済に及ぼした最初のインパクトは、97年末の消費者マインドの急激な悪化と[3]、これに伴う個人消費の落ち込みであった。（「貸し渋り、貸し剥がし」によって中小企業を中心に設備投資が大きく落ち込んだのは、翌年１～３月のことである）。

その後間もなく、毎年当然のように思われていたベースアップが日本の春から消えていく[4]。たしかに、１９９５年に日経連が公表した「新時代の『日本的経営』」というレポートが示すように、バブルが崩壊し低成長期に入った１９９０年代中頃から、経済界では非正規雇用の活用によるコストダウンが模索されてはいた。しかし、それが現実化するのは、やはり90年代末からである。

その事実を象徴するのが、バブル期には「会社に縛られることなく、夢を追い続ける自由な働き方」というポジティブな意味で使われていた「フリーター」という言葉が、「正社員になれず、アルバイトで食いつないでいく生き方」というネガティブな意味に変わったことだろう。この点、「パラサイト・シングル」「婚活」などといった新語をも生み出しながら、若者たちの暮らし方や恋愛・結婚・出産に関して鋭い観察を提示し続けてきた社会学者である中央大教授の山田昌弘が「日本人の中流意識が崩れ、生活不安が正面化してきたのは98年頃から」と繰り返し語っている（たとえば、山田［２００４］）のは、筆者の理解を裏書きするものだと思う[5]。

この結果、厚生労働省の毎月勤労統計によれば、正社員だけでなく非正規雇用も含めた一人当たりの現金給与総額（指数）は、1997年をピークに2013年までほぼ一貫して低下していく（2014年はアベノミクスの下で増加に転じたが、前年比はわずかプラス0・4％であった）。こうして、東大教授の吉川洋が描いた、賃金の低下を背景としたデフレーションの時代が始まったのである（吉川［2013］）。

抽象論で考えれば、賃金の低下はむしろ物価下落の結果ではないかという結論になりがちだが、上記のような事態の推移に加え、①賃金の低下のほうが物価下落に先行したという事実（賃金低下は98年初から、物価下落は同年夏以降）、②賃金の低下幅が物価の下落幅を上回ったという事実（1997年から2012年までの消費者物価の下落は年率0・3％であるのに対し、同期間の賃金の低下率は年率0・9％）を重ね合わせれば、やはり吉川の見方に軍配が上がるだろう。

日本の「失われた20年」のうち、とくに人口一人当たりでみた低成長が顕著だった最初の10年については、不良債権処理の遅れによる金融仲介機能の不全（＝資源配分機能の低下）による部分が大きかった（この点に関しては西村［1999］、池尾［2006］、福田［2015］などがそれぞれに印象的な描写を与えている）。一方、後半10年の特徴であるデフレに関しては、やはり賃金低下の影響が大きかったと、吉川とともに強調しておきたい。

メンバーシップ型雇用の呪縛

以上にみたように、1990年代後半以降日本の雇用は大きな変貌を遂げたが、逆になかなか変わらない部分もある。その典型は、労働政策研究・研修機構総括主席研究員の濱口桂一郎が「メンバーシップ型」と名づけた働き方がいまだに日本の雇用の中核を成しているという点だろう。

ここでメンバーシップ型とは、「『女房子供を扶養する男性正社員』を前提に仕事の中身も、働く時間も、働く場所すらも無限定に会社の指示のままにモーレツ社員として働く代わりに、新卒一括採用から定年退職までの終身雇用と、毎年定期昇給で上がっていく年功賃金制を保証された働き方」を意味する。(6)生涯の雇用・所得の保証を求めるという意味では従来の「終身雇用」と同じだが、それが「残業・転勤何でもあり」という無制限の人事権と表裏一体となっていることを明確にしたのが、濱口の重要な貢献である。

90年代以降の日本の雇用の変容とは、このメンバーシップ型雇用を温存したまま、その外側に非正規雇用というもう一つの大きな雇用の塊をつくり出すことで、雇用の二重構造化が進んだということにほかならない。

このメンバーシップ型の雇用に対しては、近年多くの識者からその問題点が指摘されている。その一つは、今後の労働人口減少の中で、日本では女性や高齢者の一層の活躍が求められているにもかかわらず、「残業、転勤何でもあり」のメンバーシップ型雇用では女性にとって子育てとの両立は困難であり、また年功序列の下では高齢者の活用にも限界があるという点である。

もう一つは、とりわけ若者の働き方が、少数精鋭に名を借りた長時間労働で「異性との出会いの機会がない」と嘆く若年正社員(7)と、時間はあっても将来不安で結婚に踏み切れない非正規雇用に両極化していることが、未婚化・少子化を招いているのではないかという点である。

こうした中、従来は定年まで無限定だった雇用保証に制約を課す一方、個々の労働者の職務（＝ジョブ）を明確化することで、従来無制限だった人事権にも制約を課す、「ジョブ型」雇用への移行が望ましいというコンセンサスが、識者の間では徐々に形成されつつある。

だが、経済界は、今のところ派遣労働の拡大や解雇の金銭解決、ホワイトカラー・エグゼンプションの導入など、雇用保証の制限を求めながらも、無制限の人事権は手放そうとはしていない。このため、なかなか議論が先に進んでいないというのが現状なのだが、これらの点や、ジョブ型雇用への移行に何が求められるかといった論点に関しては、筆者もみずからの見解をかなり詳しく述べたことがある（早川［２０１５ｄ］）。

さて、やや角度を変えて筆者がここで論じたいのは、こうしたメンバーシップ型雇用が抱える問題一般ではなく、なぜ日本企業だけが過剰ともいえるほどに防衛的な行動様式を示すのかの鍵は、メンバーシップ型の雇用にあるのではないかという問題意識である。

日本的雇用は、もともと高度成長期のキャッチアップ型成長の中で、大量に参入して来る若者たちを企業に受け入れ、訓練していくための優れた仕組みであった。高度成長期には、中卒を中心とする相対的に低学歴の若者（ただし、日本の初等教育は優秀だった）が農村から都市へと大量に流入した（「集団就職」の時代、映画「ＡＬＷＡＹＳ　３丁目の夕日」の主人公＝六ちゃんたちだ）。彼らを新しい産業社会に適応させるには、長期雇用の下、企業内のＯＪＴで訓練を積んでいくのが合理的だった。しかも、キャッチアップ型成長の時代には、産業の盛衰も比較的予測しやすかったから、企業はある程度長期のビジョンの下に人材を育成していくことができたのである。

イノベーションの波に乗り遅れる日本企業

しかし、こうした日本的雇用の優位性は、人口構成や産業構造の変化の中で失われていった。高齢化が進み65歳定年が普通になった現在、大卒であっても生涯雇用を前提とすれば、同じ会社に40年以上とどまる。企業年金まで考えるなら（幸い、確定給付年金から確定拠出年金への移行が徐々に進んではいるが）、80歳台の平均寿命まで60年間、会社に依存することになる。

その一方で、グローバル競争の激化とデジタル技術の勃興により、企業の浮沈のスピードは以前よりはるかに速くなっている。人工知能（ＡＩ）やＩｏＴ、フィンテックやウーバーに代表されるシェアリング・エコノミーなどの動きをみていると、世界では今、イノベーションの波がもう一度大きく動き出したように感じられる。

だが、これらいずれの分野をみても、日本企業は世界の先頭に立つというより、何とか取り残されまいと頑張っているのが実情だろう。日本の製造業の中で最も高い競争力を維持していると考えられる自動車産業でさえ、電気自動車中心の時代が来たり、自動運転技術が急速に普及するような時代を考えるならば、必ずしも20年、30年先まで安泰だという保証はない。

そうした中、日本企業の経営者で「ウチの会社は40年先も大丈夫」と言い切れる人は、果たしてどれだけいるのだろうか。今や80年を超える自然人の寿命のほうが法人の寿命よりずっと長い（東京商工リサーチによれば、ここ10年あまり倒産企業の平均寿命は23年程度である）とすれば、「40歳定年制」を唱える柳川範之・東大教授が示唆するように、終身雇用という考え自体に無理があるのではないかという気さえする（柳川［2013］）。

それでも、日本の経営者たち自身が、メンバー間の競争を勝ち抜いて現在の立場を得たからであろうか、その母体を壊すことに対しては極めて慎重である。しかし、メンバーシップ型の雇用を維持する限り、足もとの収益は好調であっても、何十年も儲かり続ける保証のある投資機会など滅多にない以上、少なくとも日本国内での新規投資には二の足を踏むことになる[8]。雇用を切れない日本企業には、失敗は許されないからだ。実際、日本の上場企業の資金調達行動は、「企業価値の最大化」よりも「企業の存続確率の最大化」と考えたほうが整合的に説明できるという実証研究さえある（広田［2011］）。こうしたリスク回避こそが、まさに「デフレ・マインド」という言葉が意味するものだろう。

しかし、このグローバル競争とデジタル技術の時代においては、リスクを取らずに既存事業のカイゼンだけに注力する企業はほぼ確実に負ける（とくに、クリステンセン［2001］の言う「破壊的イノベーション」の犠牲になりやすい）。ハートの女王（『不思議の国のアリス』）の言葉ではないが、その場にとどまるためにも全力で走り続けなければならない時代だからだ。近年多くの産業でみられる日本企業の競争力劣化の背景には、メンバーシップ型雇用への執着で身動きが取れなくなっていることがあるのではないだろうか。

他方で労働者たちはといえば、過去のリストラ局面で同僚たちが、やむを得ず会社を去っていったことを痛切に記憶している。そして、現在の収益が好調であっても、10年先、20年先の自社の将来に本当は不安を覚えているのだろう（事実、史上最高益といわれる時代でも、シャープや東芝など日本を代表する大企業が深刻な経営危機に直面していることを考えると、労働者が不安を抱くのも無理はない）。だから、人手不足が深刻になっても、企業の将来を危うくする恐れのあるベースアップ要求には慎重になってしまうのではないか。実際、現在の日本では、パートやアルバイトの時給が労働需給を反映して比較的順調に上がっている（リクルート・ジョブズ調べでは２０１５年末頃は前年比プラス２％超の上昇）。

一方、組織労働者を中心とする正社員の賃金が伸び悩むというかたちで、かつて労働経済学で言われたインサイダー・アウトサイダー理論[9]と正反対の動きとなっている点が特徴的である。

いずれにしても、こうして経営者、労働者の双方がリスクを避けることで、結局はリスクを取れない企業が辿る必敗の途を歩んでいるように思えてならない。

3　物価の「アンカー」

もう一つ、「2年で2%」の達成が困難になった頃から黒田総裁が頻繁に使う表現に、物価の「アンカー」というものがある。典型的なのはハロウィン緩和の説明に当たって、米国等ではインフレ期待が２％程度にアンカーされているため、原油安でも追加緩和は必要ないが、インフレ期待がアンカーされていない日本では、原油安がインフレ期待の低下を招く恐れがあるため、追加金融緩和が必要だった、と述べたことだろう。

しかし、物価の「アンカー」、ないし「インフレ期待がアンカーされている」というのは、一体どんな意味なのだろうか。

「錨《アンカー》」としての社会の基底に根づくもの

まず、物価の「アンカー」とは、皆が当たり前だと考えるような物価の変化の仕方のことだろう。かつての米国における実証経済学の重鎮だったアーサー・オークンの言葉を借りて（Okun [1981]）、これを「ノルム（習慣・規範）」と言ってもよいかもしれない。実際、東大教授の渡辺努らの研究によれば（渡辺・渡辺［２０１５］）、個別品目の価格変化の分布を見ても【図４-４】、米国等では毎年２％程度物価が上がるのが当たり前と見做されている様子が確認できる。

一方、日本においてはＱＱＥ後の物価が上がった局面をみても、多くの品目の価格変化はゼロに集中しており、物価が上がるのが当たり前と見做されるには至っていない。日銀が指摘するとおり、日本ではまだ物価上昇がアンカーされるには至っていないことがわかる。

ただし、それがインフレ期待のちがいの反映だと言われると、やや違和感を禁じ得ない。たしかに、経済学の理論モデルの中では、こうした皆が当たり前と受け止める物価の変化を「インフレ期待」と表現するのは事実である。しかし、現実の世界でそれが指しているのは単なる物価上

図4－4　品目別の価格変化（日米比較）

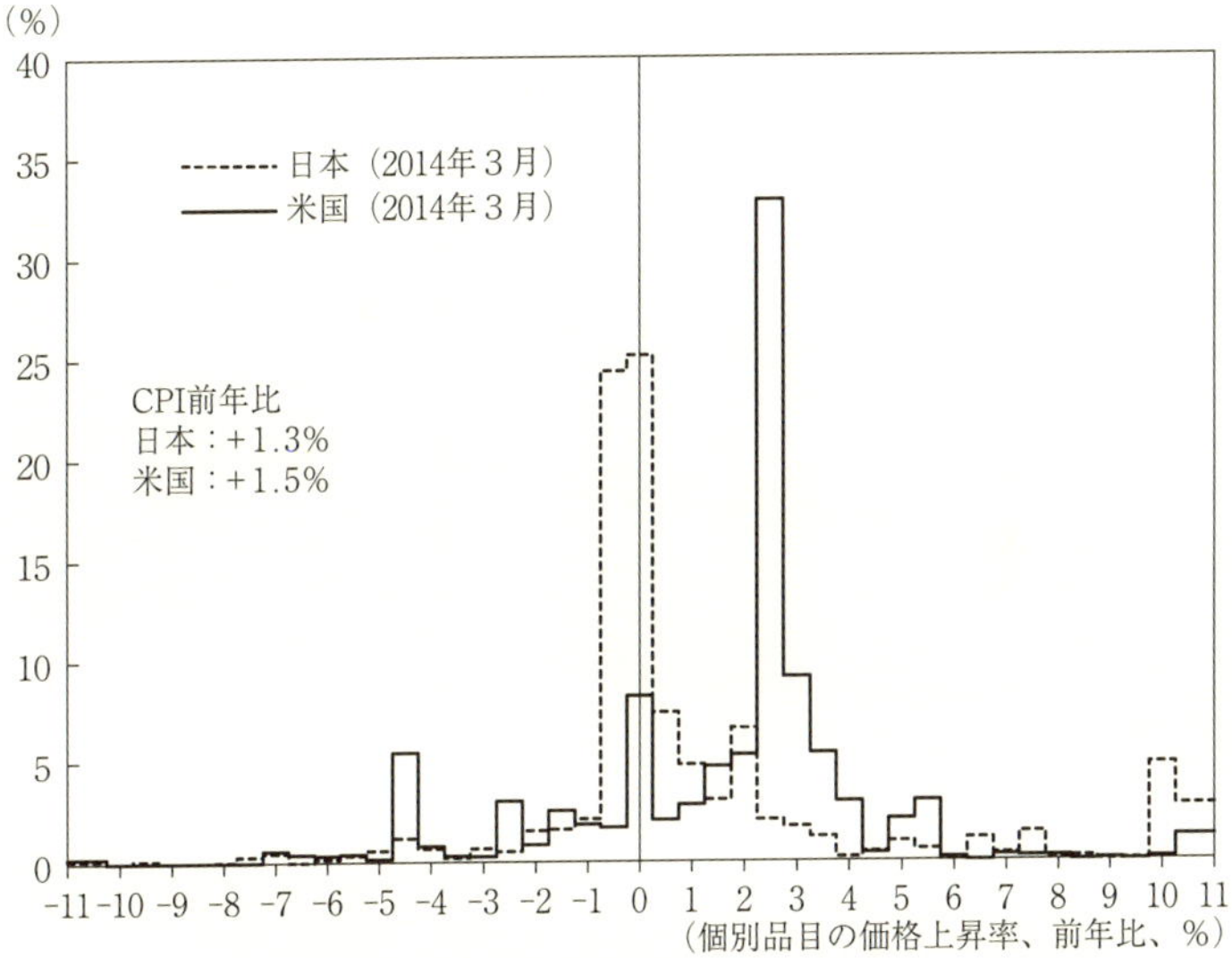

注：1．日本は生鮮食品除く総合、米国はAll items。
　　2．ヒストグラムの幅は0.5%ポイント（中心が±0%の範囲は前年比－0.25%～+0.25%）。
　　　ヒストグラムの両端は、前年比－10.25%未満と同+10.25%以上の品目の割合。
出所：渡辺・渡辺［2015］

昇予想ではなく、経済社会に習慣、ないし規範＝ノルムとして受け容れられている値上げのことだろう。

そして、それを実際に支えていたのは、1997〜98年まで「当然」だと受け止められてきた毎年の賃上げであった。日本で2〜3％のインフレが当たり前と思われていた1980年代を想い出してみても、菓子や本といったモノの値段が毎年2〜3％ずつ上がっていったという事実はない。これらは何年かに1回、やや大幅に値上がりしていったように記憶する。

他方、毎年必ずと言ってよいほど値上げが行われたのは、理髪代やクリーニング代といったサービス料金であり、その値上げの時期は毎年4月だった。つまり、毎年の春闘賃上げと並行して値上げが行われていたのだ。

2〜3%のインフレとは、これら全体の平均として物価が毎年2〜3%上がっていったということである。かつてケインズは「一般理論」で、物価を決める限界主要費用(marginal prime cost)は主に賃金に規定されると述べていたが、実際に物価がアンカーされる「場」は、やはり賃金ではないか。現実にも、デフレ期の日本の消費者物価を欧米と比較すると、主なちがいは財の価格ではなく(財価格は為替レートや原油価格に影響されて上下していたが、この時期は日米欧とも総じて低めの上昇率だった)、サービス価格が欧米では毎年3〜4%上がる一方、日本のサービス価格の上昇率はほぼゼロだったことに求められることは、よく知られているとおりである。

なお、ここで重要な点は、賃金の決定には、たしかに物価上昇率も影響するが、賃金決定に影響を及ぼすのは単なるインフレ予想ではなくて、現実の物価上昇率だという点である。パートやアルバイトの時給は、基本的に市場の需給で決まるが、コア労働者の賃金を決めるのは労働組合と企業の間の交渉である。

そして交渉というのは、観察可能なデータに基づいて行われるのであって、「自分はこう思う」というだけでは説得力を持たない。実際、「足もとの物価が○%上がっているから」とか、「足もとのインフレ率は原油安のせいで低めだが、これまで物価は毎年○%程度上がってきたから」という理由で賃上げを求めるのであれば、企業もある程度考慮せざるを得ないだろう。しかし、

「日銀が2％のインフレ目標を掲げたから」とか、ましてや「マネタリーベースが大幅に伸びているから、物価も○％程度は上がるはずだ」という理由で賃上げを求めても相手にされないにちがいない。

こうして、皆が当たり前だと思うノルムに従って賃金が決まり、それをもとに物価が決まっていくのが通常の状態だと考えられる。その結果として決まるインフレ率を政府や中央銀行が容認(accommodate)すべきではないと考えるとき、金融政策による介入が行われるわけだが、その場合でも、マネーストックの伸び率を下げれば自然に物価は落ち着いていくという単純な話ではない。従来のノルム＝アンカーが経済社会に強く根づいているほど、基調的なインフレ率の変更には大きなエネルギーが要る。

たとえば、1970年代末から80年代初にかけて米国のポール・ボルカーFRB議長は、①生産性上昇率が下がっても、大幅な賃上げが続き、②まして石油ショックによる物価上昇まで賃上げに反映されていくと、インフレ率が持続的に高まっていってしまうとの懸念から、急激な金融引き締めを行った。この際、短期市場金利は一時20％を超え、失業率は一時二桁まで上昇することとなった。このような急激な景気の落ち込みと失業増加という犠牲を払った結果、漸く物価は落ち着いていったのである。[10]

安倍政権の逆所得政策

しかも、インフレを抑制する場合には単純に金利を上げればよいのだが、第1章で詳しく論じたとおり、デフレからの脱却は理論的に考えてもはるかに難しい。だとすれば、賃金・物価のノルム＝アンカーを動かすには一定の時間がかかることを覚悟すべきだろう。かつてSargent［1982］が論じたように、大きな制度変更が行われた場合（ドイツの「レンテンマルクの奇跡」や日本でいえば「新円交換」）にはインフレ率はジャンプし得るが（しかも、これらはすべてインフレ抑制のケースだった）、それなくしてフィリップス曲線が大きくシフトすることは考えにくい。

この点、筆者が注目しているのは、安倍政権が政労使会議や官民対話などのさまざまな場を利用して、経済界にしきりに賃上げの実行を訴えていることである。こうした安倍政権の取組みに関しては、本来民間の当事者同士で決定すべき事柄に対する政府の介入として、批判的に捉える見方が正統派の経済学者、エコノミストには多いようである。筆者自身も、同じく安倍政権下で２０１３年に成立した産業競争力強化法のように、民間企業の事業再編にまで政府が関与していくような介入主義には賛成できない。

また、２０１５年秋には、経済界に設備投資の増加を強く促すことで榊原定征経団連会長から「10兆円程度積み増すことが可能」との発言を引き出したが、このような口約束に実効性があるとは思えない。また、仮にこの結果として不必要な投資が行われるならば、むしろ将来に禍根を残すだけだと考える。

一方、第1章の【コラム】でも論じたように、15年あまりも続いた日本のデフレには「デフレ均衡」とも呼ぶべき要素があった。実際、この期間には「自社だけがベースアップを行うと、競争力が失われ、ひいては将来の雇用の安定を脅かす」といった思いが労使双方にあって、景気がよくなっても賃上げを自粛するといった傾向が拡がっていたのではないだろうか。

しかし、好況期に賃上げが行われない一方で、不況期には賞与のカットや非正規雇用の利用拡大が行われるとすると、結局、賃金の傾向的下落、デフレの長期化へとつながってしまう。経済理論の世界では、そのような場合には政府のような大きな主体が影響力を行使することで（「ビッグ・プッシュ」などと呼ばれる）、こうした望ましくない「均衡」から抜け出し得る可能性が示唆されている。

また、設備投資とはちがって、すべての企業が賃金を2％上げ、物価を2％上げるなら、資源配分を歪めて将来に禍根を残すことはないはずである。その意味で筆者は、安倍政権による賃上げ要請は、日銀のQQEと併せて一種のビッグ・プッシュ政策と捉えることができると考えている[11]（もちろん、これはあくまで「デフレ均衡」から抜け出すまでの一時的な措置であり、デフレ脱却が定着すれば、政府はこうした介入を控えるべきである）。

なお、政府が財政・金融政策といったマクロ政策ではなく、賃金・物価に直接影響を及ぼそうとする政策は、一般に所得政策と呼ばれている。これは、通常は賃金・物価の抑制を目的とするものだが、安倍政権ではむしろ賃金・物価の引き上げが意図されているため、「逆所得政策」と呼ぶのが適当だろう。

この所得政策として最も強く記憶されているのは、1970年代前半に米国ニクソン政権で行われたものである。この時には、一時期物価の「凍結」といった強硬な手段まで取られたが、マクロ政策の引き締めは十分ではなかった。そのうえ、この間に第一次石油ショックが発生したといった事情もあって、資源配分への悪影響ばかり大きくインフレ抑制はできず、結果として「失敗」に終わったと一般に評価されている。安倍政権の逆所得政策が経済学者などから不評なのも、こうした評価が何がしか影響しているのかもしれない。

しかし、過去には「成功」と見做されている所得政策も存在する。それは、ほかならぬ日本における第二次石油ショック後の賃上げ抑制である。周知のように、第一次石油ショック後の日本では「狂乱物価」などと呼ばれた急激なインフレが発生した一方、その後は強烈な金融引き締めを背景に大幅な景気の落ち込みを経験した。この経験からの学習効果もあって、第二次石油ショック後には日銀が速やかに金融引き締めを行った一方、政府・日銀からの呼びかけを受けて労使双方が賃上げの抑制へと動いた。その結果、インフレ率の上昇は小幅にとどまり[12]、景気後退も軽度のものとなった（ただし、海外景気が低迷する中で、実質賃金が抑制されたため、不況は浅かったが長引いたとの見方もある）。

こうしてインフレと失業の共存というスタグフレーションに悩んだ欧米諸国との対比で、日本の経済的パフォーマンスの良好さが賞賛されたのである。その特徴は、統制的手法を多用したニクソン政権の場合に比べ、「呼びかけ」などのソフトな手法にとどまり、それが日本の労使協調路線の中で功を奏したものだった。

ただ、前述のように、労使協調（あるいはインサイダーの賃上げ自粛）が今ではむしろ「デフレ均衡」の一因になってしまった面がある。安倍政権の試みは、この労使協調をデフレ脱却の方向に導こうとするものであり、法人減税などのアメ玉をちらつかせながらとはいえ、あくまでソフトな「要請」に基づくものである。実現した賃上げは小幅にとどまっているが、それでも2005~07年の好況期にもベースアップは全く実現しなかったことを思うと、一定の成果と評価すべきであろう。また、安倍首相が「同一労働・同一賃金」の方針を打ち出した点についても、メンバーシップ型の正社員と非正規雇用の二重構造となっている日本的雇用の中で、何をもって「同一労働」と考えるかという大問題を抱えているものの、「働き方改革」を視野に収めた提言の意義は大きい。最低賃金の引き上げなどとともに、賃金上昇に寄与することを期待したい。

ただし、企業や労働組合の姿勢をみていると、毎年のベースアップが当然の「ノルム」として受け容れられるには、まだ暫く時間がかかりそうである。

4　マネタリーベースの誤解

マネタリーベースの意味が大きく変わった

QQEでは従来の短期市場金利に代えてマネタリーベースを金融政策の操作目標としているが、このマネタリーベースという概念そのものについても、もう一度よく考え直してみる必要があるのではないか。というのも、超過準備に付利（interest on excess reserve＝IOERとも呼ばれる）が行われるようになった結果、マネタリーベースが持つ経済学的な意味が大きく変化したと考えられるからである。なお、16年2月からはマイナス金利政策が導入されて、また局面が変わっているが、それは本章の最後で議論することとして、以下では超過準備にプラスに金利が

図４－５　マネタリーベースの推移

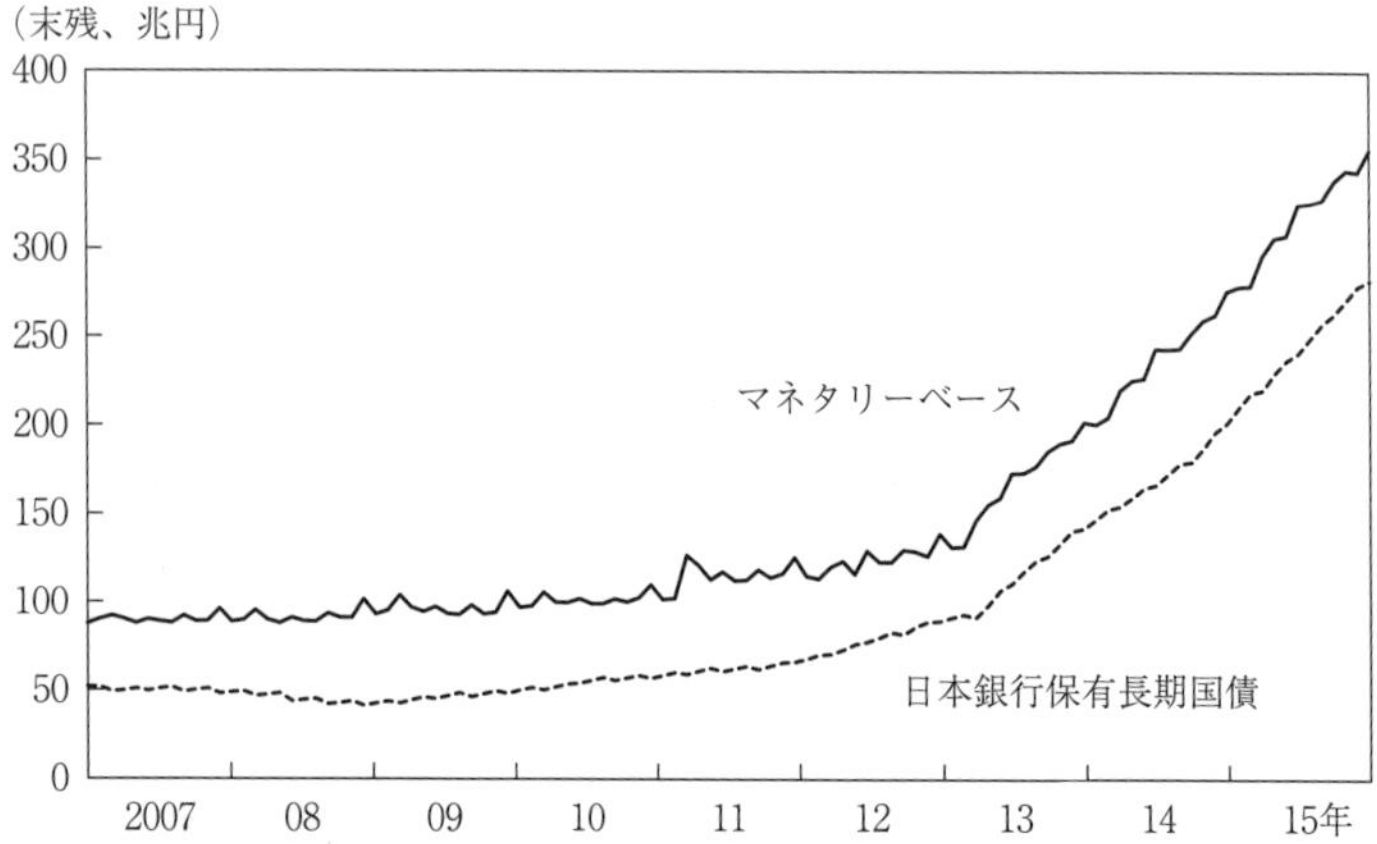

出所：日本銀行「経済・物価情勢の展望（2016年１月）」

支払われる場合を前提に議論を進めよう。

まず、通常マネタリーベースは会計的な概念として、

マネタリーベース＝現金通貨（銀行券＋貨幣）＋日銀当座預金

と定義される（因みに、ここで「貨幣」とは硬貨＝コインを指す法律用語である）。この定義によるマネタリーベースは、『経済・物価情勢の展望』にも毎回描かれており、その残高はすでに３００兆円を上回っている【図４－５】。

といっても、これはあくまで会計的な定義によるものにすぎない。マネタリーベースが経済学的にどういう意味を持つと考えられてきたかを思い出してみると、第一は、マネタリーベースは信用創造の土台（＝ベース）となるということだった。周知のように、マネタリーベースが銀行部門に供給されると、銀行はそれを基（ベース）に信

用創造を行うため、マネーストックはマネタリーベースの何倍も増える。その倍率である貨幣乗数が一定であれば、

マネーストック＝貨幣乗数×マネタリーベース

となるはずであり、これが金融論の教科書で教えられている信用創造の公式である。マネタリストたちは、この公式に基づいて「マネタリーベースを増やせばマネーストックは増える」と考え、これと貨幣数量説の公式

マネーストック＝k（マーシャルのk）×名目GDP

を組み合わせて、「マネタリーベースを増やせば名目GDPが増える」と考えた。そして、実質GDPは短期間に大きくは変化できないので、結局、「量的緩和を行えば物価が上がって、デフレから脱却できる」と主張したのだ。

しかし、なぜマネタリーベースが増えると信用創造が起こるのかといえば、それは銀行券や準備預金を持っていてもその利子はゼロである一方、それを貸出であれ市場への放出であれ運用に廻せば何らかの利回りを得られるからである。だとすると、短期金利がゼロとなれば、少なくとも短期金融市場へ資金を放出しても利益は得られない。もちろん、貸出や長期債への運用からは利益が出るだろうが、それは何らかのリスクを取った結果であるから、マネタリーベースを増やすだけでリスクテイクが増加する保証はない（均衡ではリスク・プレミアムを除いた貸出の限界

利益は短期金融市場の利回り＝ゼロに等しいはずである）。結局、ゼロ金利では上記のような信用創造のメカニズムは働かないのである（より丁寧な説明は池尾［2013］を参照）。

それでも、「ゼロ金利」が具体的にどういう状況かを考えてみると、そこには若干の解釈の余地がある。すなわち、「0・1％はゼロ金利なのか。0・01％ならどうか」、「0・1％が0・01％まで下がれば、実体経済に何がしかの影響があるのか」、「もし影響があり得るなら、マネタリーベースを増やしてさらに金利を押し下げてはどうか」等々である。実際、2000年代半ばの量的緩和の時代には、0・001％単位の「ミクロ決死圏」での実験が試みられたことは、先に述べたとおりだ。

しかし、超過準備に付利が行われるようになると、問題はずっと単純になる。日本の場合、マイナス金利導入以前は0・1％の付利が行われていたが、短期国債の運用利回りはマイナスだったから（長期国債でも、残存期間2年程度までは利回りがマイナスになることが少なくなった）、金融機関にとっては余資を日銀当座預金に置いたままのほうが運用に廻すよりずっと有利だったのだ。このような状況では、当然ながらマネタリーベースが増えても運用の増加にはつながらない。

また、現実のデータを見ても、QQEの開始以来マネタリーベースの残高はすでに3倍以上に増えたが、マネーストックや貸出の伸びはごくわずかである。このため、マネーストック／マネタリーベースで定義される貨幣乗数は低下の一途を辿っており、現実にも信用創造のメカニズムが働いていていないのは明らかである。

通貨発行益を考える

このように、超過準備に付利が行われたことで、マネタリーベースの本来の経済学的意味であった信用創造のメカニズムは働かなくなったとすれば、会計的な定義でマネタリーベースを増やしても意味はないということになりそうである。ただし、マネタリーベースにはもう一つ、第二の経済学的意味が考えられるので、次にその点を確認しておく必要がある。それは、マネタリーベースの増加が政府に通貨発行益（シニョレッジ、seigniorage）をもたらすというものである。

通貨発行益という言葉自体、多くの読者にとって耳慣れないものだと思うが、これは次のように理解すればよい。政府の負債は国債であるが、これには利子が支払われる。一方、マネタリーベースは中央銀行の負債だが、超過準備への付利が行われていない通常の状態では、マネタリーベースには利子が払われない。したがって、政府と中央銀行の統合勘定を考えた場合、国債がマネタリーベースに置き換わるなら、政府の利払いが節約され、その分が利益になると考えることができるのだ[13]。

ただし、こうした理解が本当に妥当するのは、マネタリーベース＝銀行券と考える場合だけである（以下の論点は、筆者が早川［２０１５ａ］などで強調してきたことだが、最近になって深尾［２０１６］という強力な助っ人が登場した）。銀行券は、利子がゼロであっても民間主体が自発的に保有するものであり、かつ償還義務も存在しない。このため、国債が銀行券に置き換わるなら、利払いが節約できると考えて全く問題ない。しかも、日本の場合、量的緩和やＱＥの時期を別にすると、日銀当座預金の残高は通常銀行券残高の10分の１以下であり、マネタリーベース残高≒銀行券残高と考えても、大きな間違いではなかった。

しかし、QQEのように、中央銀行が資産を購入する結果、当座預金（主に超過準備）が増え、しかも超過準備に付利が行われるとなれば、話は全く別である。現在は銀行券残高より超過準備のほうがはるかに多いのだが、超過準備は金融機関が無利子で自発的に保有しているものではない。超過準備が保有されるのは、超過準備に市場金利並みかそれ以上の利子が払われているからだ。したがって、QQEが終わって市場金利が付利水準を上回るようになれば、①あたかも償還義務があったかのように、超過準備が消滅する（実際、2000年代央の量的緩和の後は、金利がプラスになると超過準備はほぼ消滅した）か、②超過準備の消滅を避けるならば、市場金利並みの利子を支払うか、のいずれかを選択しなくてはならない。

実際問題としては、このうち②の選択が常識的だろう。すでに数百兆円にまで増加した超過準備を消滅させるのは容易でないし、このために日銀が保有する長期国債を大量に売却するとなれば、市場は大混乱に陥り、長期金利が急騰する可能性が高いからである。実際、米国においても、量的緩和期に購入された国債やMBSは保有したまま（償還が到来しても、当面は乗り換えが行われる）、超過準備への付利を引き上げるかたちで金利の正常化が図られようとしている。

しかし、これは日銀が将来金融機関に支払う金利が大きく上昇するということにほかならない。もし、日銀が目指す2％インフレが達成されれば、短期市場金利＝超過準備への付利は（実質金利がプラスになる以上）2％超になるはずである。一方、日銀が買っている長期国債の利回りは0・3～0・4％（マイナス金利政策導入後は、10年債でもマイナス利回りが多い）だから、これは大幅な逆鞘を意味する。超過準備に付利が行われる状況では、マネタリーベースの利子はゼロではないので、国債がマネタリーベースに置き換わっても、利払いが減るとは限らない。それどころか、超過準備への付利が保有国債利回りより大きいとすれば、通貨発行益はマイナスとなってしまうこともあり得るのだ。

なお、貨幣発行益の問題を分析する際には、政府と中央銀行の統合勘定で考えることが重要である。そうすると、「仮に中央銀行が極めて低い金利で長期国債を買っても、政府がその結果低金利で国債を発行できるメリットがあるではないか」という議論はたしかにあり得る。

ただ、日本の場合、近年の新規国債発行額が30兆円台後半である一方、２０１４年の追加緩和以降は日銀が年80兆円のペースで長期国債を積み増しているため、政府が国債を低金利で発行できるメリットでは埋め合わせることができない（グロスの発行額で考えても、ほぼ同額を日銀が購入している）。むしろ政府と日銀の統合バランスシートで考えるなら、長期債をマネタリーベースという名の短期債に置き換えることで、債務構成の短期化を行っていることになる（ラフに言うと、政府＋日銀でみた場合、年間40兆円の財政赤字にもかかわらず、国債発行以上に日銀が国債を買うことで、民間保有の国債を40兆円償還し、その代わりに80兆円のマネタリーベースという名前の短期債務を発行していることになる）。これは、超低金利の時代に固定金利の住宅ローンを変動金利に切り替えているのと同じだから、長期的には政府＋日銀の金利負担を増加させることになる。

実は、財務省は20年国債、30年国債といった超長期債を発行することで、長い眼でみた金利負担の軽減を図っているのだが、これを日銀がＱＱＥで台無しにしてしまっているということもできよう（この点についても、深尾［２０１６］が同様の理解を示していることは興味深い）。

ヘリコプター・マネー？

このように考えると、信用創造の土台としても、通貨発行益の源泉としても、本来の経済学的機能を失ってしまった会計概念としてのマネタリーベースを「マネタリーベース」と呼ぶこと自体が適切ではないように思われる。実際、リフレ派の中には「コストがほぼゼロのお札を刷って国債を買えば、日銀は儲かる」「日銀が国債を買えば、政府の借金は減る」などといった妄言を吐く者もいるが（たとえば原田［２０１４］）、これが全くの誤解であることは今や読者にも明らかだろう。

これは、最近注目を集めているヘリコプター・マネーの議論にも適用できる。

ヘリコプター・マネーとは、かつてミルトン・フリードマンがその著書（Friedman［1969］）の中で行った「ヘリコプターで空から現金をばら撒いたら、どうなるか」という思考実験を指す。現実的には中央銀行ファイナンスによる財政出動と理解してよいだろう。世界的に金融政策の限界が意識される中で、最近になって（日本の金融庁に当たる）英国ＦＳＡ前長官のアデイア・ターナー（Turner［2015］）らが「実際にヘリコプター・マネーを行ってみてはどうか」との主張を展開し始めたのだ。そもそも政府の国債発行額を上回る国債を日銀が買い入れている日本の現状は、ヘリコプター・マネーが散布されていることにほかならない。

もちろん、すべての消費者が将来の増税を予想して行動するリカーディアンでない以上、さらに財政支出を増やせば景気刺激効果があるのは間違いない（それは、アベノミクス初期の大規模財政支出で証明された）。しかし、ヘリコプター・マネーが将来の増税につながらないのは、それが銀行券でファイナンスされた場合に限られる。超過準備＝短期債務でファイナンスされる場合は、政府＋中央銀行で考えれば、短期国債の発行と同じだから、いずれ超過準備に利子を払うことになる。この費用を考えれば、将来の増税を必要としないヘリコプター・マネーとしての効果を持たないのである。この点は、かつてフリードマンの思考実験に言及して「ヘリコプター・ベン」という仇名を奉られたバーナンキ自身が Bernanke［2016］の第３部ではっきりと指摘している。

おそらく、金融論の教科書に書いてあるマネタリーベース＝貨幣発行益という記述が誤解を生んでいるのだろう。それにしても、貨幣数量説にしても貨幣乗数の式にしても、マネタリーベース＝通貨発行益にしても、金融論の教科書に載っているのはいずれも金利がプラスの「正常な場合」に成り立つものばかりである。第１章でもみたように、非伝統的金融政策が「普遍化」してしまった今、こうした教科書が多くの誤解の源泉となっているのではないだろうか。

実は、量的緩和やＱＱＥはマネタリーベースの増加というより、中央銀行による債券キャリー・トレードとみることでより正確に理解できるのだが、この点は本章末の【コラム】で詳しく説明することにしよう。

5　ＱＱＥの行き詰まり

市場も怪しい雲行きに気づき始めた

前節で詳しくみたように、ＱＱＥの初期にソロス・チャートを信じる投資家たちの誤解に働きかけることで大幅な円安、ひいては株高を演出した局面を除けば、マネタリーベース目標は意味を失いつつあった。それだけでなく、２０１５年後半頃にはＱＱＥの枠組み自体が行き詰まりの様相を見せ始めていた。

そのことを強く印象づけたのが、ハロウィン緩和からちょうど1年後に当たる15年10月の金融政策決定会合であった。その当時、一時は落着きをみせていた原油価格が再度下落を始め、日銀が掲げていた「16年度前半頃」の2％インフレ達成は難しいとの見方が強まりつつあった。15年第2四半期が予想外のマイナス成長となるなど、景気が足踏み状態にあったほか、期待インフレ率の指標にも低下傾向が表れていた。このため、1年前の状況と重ね合わせて、市場には「今度も日銀は追加緩和に踏み切る」との期待が高まっていたのだ。しかし、その会合で日銀が出した結論は、物価目標の達成時期を「16年度後半頃」に先送る一方、追加の金融緩和は行わないというものであった。

この決定に関する日銀の説明は、①低成長は潜在成長率低下の表れであって、企業収益や労働需給からみて、景気の回復基調自体は損なわれていない、②コアＣＰＩの前年比はわずかにマイナスとなっていたが、それは原油価格下落の結果であって、エネルギーを除いた「日銀版コアCPI」は着実に上昇するなど、「物価の基調」はしっかりしている、というものだった[14]。この説明自体に間違いはないと筆者も考える。しかし、①と②ならばハロウィン緩和の時も同じ説明が可能だったはずであり、なぜ1年前と異なる結論になるのかは説得的に示されていない。そこには表向きとは異なる二つの「本音」の理由があったのだと考えられる。

「本音」の一つは、円安誘導への懐疑心の高まりであったろう。円安になっても輸出も設備投資も増えず、賃金が上がらない中で物価だけが上がれば個人消費にはマイナスになることが明らかになっていた。また、翌年に参議院選挙を控えた政府にとっては、原油安のおかげで漸くプラスに転じようとしていた実質賃金が、円安によってもう一度マイナスに落ち込むといった事態は政治的に容認できないものだったにちがいない。この点は、安倍首相が1月前に「アベノミクス第二ステージ」として、家計重視色を鮮明にした「新三本の矢」を打ち出していたことからも明らかであった[15]。

もう一つの理由は、QQEの国債購入が限界に近づきつつあったことである。黒田総裁は「資産の購入に限界はない」と常々強調していたが、如何に日本の国債残高が多いといっても、毎月10兆円といったFRBやECBと比較しても破格の購入をいつまでも続けるのは難しいと市場では考えられていた。そうであれば、追加緩和で購入額がさらに増加すれば、限界が早まることを意味するからである。

国債大量買入れの限界

このうち第二の理由については、やや詳しい説明が必要だろう。もともと市場関係者の間では、毎月10兆円もの国債購入をいつまで続けられるのか疑問視する見方が少なくなかった。それが、２０１５年の夏にＩＭＦのスタッフが個人名のワーキング・ペーパー（Arsnalp-Botman［2015］）のかたちとはいえ、「日銀による現在の国債買入れは２０１７～18年には限界を迎える」という内容の分析を公表したことで、ＱＱＥの持続可能性に関する懸念が一段と強まっていたのである。

その後、15年末には日本経済研究センター理事長で元日銀副総裁でもある岩田一政や、同センターの研究者らが、政策を持続できる期間はＩＭＦの試算よりさらに短く、17年中頃までだとの見解を示した（岩田［２０１５］、左三川ほか［２０１５］）。

周知のように、ＱＱＥはもともと短期決戦の陣立てだった。兵力を逐次投入することなく、戦力を一気に大量投入することで、２年以内に２％のインフレ目標を達成する目論見だったのだ。たしかに、緒戦は奇襲攻撃が奏功して、株価が大きく反応しただけでなく、大幅な円安に助けられて消費者物価も比較的早期にプラス領域に達した。しかし、企業などを覆うデフレ・マインドの氷は短期間で融かすことはできず、戦局はその後膠着してしまった。日銀の希望的観測でも、２％インフレの達成はＱＱＥ開始から４年以上後なので、今や日銀は持久戦への備えを求められている。そうした中で、ＱＱＥは持久戦に耐えられないのではないかという疑問が浮かび上がってきたのだ。

筆者は債券市場の専門家ではないので、日銀が毎月10兆円の国債買入れをいつまで続けられるのかという問題に明確な答えを出す能力はないが、論点を整理しながら議論してみよう。日銀が大量の長期国債の購入を続けていった場合、どこかで限界に突き当たるとすれば、その障害となるのは次の二つだと考えられる。その第一は、生命保険会社や年金基金など、長期債に特別な選好（preferred habitat）を持つ主体の投資機会であり、第二は、金融取引の担保などに使う国債への需要である。

このうち前者について言うと、たしかに長期金利があまりに低くなってしまうと、保険会社や年金基金は運用に困るだろう。しかし、ターム・プレミアムを圧縮して長期金利を押し下げるのは、政策目的それ自体だから、中央銀行としてはこれを救済することはできない。運用に困った保険会社や年金基金がリスクを取って株式や外債への運用を増やせば、これはポートフォリオ・リバランス効果という政策波及のルートである。また、事業会社が長期債を発行するのであれば、低利調達は投資を促す効果を持つ。保険会社も年金基金も、運用対象が物理的になくなるわけではない（リスクを取ればよい）以上、こちらの制約から金融政策の遂行を遠慮する必要はないだろう。

一方、後者はKrishnamurthy-Vissing-Jorgensen［2012］らが強調したように、安全性や流動性の高さから、国債には金融取引の担保など特別な需要が存在することを重視した議論である。しかし、金融取引の担保として使うなら、重要なのは国債であることであり、長期国債であることではない。むしろ価格変動リスクなどを考えれば、長期国債より短期国債のほうが利便性は高い。だとすれば、こちらも、長期国債購入の目的は長期金利の押し下げにあって、マネタリーベースの増加ではないということさえ明確にすれば、問題は大部分解決する。長期国債の購入額だけに目標を定め、マネタリーベースは目標としないFRBやECBと同じ政策の枠組みにすることで、現在日銀が保有している短期国債の大部分は市場に放出できるからだ[16]。それでも足りないというなら、日銀の売出手形（日銀が振り出して、支払人となる為替手形）を発行して長期国債を買い入れるオペレーション・ツイストのかたちを採っても構わない。日銀の売出手形は、安全性も流動性も国債同様に高く、十分に担保として使えるはずである。

このように、追加金融緩和が必要となった場合だけでなく、単に現在の政策を長期間続けるためにも、どこかの時点でマネタリーベース目標を放棄することが不可避だと筆者は考えていた。もちろん、マネタリーベース目標を放棄すれば、QQEのスキームに誤りがあったことを認めることになるので、日銀は体面を失うことを気にするだろうが、第1章でみたように、FRBやECBも非伝統的金融緩和を進める過程では何度もスキームを変更している。一方、すでに意味がないことが明白となったマネタリーベースを諦めさえすれば、かなりの長期間国債買入れを続けることができる実益は大きいからである。

しかし、日銀は2015年末の時点では「QQEを補完する措置」を導入することでQQEの延命を図った。筆者の想像するところ、この時日銀は原油価格のさらなる下落や、各種のインフレ期待指標の低下を背景に、何らかのかたちで2%達成への決意を示すことが必要だと考えたのだろう。しかし、国債購入の拡大は困難だったため、①国債購入額は増やさずに、より長期の国債を買い入れるようにする、②従来からあった成長支援オペに近い発想で「設備・人材投資に積極的に取り組んでいる企業」を対象とするETFの購入を小幅に増やす、③住宅ローン債権などを日銀適格担保に認める（上述の担保不足問題への対応）などの「補完措置」を導入したのである。マネタリーベース目標といった枠組みを変更しない範囲で、できる限りの工夫を講じたつもりだったのだろうが、このような中途半端な措置は、むしろ「日銀はいよいよ弾薬切れに近づいている」との思惑を市場に呼び、結果的に円高、株安という逆効果を生んでしまった。

6　短期決戦から持久戦へ：マイナス金利の導入

金利政策への回帰

それからわずか1カ月、翌2016年1月末の金融政策決定会合において、日銀は直前まで否定していたマイナス金利の導入を決定した[17]。日銀は、この政策を「マイナス金利付き量的・質的金融緩和」と名づけ、「量、質、マイナス金利」の三次元で強力な金融緩和を行うことができるとして、QQEの延長のように装っている。しかし、QQEの最大の眼目は金融政策の操作目標の従来の金利からマネタリーベースに変えたことにあるのだから、その枠組み上での追加金融緩和というのであれば、マネタリーベース目標が拡大しなければならないが、今回この目標の増額は見送られ、その代わりに日銀当座預金の一部に0・1％のマイナス金利を付すことが決められた[18]【図4－6】。

図4－6　マイナス金利政策の仕組み

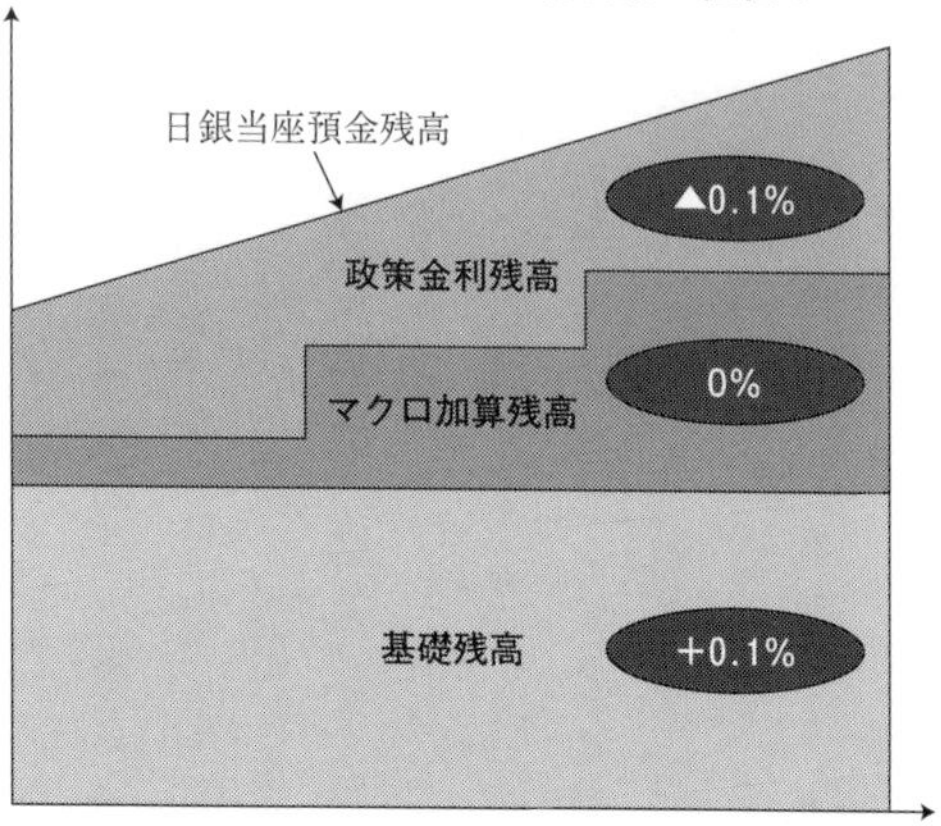

出所：日本銀行「本日の決定のポイント」（2016年1月29日）

先行きについても、この会合後に出された公表文には、敢えて「今後、必要な場合、さらに金利を引き下げる」と明記されており、金利のマイナス幅のさらなる拡大による追加緩和の可能性を示唆している。

結局、これは従来のＱＱＥから金利ターゲットへと枠組みが変更されたと解釈すべきであろう。日本では、マイナス金利導入は大きな驚きをもって受け止められたが、バーナンキがＦＲＢ議長退任後所属するブルッキングズ研究所のサイトに掲載したコラム（Bernanke［2016］）で述べているように、量的緩和に続く政策手段としては、マイナス金利導入か長期金利ターゲットのいずれかという、広義の金利政策への回帰を考えるのが自然であった（そして、ＥＣＢの前例などを考えると、マイナス金利のほうが実行可能性が高い）。

マイナス金利導入の基本的背景は、前述のとおりＱＱＥが限界に近づいていたことであるが、実際に16年1月のタイミングで決定された理由としては、次のような事情が考えられる。

まず、前年末からの一段の原油安によって、物価の下振れは避けられなくなっていた（実際、2％インフレの達成時期は15年10月の「16年度後半頃」からわずか3カ月で「17年度前半頃」に先送りされた）。日銀が「物価の基調」として強調する生鮮食品とエネルギーを除く消費者物価の前年比は、12月時点でプラス１・３％と堅調を維持していたが、インフレ期待を示す指標は、物価連動国債の利回りから計算されるＢＥＩだけでなく、各種アンケート調査が示す企業や家計のインフレ予想も軒並み弱含んでいた。このため、ここで何の手も打たなければ、２％目標達成への日銀のコミットメントを疑われると考えたのだろう。

さりとてＱＱＥの限界は近い。「補完措置」の活用で小幅の国債買い増しは可能だったが、たとえば年間10兆円のマネタリーベース目標増額などとすれば、今度こそ市場から「いよいよ弾薬切れ」と解釈される恐れがあった。こうした中で、従来否定してきたマイナス金利に踏み切る以外に選択肢はなかったのではないか。

なお筆者は、年初からの円高、株安の進行が政策変更の直接的な原因だとは考えていないが、全く無関係だとも言い切れない。一つは、この円高、株安の結果、企業が賃上げに対し一段と慎重になる恐れがあったことだ。賃上げを通じた好循環の実現を切望する政府・日銀にとって、それは何としても避けたい事態であった。

もう一つ、欧州（ＥＣＢ）での経験などから、マイナス金利の効果は主に為替ルートを通じるものと考えられてきた。このため、仮に1ドル＝１２０円台が維持されていた場合、ここからマイナス金利でさらに円安にすることには、前述のとおり政治的に困難があった。逆に言えば、年初から円高が進んだことがマイナス金利に向けて日銀の背中を押した可能性がある。

政策の枠組み変更の意義

そして、今回政策の操作目標を金利に戻したことの最大の意義は、これによって金融緩和の持続性が確保され、必要とあれば追加の金融緩和を行う余地が生まれたことにある。繰り返しになるが、長期国債を毎月10兆円買い続けるQQEの枠組みは持続可能性が疑われていた。このため、黒田総裁が記者会見の場などで「必要があれば躊躇なく政策の調整を行う」「資産の買入れに限界はない」と繰り返しても、市場参加者はこれを素直に信じることはできなかったのである。

これに対し、マイナス0・1％の金利は長期間続けることが可能である。また、後述のように、マイナス幅拡大には限界があるとしても、当面はまだマイナス幅拡大による追加の金融緩和が可能となった。

ここで強調しておきたいのは、政策の持続性を確保し、追加的な政策の余地を残しておくことの重要性である。2013年にQQEをスタートした時のように、本当に短期間で2％の物価目標を達成できると考えるなら、政策の持続性は問題にならない。しかし、今や日銀自身の見通しでも目標達成にはかなりの時間がかかることになった以上、政策の持続性を欠けば、2％目標の達成可能性自体への疑いを強めることになる。

また、筆者自身は目標達成に時間がかかるからといって、アグレッシブに追加金融緩和を行うべきとの立場ではないが、経済政策の中で最も機動性を有する金融政策においては、必要に応じてただちに使用できる政策的カードを常に持っていることが重要である。それは、米国の利上げや中国経済の減速などをめぐって海外情勢の不確実性の高い状況を踏まえればなおさらである。そう考えると、今回のマイナス金利導入で日銀が追加金融緩和の手段を手にしたことの意義は極めて大きいと評価できよう[19]。

7　マイナス金利政策の功罪

マイナス金利政策の効果と副作用

それでは、マイナス金利政策の効果は何かといえば、日銀も説明するとおり、短期から長期までイールドカーブを全体に押し下げることにある【図4－7】。そこを出発点として、為替レートや投資、消費に影響を及ぼすという政策の波及ルートが想定される。実際、マイナス金利決定後に長期金利はマイナスとなり、住宅ローン金利引き下げなどの動きも相次いだ。

一方、QQEの最大の弱点は政策波及ルートが明確でないという点にあった。日銀のコミットメントで期待インフレ率が上がるというのだが、「マネタリーベースを増やすと期待インフレ率が上がる」という根拠は理論的にも実証的にも存在しないからだ。だから、マイナス金利政策のほうがQQEより明確な政策波及メカニズムを持つことは間違いない。

図4－7　マイナス金利導入後の国債のイールドカーブ

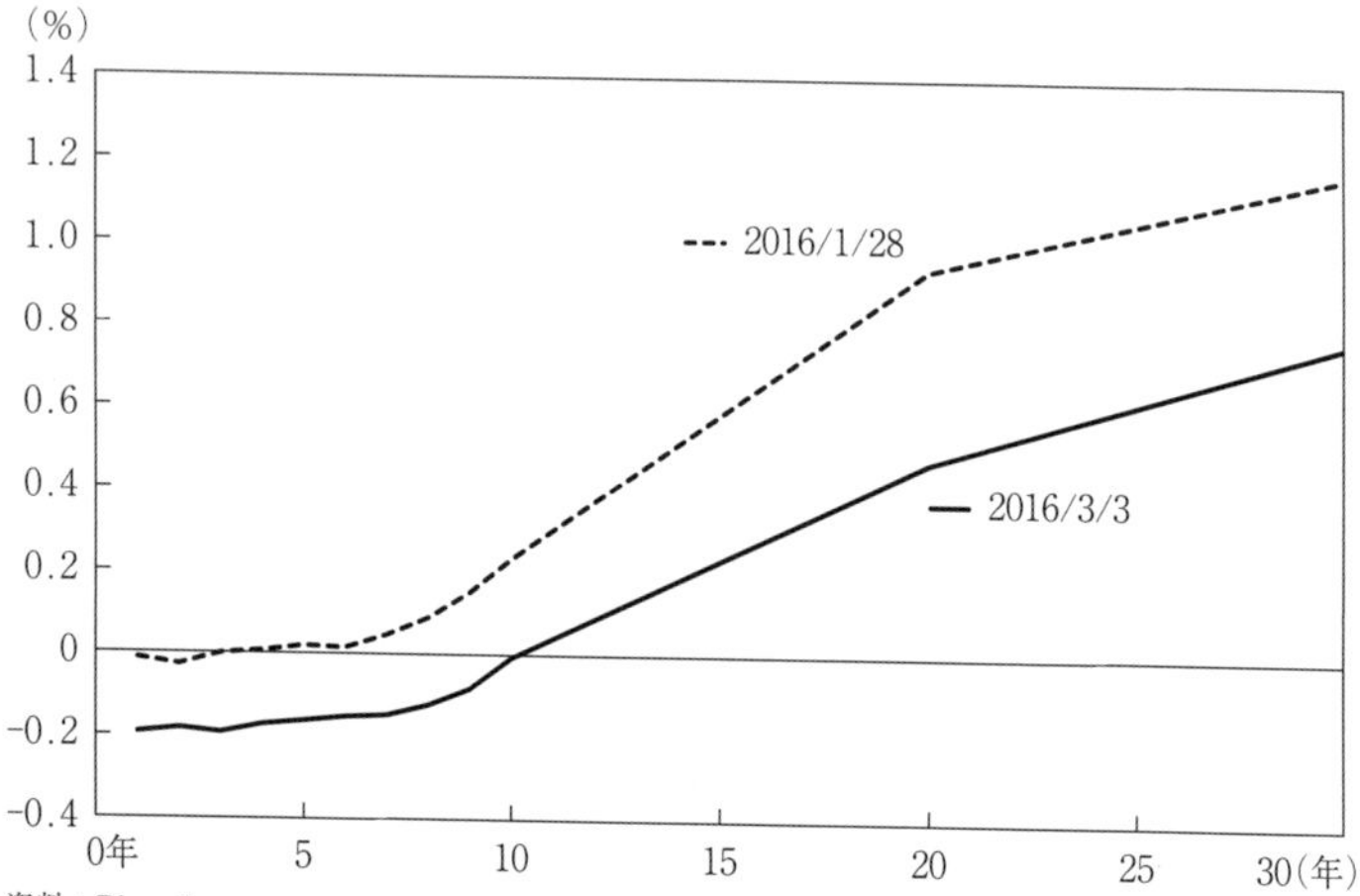

資料：Bloomberg
出所：黒田東彦総裁講演「『マイナス金利つき量的・質的金融緩和』への疑問に答える」(2016年3月7日)

しかし、政策波及ルートが明確であることと、政策効果が量的に大きいことは全く別である。日本の長期金利はマイナス金利導入前でも0・2%程度だったわけだから、それがゼロになっても0・2%の低下にすぎない。これだけでは景気刺激効果に多くを期待できないし、まして近い将来に消費者物価の上昇率が2%に届くとは到底考えられない。

この点、ECBのマイナス金利政策も実体経済や物価に大きな効果は持たなかったと言われているが、ECBがマイナス金利を決めた2014年中頃の長期金利をみると、ドイツでは当時から極めて低水準だったが、たとえばスペインでは3%近かった。その後、スペインの長期金利は1%台まで下がり、同国の景気回復の一因となっている。

こうした出発点の長期金利の水準を踏まえると、日本の場合、景気浮揚効果はユーロ圏以上に弱いと考えておくべきであろう。しかも、日銀のマイナス金利導入は、不幸にもその直後に円高、株安に見舞われることとなった。これは、16年初からの世界的な金融市場の動揺の渦（その背後には世界的な金融政策偏重、通貨安競争への不安があったとみられるが、日銀のマイナス金利導入を直接の契機とするものではない）に飲み込まれた結果であるが、ますます景気刺激、物価押し上げ効果を期待しにくくなったことは否定できない。

一方、マイナス金利政策の副作用については、マイナス幅が0・1％程度にとどまる限り、さほど大きくないと筆者は考えている。金融機関収益への負の影響が指摘されているが、日銀当座預金金利がマイナスになる影響は、三層構造によってマイナス金利の適用部分が10〜30兆円程度にとどまるとされているから、それを過度に重視する必要はない。

もちろん、イールドカーブが全体に低下する結果、銀行などの利鞘は圧縮されるから、金融機関の収益は悪化するだろうが、これはマイナス金利の政策波及ルートそのものであり、これを副作用と呼ぶことはできない。また、マイナス金利が0・1％程度なら、個人預金に手数料が設定されるとは思えないし、日本の貸出市場の競争環境を考えれば、金融機関が貸出金利に上乗せを行うことも考えにくいからである。

マイナス幅拡大の制約

なお、欧州の小国では1％前後のマイナス金利となっているケースがあり、日本でもマイナス

2％、マイナス3％まで可能だの意見もあるが、筆者はマイナス1％でさえ簡単でないと考えている。マイナス金利に限界があるのは、原理的には現金（銀行券）にマイナス金利を課すことができない（極めて難しい）からである。

中央銀行の当座預金の金利が大きなマイナスとなれば、市中銀行の預金金利もマイナスとならざるを得ないが、そうすると当然、預金者は現金を引き出そうとするだろう。銀行部門から大量の現金が引き出されれば、マイナス金利政策の効果は薄れるし、最悪の場合、金融システムの不安定化につながるおそれもある。

どの程度現金が引き出されるかは、現金を使うことの手間や安全性などに依存するが、相対的に治安も良く、現金決済の習慣が根強く残っている日本では、比較的低いマイナス金利でも預金は流出しやすいと考えるのが自然ではないだろうか。周知のように、米国などではスーパーマーケットで100ドル札を出しても簡単に受け取ってもらえないが、日本の飲食店で10万円を現金で渡せば喜んでもらえるというように、現金をめぐる環境は国によって大きく異なるのだ。

実を言うと、マイナス金利の導入に先立って、相続税の強化やマイナンバー制度の導入などを背景に、2015年央頃から銀行券の伸びは顕著に高まっていたのだが、最近は金庫の売れ行きが加速しているという噂をよく耳にする。さらに、預金流出以前の問題として、一般庶民の預金のマイナス金利が付く（口座維持手数料が取られる）だけでも、国民が強く反発する結果、マイナス金利政策の追求は政治的に難しくなるかもしれない。

また、金融機関の収益圧迫をただちに副作用と見做すべきでないと述べたが、そのことが金融緩和効果を殺ぐ可能性は認識する必要がある。平時の金融緩和では、短期金利が低下する一方、長期金利はあまり下がらないので、イールドカーブはスティープ化する。これは金融機関にとって利鞘拡大を意味するが、だからこそ融資に積極的になり金融緩和効果が働くのだ。一方、非伝統的金融緩和においては、マイナス金利に限らず量的緩和の場合でも、イールドカーブはフラット化して金融機関収益は悪化するため、融資の積極化は期待できない（つまり、金融緩和効果は金利低下を通じた需要面への影響だけになる）。

非伝統的金融緩和の実体経済への影響は総じて限定的だったとの評価が多いが、それでも英米では一定の効果がみられた一方、日欧ではとりわけ効果が乏しかったと言われる。上記のように考えると、市場型金融システムの英米に比べ、間接金融中心の日欧では非伝統的金融緩和が働きにくいということかもしれない。

マイナス金利幅がさらに拡大して収益が悪化すれば、銀行は貸出金利を引き上げる、ないし安全な先にしか貸さなくなる可能性がある。そうなれば景気にはむしろマイナスであり、この面からもマイナス幅拡大には制約がかかるだろう。ＥＣＢもマイナス金利政策の限界を意識し始めたようだが、マイナス幅がどこまで拡大した時に、こうした副作用が効果を上回ってしまうのかを事前に見極めるのは難しいと考えておくべきだろう。戦力の逐次投入を嫌う黒田総裁には不幸なことだが、マイナス金利政策は効果と副作用を慎重に評価しながら徐々に進めていくほかあるまい。

マイナス金利付きQQEの問題点

前述のとおり、筆者はＱＱＥの枠組み変更を基本的に評価するものだが、諸手を挙げて賛成とは言えない部分もある。

その第一は、マイナス金利の導入がＱＱＥの枠組み変更であることを素直に認めず、マネタリーベース目標を残したことである。マネタリーベースを増やすことを目標とするＱＱＥと、マネタリーベースの増加にペナルティを課すマイナス金利政策が正反対のものであることは、誰の眼にも明らかだろう。巨額の国債を買い続けなくても、長期金利の水準は十分に低い。日銀に国債を売っても、代金にマイナス金利が付くとなれば、金融機関は国債を売ろうとしないから、マネタリーベースの増加は難しくなるはずだ。マイナス金利の拡大による追加金融緩和の制約ともなる。

日銀は三層構造の複雑な付利の仕組みを導入し、マイナス金利の適用対象を絞ることで、マネタリーベースの増加を何とか続けられるような工夫を凝らしている。[20] しかし、これは15年末の「補完措置」と同様、意味の定かでないマネタリーベース目標を自己目的化するものと言わざるを得ない。もはや、面子《めんつ》にこだわることなく、この盲腸のようなマネタリーベース目標は撤廃すべきだと思う。

なお、日銀は償還価格（通常は１００円）を上回る異常な価格で国債購入を続けており、これによって暫くの間マネタリーベースを増やし続けていく可能性があるので、この点についてコメントしておこう。具体的には、マイナス金利導入後、政府の長期国債発行がほぼ全額日銀によって買い取られる環境の下で、金融機関が政府からオーバー・パーで入札した国債をそれ以上の価格で日銀に売却する「日銀トレード」が行われているということである。これは政府＋日銀で考えると、左三川ほか［２０１６］が指摘するように、金融機関に国民負担で補助金を与えていることにほかならない（しかも、日銀保有の国債残高が増えれば【コラム】で論ずる「出口」のコストも膨らむ）。

こうした非常識的な金融政策も、マイナスの長期金利が強い景気刺激効果を持つなら意味を持ち得ようが、たとえば社債の発行金利がマイナスになることは考えにくい。当座預金金利のマイナス幅を拡大しつつ長期国債の大量買入れを続ければ、「日銀トレード」で国債利回りはさらに低下するかもしれないが、それは社債などとのスプレッド拡大に帰着する可能性が高い。

米国のＬＳＡＰについてKrishnamurthy-Vissing-Jorgensen［2013］が示したように、国債大量購入は国債の利回りのみを特異に低下させる可能性が高いからである。同論文では、第5節で論じた国債への固有の需要をその理由に挙げているが、「日銀トレード」が行われる場合には、より国債と社債などの利回りの乖離につながりやすいはずだ。国債の利回りがマイナスになっても、民間の資金調達コストに波及しなければ景気刺激効果は期待できないから、今後の追加金融緩和策として、当座預金金利のマイナス幅拡大以外に、社債などの購入額を増やすという選択肢（ＥＣＢは16年3月に社債購入を開始したが、日銀は以前から行っている）があり得ることになる。ただし、その場合でも社債などを10兆円単位で買うのは無理だから、やはりマネタリーベース目標は邪魔でしかない。

第二は、過去二回の「黒田バズーカ」同様、今回もサプライズを狙ったことである。サプライズを起こせば、市場は大きく反応するので、政策が成功したような印象を与えるが、実はボラティリティが増すだけで、実体経済にはプラスに働かない（これは、第3章でDixit型の投資モデルを使って示したメカニズムである）。そのうえ、政策変更後の消費者心理指標（景気ウォッチャー調査、消費者態度指数など）には、全般に悪化傾向が窺われた。

マイナス金利導入後、マスコミでは預金金利の引き下げが大きく報じられたが、預金金利の引き下げ幅は0・01％単位であり、通常の預金者にとって利息収入の減少は無視できる程度だったはずである。もちろん、これには16年初からの円高や株安が影響したことも考えられるが、直前まで否定し続けてきた日銀が十分な説明のないままにマイナス金利を導入したことで、「将来の年金が大幅に減ってしまうのではないか」などといった漠然たる不安を高齢者などに惹起してしまった可能性は否定できない[21]。

また、突然のマイナス金利導入に金融機関などのシステム対応が間に合わなかったため、短期金融市場等での金利形成に歪みが生じたという指摘もある（加藤［2016］は、ECBでのマイナス金利導入のケースでは、事前にその可能性が予告されていたため、市場での大きな混乱につながらなかったとしている）。

それ以上に強く懸念されるのが、市場が日銀からの情報発信に信を置かなくなりつつある点だ。幸か不幸か、まだ暫く2％インフレは達成されそうにないが、金融緩和からの「出口」が近づけば、13年央のバーナンキ・ショック（taper tantrum）の経験からもわかるように、わずかなコミュニケーションのずれが金融市場の大きな動揺につながりかねない。その後も、イエレン議長以下FRB関係者が市場との意思疎通に神経を磨り減らしているのは周知のとおり（FOMC参加者の将来の金利予測を示すドット・プロットの公表などもその一環）である。将来に禍根を残すことのないよう、サプライズを避けて市場との真摯な対話を心がける必要がある。

【コラム】 キャリー・トレードとしての量的緩和

ＱＱＥを含む量的緩和策が「長期国債を低金利（＝高価格）で買い、高金利（＝低価格）で売る」、あるいは市場で売却しないならば「低利回りの長期国債を抱えて、高い金利を超過準備に付与する」というかたちで、中央銀行に大きな損失をもたらすことは、すでに第1章（評価損の場合）や本章（逆鞘による実現損）で述べたとおりである。この長期債保有が無利子の銀行券ではなく、利子が支払われる超過準備という名の短期債務によって賄われることに着目して、量的緩和とは「中央銀行による債券キャリー・トレード」にほかならないと喝破したのは、カーネギー・メロン大学教授で元リッチモンド連銀副総裁（チーフ・エコノミスト）のマーヴィン・グッドフレンドだった[22]。実際、これは極めて卓抜な捉え方であり、量的緩和＝キャリー・トレードと考えると、量的緩和の持つ効果や問題点をかなり明確にすることができる。

第一に、前章で「ワラスの中立性」の名の下に金融政策による資産価格への影響に疑問を呈した際、少なからぬ読者が困惑されたのではないかと思う。しかし、量的緩和とは債券キャリー・トレードにほかならぬと理解すれば、そこにMM定理（モディリアニ＝ミラーの定理）が適用されて中立（無効）命題が成立することも、比較的抵抗なく理解できるのではないだろうか。

さらに本章では、付利が行われる超過準備をマネタリーベースに含めること自体が不適当だと論じたが、この点についても納得してもらえるだろう（実際、超過準備の増加とは、短期債＝日本でいえば日銀の売出手形の発行にすぎない）。

第二に、量的緩和＝債券キャリー・トレードと理解することで、量的緩和が中央銀行の損益に及ぼす影響も、極めてクリアに分析できる。すなわち、超過準備への付利がほぼゼロである金融緩和局面においては、長期債への運用利回りは通常はある程度のプラスを保つ（マイナス金利導入後は、長期金利がマイナスとなることもあるが、当座預金付利のマイナス幅より小さい）ため、中央銀行は差益（＝キャリー益）を得ることができる。

一方、超過準備への付利が引き上げられていく出口の局面では、金融緩和時の長期債利回りを短期金利が上回る場合が多いため、中央銀行は逆鞘に陥る可能性が高い。もし、長期金利＝将来の短期金利の平均という長期金利に関する「純粋期待理論」が成り立つとすれば、利益が生まれる緩和局面と損失が発生する出口局面を通じた損益は、期間を通じてみればトントンになるはずである。

しかし、長期債の大量購入による量的緩和は、投資家の期間選好（年金や保険会社の長期債選好）などを通じて、「純粋期待理論」が予測する以上に長期金利を押し下げたと考えられる（それが量的緩和の狙いであり、期待理論に沿った長期金利の低下であれば、フォワード・ガイダンスで十分なはずである）。したがって、中央銀行は量的緩和の結果、通期でみて損失を被るケースが一般的だという結論になる。

もちろん、実際にどの程度の損失が生じるかは、買い入れた資産の利回り等に応じて大きく変わる。たとえば、ＦＲＢの場合について考えてみると、もともと長期金利の水準が日本より高かったことや、ＱＥ１段階で購入したＭＢＳの利回りが極めて高かったため、グッドフレンドによれば量的緩和で取得した長期資産の平均利回りは２・５％程度であった（過去からの保有分を含めれば３％台とも言われる）。

そうであれば、２０１５年末までの7年間に及ぶゼロ金利時代に相当大きなキャリー益が得られたはずである。しかも、16年3月のＦＯＭＣのドット・プロット（ＦＯＭＣメンバーの将来の政策金利予想を表したグラフ）を見ると、政策金利が２・５％に達するのは18年入り後となっており、まだ暫くはキャリー益が出そうである。さらに、同じ時期のＦＯＭＣメンバーによる政策金利の長期予想は3・25％が中央値となっており、長い眼でみても逆鞘はほとんど出ないと考えてよいだろう。このようにＦＲＢの場合は、リーマン・ショック直後の市場の混乱期に著しい安値となっていたＭＢＳを買ったこともあり、通期でみても収益超となる可能性がある（「信用緩和」の成果）。

日銀の損失は莫大なものになる

これに比べると、日銀の損益見通しは、はるかに厳しい。それは、QQEの開始時点で長期金利がすでに1%未満まで低下していたうえ、一気に巨額の購入を行ったことで長期金利がさらに低下したため、日銀の長期資産の運用利回りは0・5%程度と極めて低いからである（マイナス金利下でオーバー・パーでの国債購入を続ければ、利回りはさらに大きく低下していくはずだ）。2%のインフレ目標が達成された後の政策金利を2%台前半（=2%+潜在成長率）と考えれば、約2%程度の逆鞘が生じることになる。2016年春時点の日銀の長期国債保有額は約300兆円であるから、これに2%の逆鞘が生じれば、年間の損失は6兆円程度という極めてラフな試算を行うことができる。そしてQQEがさらに長期化すれば、日銀の長期国債保有額はさらに増加するはずだから、損失額もそれにつれて拡大していくことになろう。

ただし、ここで一つ注意を要するのが、銀行券の存在である。もともと銀行券こそが通貨発行益の源泉であり、銀行券に関しては（現在残高は100兆円弱）付利を行う必要がない。このため、銀行券の存在を考慮すれば、実際の日銀の損失は上記のラフな試算から得られる数字より小さくなるはずである。このほか、QQEがいつまで続くのか（それによって国債保有額は大きく変わり得る）、また今後長期金利がどのような推移を辿るのかによっても結論は変わる。

結局、いろいろな前提を置いて試算を行うほかないのだが、これまでにもいくつか試算を行った例があるので、次にその中で最も代表的と考えられる試算を二つ紹介することにしよう（このほか、ラフな試算ではあるが、より幅広い論点を視野に収めた深尾［2016］も参照）。

その一つは、最も早い時期に精密な試算を行い、岩田ほか［2014］という書物にまとめられたものである（原ペーパーである岩田・左三川ほか［2013］は、QQEスタートの半年後に公表されている）。同書は、QQEの出口において日銀が大きな損失を被り、日銀納付金が長期間ゼロになるリスクを指摘して、「政府・日銀は利得と損失の配分をあらかじめ協議すべき」と主張しているのだが、ここで示されている損失額【図4－8①】は、上に述べたラフな試算よりもずっと小さい。これは、①インフレ目標が当初の日銀も目標であったQQEスタートから2年後

図4－8①　QQEからの「出口」における日銀の損益の試算①

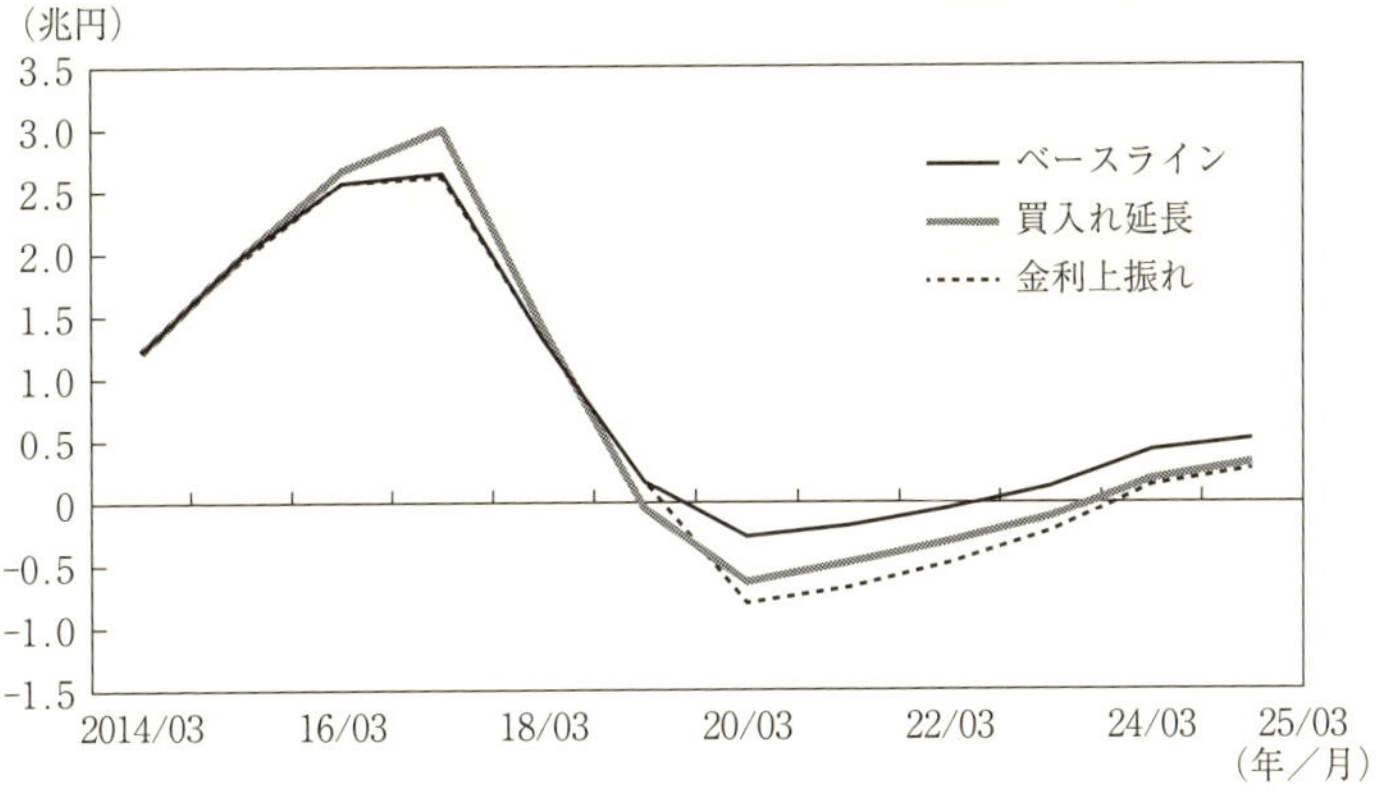

出所：岩田・左三川［2013］

に実現することを前提に、長期国債の買入れは2015年3月に終わると想定していること、②物価上昇率が高まっていくにつれて長期金利が上昇していくと想定していること（長期金利は14年中に1％台に乗ることになっているため、運用利回りが向上する）、③ゼロ金利解除後も、銀行券が現在の高水準を続け、通貨発行益を生むと想定している結果である。

これに対し、はるか

図4－8②　QQEからの「出口」における日銀の損益の試算②

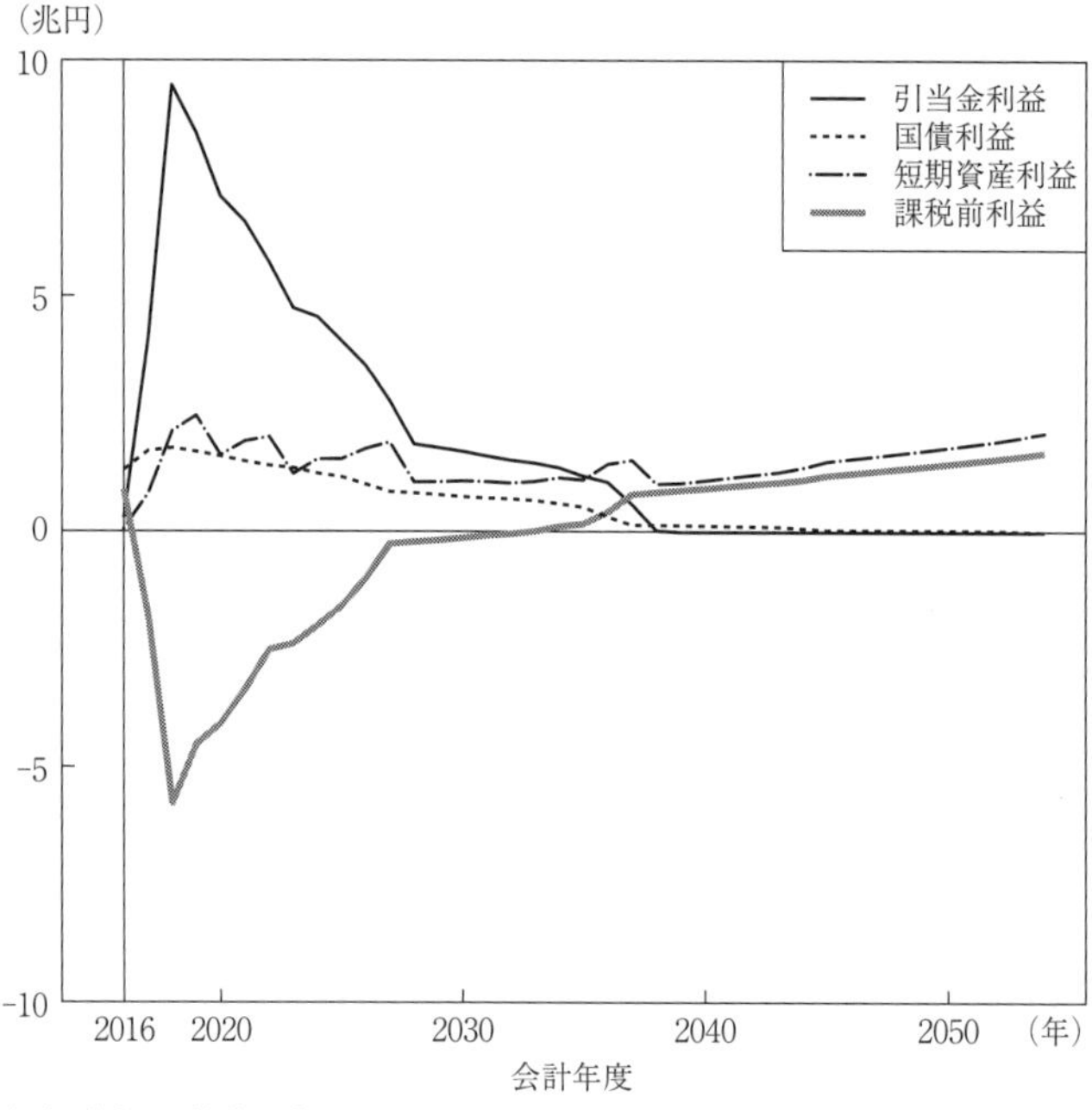

出所：藤木・戸村［2015］

に厳しい試算を示したのが藤木・戸村［２０１５］である。同論文の試算によれば【図４－８②】、銀行券の存在を考慮しているにもかかわらず、ピーク時の赤字額は上記のラフな試算とほぼ同じ６兆円程度となっている。これは、①インフレ目標の達成時点を２０１６年末としているため、長期国債の残高が現在の３００兆円程度からさらに積み上がることに加え、②長期金利は現在の水準から横這いと想定し、③ゼロ金利が解除され、預金金利も上昇すればタンス預金が大幅に減って、銀行券は30～40兆円まで減少すると想定しているためである。

この試算に関する筆者の直感的な印象は、想定②と③に関して岩田ほかが甘すぎる一方で、藤木・戸村はやや厳しすぎるというものだった。インフレ率が２％に近づいていけば、長期金利はさすがに０・３％前後より上がっていくだろうし、銀行券残高が現在の半分以下となるのもやや極端だと考えるからだ。

しかし、現在の状況を踏まえれば、16年末に２％目標が達成されると考えるのは甘すぎだし、マイナス金利導入後も毎月10兆円の長期国債を買い続けていることで、日銀の持つ国債の利回りはさらに低下していくだろう。「マイナス金利付きＱＱＥ」がこのまま長期化すれば、日銀の損失は莫大なものとなる可能性が高い。日銀は持久戦に備えるためだけでなく、出口での損失を抑制するためにも、現行スキームの見直しを急ぐ必要がある。

この関連で注目されるのが、２０１５年度から日銀が上記のようなＱＱＥの出口における損失の発生、ひいては国庫納付が不可能となる事態に備えて、引当金を積むことを決定したことである。国債からの利息収入のおよそ半分を引き当てるとのことであり、初年度の引当は4000~5000億円に達するという。この分だけ国庫納付金は減少し、間接的に国民負担が生じることになる。もちろん、QQE＝キャリー・トレードと考えれば、キャリー益が生じる時期の収益を将来の損失に備えて積み立てておくのは、損益平準化の観点から当然の措置である。

また、国の財政状況からみても、足もとの税収は好調である一方、将来日銀が国庫納付できなくなる頃の国家財政がどういう状況にあるかは不透明であるから、今のうちに日銀の引当を認めておくのは悪い考えではない。実を言うと、先のグッドフレンド講演の趣旨は、量的緩和＝キャリー・トレードなのだから、FRBもゼロ金利期に生じたキャリー益は国庫納付せずに積み立てておくべきだったという主張にあった。今回の措置で、結果的に日銀がこのグッドフレンド提案を受け容れたと考えることもできよう。

このように、引当を行うこと自体は極めて適切な措置だが、問題はこれまで日銀が「出口を議論するのは時期尚早」として、QQEに伴って発生する損失に口を噤んできた点にある。岩田ほか［2014］を筆頭に筆者自身を含む多くの論者が日銀自身による損失の試算を公表すべきだと主張していたにもかかわらず、日銀からはこれまで一切反応が見られなかった。そして今回、引当によって実質的な国民負担が発生しても、なお日銀から明確な見解は聞かれていない。

もちろん、現時点では国庫納付金が減ったといっても、従来以上に高水準の納付金が減ったたけという面はある。しかし、引当が行われるのは２０１５年度だけでなく16年度以降も続くのであり、日銀の保有する国債が増大するにつれて引当金の額は増えていく。

また、藤木・戸村の試算などを考えれば、毎年数千億円の引当金を積んでいっても、将来の損失を賄うには全く不十分である可能性が高い。

このように、ＱＱＥの結果発生する将来の国民負担が莫大なものとなり得る以上、日銀はみずからの試算を公表する義務があると筆者は考える。この点ＦＲＢは、２０１２年12月のＦＯＭＣでこの問題を議論したことが議事要旨に公表されており、この後に金融政策局のエコノミストたちの論文（Carpenter *et al.*［2013］）というかたちではあるが、ＦＲＢの損益や国庫納付金の見通しを公表している（しかも、この試算が提出された後、ＦＯＭＣ内では量的緩和の副作用への言及が増え、早めに「出口」を探る必要が強く意識され出した様子が窺われる）。

もちろん、現時点ではＱＱＥが今後どのように展開していくのか不透明な要素が多い以上、さまざまな仮定に基づく試算というかたちにはなろうが、日銀には当然そうした試算を行う能力があり、おそらくは内部ですでにそのような試算を行っているはずであるから、これを広く国民の前に示すべきである。(23) それなしに、将来の損失を拡大させる国債購入額の積み増しや、日銀の損失によって民間金融機関に補助金を与える「日銀トレード」を許すような政策を行うことは無責任と言わざるを得ない。

以上、ＱＱＥからの「出口」においては超過準備全体に市場金利に等しい付利が行われること（これは、現在米国がＬＳＡＰからの「出口」で使っている手法でもある）を前提に議論を進めてきた。しかし、もともと「出口」においては預金準備率が引き上げられるという見方はあったし、日銀は今回のマイナス金利の導入に当たり当座預金への付利に三層構造を設け、そのごく一部にのみマイナス金利を適用することとした。そうであれば、金融緩和からの「出口」においても、何らかの階層構造を設けることで付利の対象を制限し、日銀の金利負担を小さくすることもあり得るということになる。その場合、ここで論じた「出口」のコストは大きく軽減される可能性があるが、その代わりに数百兆円のオーダーの当座預金に対してゼロ金利、ないし市場金利を大きく下回る付利が行われることとなり、これは実質的に金融機関、ひいては預金者への課税を意味する。この点に関しては、ある種の金融抑圧（financial repression）の問題として、次章の【コラム】においてもう一度議論することにしよう。

第4章【注】

（1）このほかの要因としては、このところ家計調査の消費支出がサンプル要因で実態以上に弱めに出ていることが多くのエコノミストから指摘されている。また、みずほ総研の市川雄介は、消費増税前の駆け込み需要だけでなく、リーマン・ショック後に行われたエコカー補助金、家電エコポイント制度などの各種需要喚起策の結果、耐久財需要が先食いされており、そのことが耐久財のストック調整につながっている可能性を指摘している。

（2）ここで注意して頂きたいのは、日本が円高を経験したのは、バブル崩壊後の景気回復テンポの鈍さが鮮明になってきた時期（１９９３〜95年）、金融危機の時期（98〜99年）、リーマン・ショック後（２００８〜10年）と、いずれも日本経済にとって厳しい時期だったという点である。これは、経済環境が悪化した国の通貨は下落するという通念に反するし、１９９０年代初頭の金融危機後の北欧、アジア危機後のアジア諸国が通貨安を契機に回復に向かったのとも対照的である。

おそらく、これに影響したのが「レパトリ神話」だろう。為替市場では、日本が巨額の対外純資産を有していることを背景に、日本の企業や金融機関は困難な事態に直面すると、海外の資産を売って自国に送金する repatriation を行うと信じられている。このため、日本の経済危機はむしろ円高につながるのだ（現に、東日本大震災の後も、協調介入でストップがかけられなければ、大幅な円高が進みそうな雰囲気だった）。

実際には、経済危機の中で大規模なレパトリエーションが起こったことはなく、これはあくまで「神話」である。しかし、第1章でソロス・チャートについて述べたように、神話が市場に定着して「経験則」になってしまうと、非合理的な神話であっても長期間相場に影響することは珍しくない。

（３）内閣府の消費者態度指数の長期時系列をみると、２００４年以前の四半期に1回の調査と、その後の毎月調査の間にデータの断裂はあるが、１９９７年12月調査の前回比５・６ポイントの悪化は、消費税引き上げ時や東日本大震災の後をも上回る過去最大の悪化であった。しかも、この時「雇用環境」の項目は何と13・８ポイントも悪化しており、北海道拓殖銀行、山一證券の破綻がいかに大きな心理的ショックであったかを物語っている。

（４）現在、春の賃上げのうち１・８％程度が定期昇給分と考えられるが、当時は年功賃金カーブの傾きがもう少し急だったため、定期昇給分は２・０％程度だったとみられる。この事実を前提に、厚生労働省の「民間主要企業春季賃上げ要求・妥結状況」をみると、１９９９〜２０００年頃に定昇部分を除いたベースアップがほぼゼロになったことがわかる。

（５）因みに、山田氏の造語であるパラサイト・シングルという言葉も、当初の「親との同居で衣・食・住を依存しながらリッチな生活を謳歌する若者（とくに女性）」という意味から、「正社員になれず、自立したくても自立できない若者（しかも、将来親の介護負担を強いられるかもしれない）」という意味へと変化している（山田［１９９９］、［２０１３］）。

（６）メンバーシップ型雇用の概念については、たとえば濱口［２０１１］などを参照。この本文に掲げた「定義」は濱口

［２０１５］から採ったものである。

（7）　黒田・山本［２０１５］が明らかにしたように、日本の一人当たり労働時間が減少しているのは非正規雇用が増えた結果であって、正社員に限ってみれば労働時間はあまり減っていない（週休2日制が定着したため、一日当たりでみればむしろ増えている）。とくに、非正規化で正社員の採用が減少した時期以降に入社した若者たちの長時間労働は顕著である。

（8）　国内設備投資がなかなか増えない一方、1ドル＝１２０円の円安にもかかわらず海外へのM&Aがかなり活発に行われていることは、普通に考えればかなり不思議な現象である（日本経済新聞の報道によれば、２０１５年の海外M＆Aは大きく伸びて、初めて10兆円を超えたという）。この点について、日本の経営者たちは「人口が減少する日本にはビジネスチャンスがない」などと説明することが多い。しかし本当の理由は、海外投資なら雇用の心配は要らず、失敗したら損切りして撤退するだけだと考えているからではないだろうか。

（9）　当時の北欧の労働市場などを念頭に、ストックホルム大学のリンドベック（Lindbeck）教授らが１９８０年代に展開した理論。失業率が高くても、企業のインサイダーである組織労働者が強気の賃金要求を押し通してしまうため、コストが上昇して物価が上がるというかたちで、失業とインフレが共存するスタグフレーションを説明した。
　現在の日本はこれと対照的に、人手不足によってアウトサイダーの賃金は上がっても、企業の将来を心配するインサイダーは賃上げを遠慮するという、逆インサイダー・アウトサイダー理論のような状況になっている。この結果、スタグフレーションとは正反対の人手不足下の賃金・物価伸び悩みにつながっているわけである。なお、その背後に正社員と非正規雇用の間に大きな賃金格差があって、非正規雇用の賃金が多少上がっても、正社員の賃金を上回ることはないという事情があることは言うまでもない。

（10）　なお、この過程でFRBは金融政策の操作目標をFFレートからマネーストック（当時の表現ではマネーサプライ）、ないし非借入れ準備に変更したが、これは当時のFRBがマネタリズムを信奉していたためではない。20％超という政治的には到底受け容れられないような市場金利を「目標」とするのではなく、マネーサプライ抑制の「結果」として説明する、一種の政治的方便であったことが、現在では広く知られている。

（11）　この点、最近ではポーゼン（元イングランド銀行政策委員）、ブランシャール（元IMF調査局長）といった代表的経済学者であり、政策実務の経験者でもある人たちが、日本の物価上昇率を高めるには、金融政策だけでなく名目賃金を大幅に押し上げる必要があると唱え始めている（ポーゼン＝ブランシャール［２０１５］。またＩＭＦのエコノミストからも同様の指摘が聞かれている Everaert-Ganelli［2016］）。日本の財政債務をインフレ税で帳消しにしてしまおうというポーゼンらの発想には到底賛成できないが、こうした論調の変化は大変に興味深い。

(12) この時に日銀が強調したのが、「原油価格上昇をホームメイド・インフレにはさせない」というロジックだった。つまり、原油の輸入価格が上がればその転嫁は認めるが、賃上げ等による物価上昇の増幅は許さないというものである。もし、輸入価格上昇の転嫁だけであればＧＤＰ（当時はＧＮＰ）デフレータは上がらないはずなので、これはＧＤＰデフレータの上昇を許さないものと解釈された。実際、第二次石油ショック後も消費者物価はある程度上昇したが、ＧＤＰデフレータの上昇は第一次ショック後に比べてはるかに小幅だった。

(13) 国債がマネタリーベースに置き換わった金額をＭＢ、利子率をｉとすれば、1年間に節約できる利払いはi×MBとなる。この流列の現在価値を利子率ｉで割り引けば、その現在価値はＭＢに等しい。すなわち、マネタリーベースの残高そのものが利払いの節約額の現在価値＝通貨発行益となるのである。

(14) このほか当時の日銀は、「消費者物価の品目に占める前年比上昇品目と下落品目の差」や渡辺努東大教授らが開発した「東大日次物価指数」など、さまざまな物価指標を繰り出して「物価の基調」の強さを強調していた。

(15) 周知のように、新しい「三本の矢」は①希望を生み出す強い経済、②夢を紡ぐ子育て支援、③安心につながる社会保障、の三本からなるものであるが、これが家計重視である点などに関しては早川［２０１５ｅ］を参照。

(16) さらに、Fukunaga-Kato-Koeda［2015］の実証結果（この研究の概要は、福永・加藤［２０１５］として日銀リサーチラボでも公表されている）を踏まえるなら、長期国債残高に占める日銀保有のシェア上昇により、長期国債の購入額を減らしていっても長期金利の上昇抑制効果は十分に働くはずである。

(17) 以下の議論については、早川［２０１６］を参照。

(18) マイナス金利は翌月の16日にスタートした。日銀当座預金のすべてがマイナス金利の対象となるのではなく、金融機関の負担を軽減するとともに、後述のようにマネタリーベースの積み増しを容易にするために、複雑な三層構造で当座預金への付利が行われることになっている。この点について詳しくは、日銀ホームページ上にある解説 http://www.

boj.or.jp/announcements/release_2016/k160129b.pdf を参照。

(19) まさにそれゆえ、筆者自身を含む何人かの論者は、持続可能な金融緩和の枠組みであることと、本章【コラム】で採り上げる「出口」のコストを小さくする観点から、マイナス金利導入の可能性を示唆していたのである（早川［２０１５ａ］、岩田［２０１５］、左三川ほか［２０１５］）。

(20) もちろん、この三層構造には金融機関の収益悪化を緩和する狙いもある。これまで超過準備を大幅に増やして来た大手金融機関には、「日銀のマネタリーベース目標に協力している」との意識があったと聞く。基礎的残高と称してプラス０・１％の付利部分を残したのは、彼らに対する「だまし討ち」を避けたものだろう。

(21) こうした消費者の反応は筆者自身にとっても大きな驚きであったが、行動経済学（たとえば Kaheneman［2012］）的に考えれば、マイナス金利という言葉が損失回避行動を促してしまったのかもしれない。因みに、日銀のマイナス金利導入後に筆者がマスコミ関係者と交わした対話で、彼らが一様にマイナス金利の「語感の悪さ」を強調していたのが印象的であった。

(22) Goodfriend［2014］。因みに、この論文はもともと２０１４年の日銀金融研究所主催の国際コンファレンスにおける基調講演であった。

(23) ブルームバーグの報道（http://www.bloomberg.co.jp/news/123-NYRZJE6JTSEA01.html）によれば、２０１５年12月の資本市場研究会における講演で、日銀の木内登英審議委員は「ＱＱＥの出口で超過準備への付利を現行の０・１％から２％に上げると、日銀の損失が1年間で7兆円くらいに達する」との試算を明らかにしたという。ただし、日銀のホームページに掲載された公式の講演記録（木内［２０１５］）には、そのような試算は載っていない。

第5章　「出口」をどう探るか

1　「出口」の必須条件：財政の維持可能性への市場の信認

これまでも繰り返しみてきたように、ＱＱＥの結果、消費者物価の上昇率が基調的にプラスに転じ、日本経済がデフレから抜け出したのは間違いない。しかし、原油価格の急落に伴う物価の下押し、それ以上に労働組合の賃上げへの消極姿勢を踏まえると、筆者自身がかつて想定していたものと比べても、２％のインフレ目標が達成される時期は大幅に遠ざかったと考えている。

そのような意味で、日銀がさしあたり直面するのは、マイナス金利を主要な手段とする持久戦であって、「出口」の準備の切迫感が薄れていることは否定できない。それでも、「出口」はいずれ直面する問題である。現在の人手不足が構造的な問題である以上、時間はかかっても賃金は徐々に上がっていくはずであり、２％の物価目標もやがて達成されると考えられるからだ。しかも、前章で論じた出口における日銀の損失は、目標達成までの時間が長引き、バランスシートが拡大するほど大きくなるのだから、出口が遅れることは、むしろその困難を増すものだということを忘れてはならない。

そこで以下、本章では、日銀が2％の物価目標を実現して、QQE（あるいはマイナス金利付きQQE）が終了する「出口」（exit）において、何が起こると予想されるのか、そこにはいったいどのようなリスクがあり得るのか、そのリスクを防ぐには何が必要なのか、を問題にしていく。これまでは、QQEに関する理論的な考察（主に第1章と第3章）や、QQEによって日本経済に何が起きたのか（主に第2章と第4章）について論じてきたが、本章の考察の対象は、将来に起こることと、それへの備えとなる。当然、不確実な要素がより大きくなるだろうが、想像力を働かせて考えていこう。

出口で何が起こるのか

それでは、出口では何が起こるのだろうか。まず、必ず起こるのは金利、正確には日銀の政策金利である短期金利の上昇である。

すでに出口に辿り着いたのだから、インフレ率は2％以上、あるいは仮にまだ2％に達していなかったとしても、2％が十分視野に入っているだろう。そうした状態では、いかに日本の潜在成長率（α）が低かろうと、政策金利は2％＋α（ここでは、実質金利の水準は長期的に潜在成長率並みになると想定している）に向けて上がっていくものと考えられる。

短期金利の水準が2％を超えるのは1990年代前半以来のことだから、（とくに高金利時代を知らない若い人たちには）「ずいぶん高い」という印象を与えるかもしれない。しかし、それは過去20年近く日本経済がデフレ・超低金利下にあったからであり、もともとアベノミクスやQ

QEはそこから抜け出すことを目的にしていたのだ。したがって、物価上昇率が2%に達して、そのうえで名目金利が2%超となったとしても、それはアベノミクス・QQEの成功を意味するものでこそあれ、何の問題もないはずである。

長期金利上昇と金融システムの安定性

このように、短期金利の上昇は大きな問題にならないと思われるが、長期金利の上昇まで同じように考えることはできない。前述のように、2%インフレが実現すれば短期金利は2%+α前後になるから、将来予想される短期金利の平均で決まる長期金利も、ほぼ同じような水準になるだろう(本当は、これにターム・プレミアムが加わるので、「長期金利は最低でも2%+α程度になる」と考えればよい)。マイナス金利導入後、10年国債の利回りはほぼゼロとなっているので、出口の長期金利は2%以上上がることになる。

しかし、第1章でも述べたように、残存期間7~8年の債券の利回りが2%上昇すれば、価格は15%程度下がる。このため、出口においては債券の価格が急落し、長期債を多く保有している主体は多額のキャピタル・ロスを蒙るのだ。

日本の場合、長期債を大量に保有しているのは、主に銀行や信用金庫などの国内の金融機関である。(1) 日銀は半年に1回発行する『金融システムレポート』において、毎回長期金利が上昇した場合に銀行などが蒙る評価損の額を推計している。その2015年10月号(日本銀行[2015])の推計によると【表5-1】、長期金利だけが上がって短期金利は上昇しないスティープ化

表５－１　金利上昇に伴う金融機関の円債評価損

金利上昇幅が２％ptのケース　（兆円）

	パラレルシフト			スティープ化		
	2014年12月末	15年3月末	15年6月末	2014年12月末	15年3月末	15年6月末
金融機関計	▲14.4	▲14.2	▲13.8	▲9.1	▲9.0	▲9.0
銀行計	▲10.6	▲10.4	▲9.8	▲6.3	▲6.2	▲5.9
大手行	▲5.2	▲5.0	▲4.4	▲3.0	▲2.8	▲2.6
地域銀行	▲5.5	▲5.4	▲5.3	▲3.4	▲3.4	▲3.4
信用金庫	▲3.7	▲3.8	▲4.0	▲2.8	▲2.8	▲3.0

出所：日本銀行「金融システムレポート」（2015年10月号）

の場合、金融機関全体で９兆円、長期金利と短期金利が平行して上昇するパラレルシフトの場合、金融機関全体で14兆円弱の評価損が生じるとしている。

物価上昇率が徐々に高まり、いずれ将来は政策金利が上がると予想される場合、普通はスティープ化が起こる可能性が高い。しかし、ＱＱＥの下で日銀が巨額の国債購入を続けていると、期待インフレ率が多少高まっても長期金利はなかなか上がらず（事実、円安等を背景に消費者物価の上昇率がプラス１・５％にまで達した14年春頃も長期金利の上昇は全くみられなかった）、２％インフレが達成されてＱＱＥが終わった途端にパラレルシフトが起こることも十分考えられる。いずれにしても、これは金融機関にとって重大な損失である。

さらに、この評価損の金額を大手行、地域銀行、信用金庫に分けてみると、大手行に比べて地域銀行、信用金庫の損失が相対的に大きいことがわかる。これは銀行などの収益力（２０１４年度の税引前当期純利益は大手行が約３・３兆円、地域銀行は約１・６兆円、信用金庫は約０・５兆円）

や、自己資本の厚さ（同じ期の純資産は大手行33・8兆円、地域銀行20・8兆円、信用金庫8・4兆円）と比較した場合（日本銀行金融機構局［2015］）に、とりわけそうだと言える。

その背景には、①大手行は多額の国債等を保有しているが、以前から短期債中心の運用（短期債の場合、長期金利が上がっても価格はあまり下がらない）であったうえ、QQE開始後相当額の国債を日銀に売った一方、②収益力に裕《ゆと》りの乏しい地域銀行や信用金庫では、少しでも利鞘を得るために残存期間の長い債券に投資せざるを得なかった、という事情があったと考えられる。

さらに、地域銀行や信用金庫も、個々にみれば体力に大きな格差があるが、おそらく体力の劣る金融機関ほど多くの金利リスクを取っている可能性が高い。もちろん、長期債投資の結果発生する金利リスクは、金融機関自身が管理すべきものである。しかし、上記の事実を踏まえると、QQEの出口における金利の正常化は、相当慎重に進めないと金融システムの不安定化につながりかねないと考える必要がある(2)。

欧州債務危機の教訓

以上では、出口における長期金利の上昇幅が2％＋α程度であることを前提にして、それでも金融システムに大きな負荷がかかる可能性を示した。しかし、より大きな問題は、日本のように巨額の財政赤字を抱える国では、長期金利の上昇幅が2％を大きく上回る可能性があることだ。この点に関しては、やはり2010〜12年にかけての欧州債務危機が記憶に新しいであろう。

欧州債務危機は、2009年のギリシャにおける政権交代時に、旧政権が財政赤字幅を偽って

図５－１　欧州債務危機（10年国債のドイツ国債とのスプレッド）

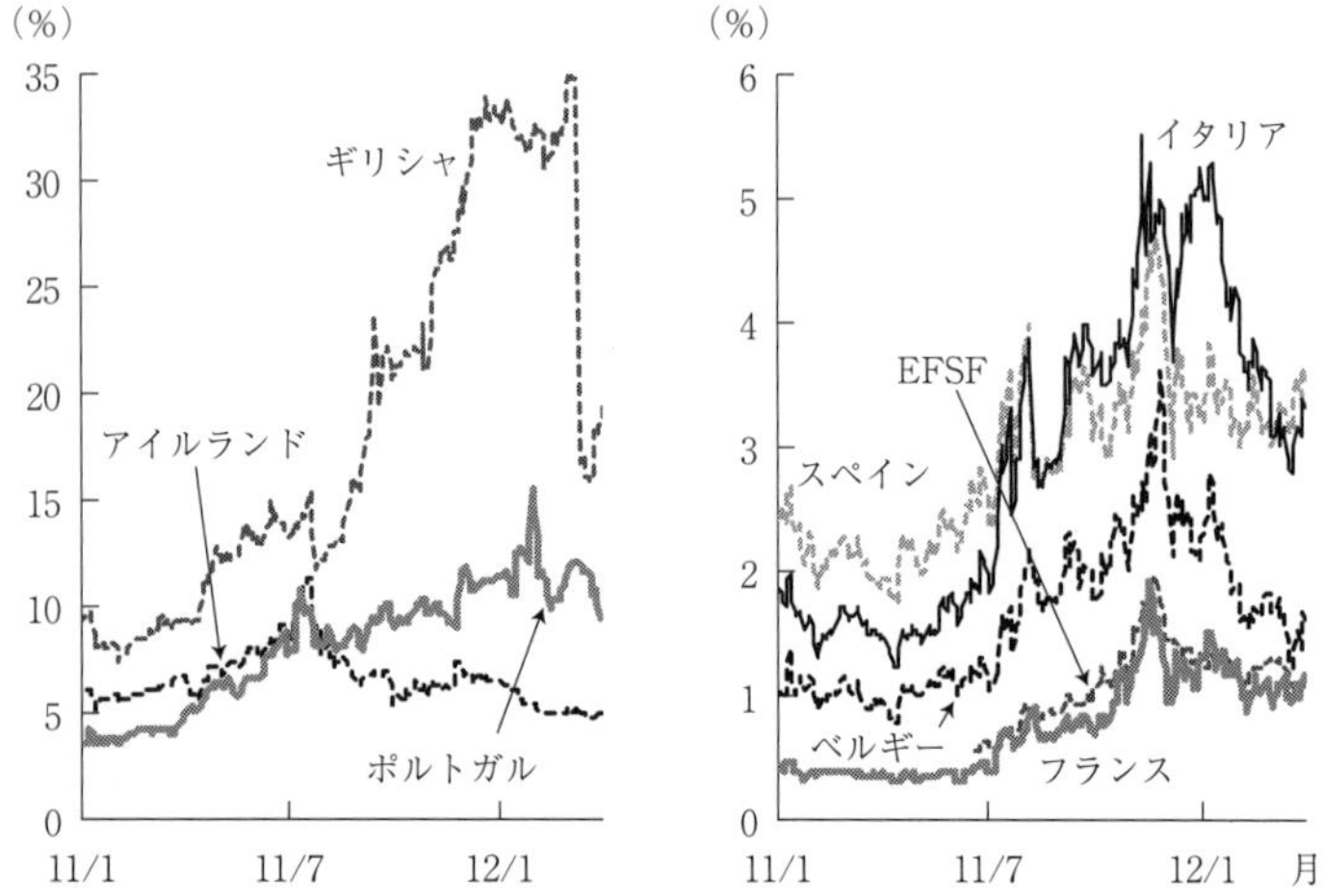

出所：日本銀行「金融システムレポート（2012年４月号）」

過少に申告していたことを新政権が暴露したことに端を発したものである[3]。この結果、ギリシャ国債のデフォルト懸念が高まり、ギリシャの国債利回りは一時30％超まで上昇した。30％超の金利など到底負担できるはずはないから、その後ギリシャ政府とトロイカ（三頭立て馬車＝この場合はＥＵ、ＥＣＢ、ＩＭＦ）の間で、ギリシャ側の財政緊縮策、トロイカ側での財政支援、債務軽減策をめぐって、綱渡りの交渉が何度も繰り返されてきたことは周知のとおりである。

もちろん、ギリシャについては少なからず「身から出た錆」であるが、２０１１～12年にかけてはアイルランドやポルトガル、スペイン、イタリアなども債務返済能力が疑われ、スペイン、イタリアといった南欧の大国の国債利回りも一時５％を大きく上回るに至った【図５－１】。これら諸国の財政赤字の大きさが懸念されたためだと言われるが、実はスペインの政府債務／名目ＧＤＰ比率はかなり低く、イタリアの基礎的財政収支（プライマリー・バランス）はほぼ均衡しているなど、少なくとも財政状況は日本よりはるかにましであった。

しかし理由は何であれ、いったん長期金利が大きく上昇すれば、利払い負担の増加によって財政は困窮する。国債価格の下落は金融機関のバランスシートを悪化させ、結果として融資姿勢の慎重化＝「貸し渋り」につながる。そして金融機関が貸し渋れば、間接金融への依存度が高い大陸欧州では、景気に対して大きなマイナスの影響を及ぼす（今度は、これが税収の減少を招く）。このようにして、財政・金融・経済の間の悪循環が始まってしまったのだ。

幸い欧州債務危機は、南欧諸国の財政再建努力とＥＣＢドラギ総裁の決断（大規模なＬＴＲＯの実施やＯＭＴ導入の決意表明など、この点は第1章参照）によって、12年秋以降、ギリシャを除いて鎮静化していった。しかし、ここから得られる重要な教訓は、ひとたび財政の維持可能性が市場から疑われると、長期金利は将来の短期金利から計算される値を大きく上回ることがあるという点にある。

日本の場合でも、もし長期金利の上昇幅が2％でなく5％であったとしたなら、金融システムに与える衝撃ははるかに深刻なものとなることが容易に理解できるだろう。しかも、日銀による巨額の国債買入れの下、長期金利は超低水準を続けているが、日本の政府債務残高／名目ＧＤＰ比率は２４０％超とギリシャ（約１８０％）さえ上回っていることを考えれば、長期金利が急上昇するリスクは決して小さくはないと考えるべきである。

「出口」の成否を決めるもの

一般に、非伝統的金融緩和からの出口の成否を決するのは、金融市場調節に関する中央銀行の技量と、財政の維持可能性への市場の信認という二つの条件だと考えられている。このうち、市場調節に関しては、QQE導入後の黒田総裁の強気一点張りの説明と、ハロウィン緩和やマイナス金利導入時のサプライズ狙いの結果、市場が日銀の説明を素直に信じなくなっている点への懸念は先に述べたとおりだし、市場とのコミュニケーション再建の必要性は本章後半でも再度議論するつもりである。

ただ、金融市場調節の技量について言えば、ここで詳しく述べる余裕はないが、日銀の腕前は世界の主な中央銀行の中でもトップ・クラスに評価されている。これは、日銀出身の筆者の身贔屓ではなく、多くの中央銀行関係者に認められている事実だと思う。実際、過去の金利政策時代における政策的な誘導目標と現実の市場金利の動きをみると、日本では両者の乖離が小さく、市場金利の短期的な振れも小さかったことが知られている（前章で述べた前回量的緩和時の「ミクロ決死圏」の戦いなどは、日本ならではの悲喜劇と言うこともできる）。2006〜07年の量的緩和解除、ゼロ金利解除を大きな混乱なく乗り切ったことも、一つの例証といえよう（その立役者は、当時の中曾金融市場局長＝現副総裁である）。

また、FRBは2015年末のゼロ金利解除に先立ってリバース・レポなどの新たな資金吸収手段を創設し、その「予行演習」をしきりに行っていた。一方、日本では数十年も前から日銀売出手形というかたちの資金吸収手段が存在し、その利用に関しては日銀・市場関係者ともに十分習熟しているため、ＦＲＢが直面したような苦労はないと思われる。

そんなわけで、日本の場合、首尾よく2％の物価目標が達成された後に、マイナス金利や国債大量買入れといった異例の金融緩和からの「出口」をうまく通り抜けることができるかどうかは、日銀自身の問題というより、その時点で市場が財政の維持可能性を信じてくれているか否かに大きく依存するものと考えられる。日銀の国債大量買入れの下で国債利回りが超低水準にとどまっているせいもあって、日本財政の深刻さがなかなか国民全体の意識に浸透していかないが、専門家の間では財政破綻を危惧する議論が真剣に交わされている（たとえば小黒［２０１４］、伊藤［２０１５］）。

この点、２０１４年9月の金融政策決定会合後の記者会見において、消費増税が先送りされた場合のリスクについて問われた黒田総裁は、「それによって、仮に政府の財政健全化の意思や努力について市場から疑念を持たれると、政府・日銀としても対応のしようがないということにもなりかねない」と強い言葉で警鐘を鳴らしたが、これはまさに日銀の本音であっただろう（黒田総裁の脳裏には欧州債務危機の経験が浮かんでいたにちがいない）。

そして、第2章で述べたように、この黒田発言の後にハロウィン追加緩和、安倍首相による消費増税の先送り決定と続く。10兆円にものぼる国債買入れで長期金利上昇は抑え込まれているが、将来の出口に向けてリスクを高めてしまったことは否定できない。

2 「成長頼み」の財政再建計画

あまりに遠い財政健全化

それでは、近い将来に財政健全化の目処がつく可能性はあるのだろうか。正直に言って、見通しは極めて暗い。財政健全化とは、通常は金利支払いまで含めた財政収支を黒字化し、国債残高／名目GDP比率を維持可能な水準（60～80％程度が目安とされることが多い、因みにEUの「成長・安定協定」では、ユーロ導入国に対して60％の上限が課されている）まで下げることを意味する。

しかし、2015年度時点で日本の国＋地方の財政赤字は名目GDPの5％（日銀の国債大量買入れで金利支払いが極めて低くなっている点に注意！）、公債残高は名目GDPの2倍もあるからだ。そこで、しばしば議論されるのが、金利支払い前の基礎的財政収支（プライマリー・バランス）を2020年度までに黒字化するという目標である。

国内では、あまりにもこの目標について議論されることが多いため、あたかも「この目標さえ達成されれば財政再建は実現する」かのような誤解が拡がっているように感じる。しかし、これは日本では普通の意味の財政再建への道程があまりにも遠いため、その前にプライマリー・バランス黒字化という甘めの中間目標だけでもクリアしておく必要があると考えられているのだという点を忘れないでほしい。

20年度のプライマリー・バランス黒字化は、もともと民主党政権時代に当時の菅直人首相が打ち出し、安倍政権もこれを引き継いだものである。14年秋の消費増税先送りを掲げた衆議院解散・総選挙においても、安倍首相はこの目標を堅持すると約束し、翌15年6月の「骨太の方針」では約束が守られたことになっている。しかし、実際にはこの財政再建目標には多くの識者から実現可能性について疑問が投げかけられている。

以下では、16年1月に内閣府が公表した『中長期の経済財政に関する試算』（以下、「試算」と呼ぶ）の数字を使いながら、この点について確認していこう。

この「試算」では、名目3％台、実質2％台の成長を前提とした「経済再生ケース」と、実質成長率が0・8％程度で推移する「ベースライン・ケース」の二つのケースが想定されている（それぞれのケースが想定するマクロ経済の姿は【表5－2】）。まず指摘すべきは、高めの成長を前提とした経済再生ケースでも、20年度のプライマリー・バランスは6・5兆円、名目GDP対比1・1％の赤字となっており、そもそも約束は守られていないということである【図5－2】。

しかし、それ以上に大きな問題は、経済再生ケースが非常識な高成長を前提にしている点にある。第2章では、内閣府が推計する潜在成長率は、安倍政権成立当初の0・8％から16年春時点で0・4％まで低下している事実を指摘したが、この経済再生ケースでは、本書執筆時点から4年後の20年には潜在成長率が2・3％まで高まることが想定されているのだ。内閣府のスタッフや経済財政諮問会議のメンバーは、本当にこんな想定が実現するとでも思っているのだろうか。

表５－２　中長期の経済財政に関する試算（前提）

【マクロ経済の姿】

（％程度）、［対 GDP 比、％程度］、兆円程度

年　度	2013（平成25）	2014（平成26）	2015（平成27）	2016（平成28）	2017（平成29）	2018（平成30）	2019（平成31）	2020（平成32）	2021（平成33）	2022（平成34）	2023（平成35）
実質 GDP 成長率	(2.1)	(▲0.5)	(1.5)	(2.1)	(0.8)	(2.6)	(2.1)	(2.2)	(2.2)	(2.3)	(2.3)
実質 GNI 成長率	(2.0)	(▲0.2)	(2.1)	(2.2)	(0.8)	(2.6)	(2.1)	(2.2)	(2.2)	(2.3)	(2.3)
名目 GDP 成長率	(1.8)	(1.7)	(2.7)	(3.3)	(3.1)	(3.9)	(3.5)	(3.6)	(3.6)	(3.7)	(3.7)
名目 GDP	483.1	491.4	504.9	521.5	537.4	558.6	578.4	599.4	621.2	643.9	667.6
一人当たり名目 GNI 成長率	(2.5)	(2.4)	(3.2)	(3.7)	(3.3)	(4.0)	(3.6)	(3.8)	(3.8)	(3.9)	(4.1)
一人当たり名目 GNI（※万円）	394	403	416	431	446	464	481	499	518	538	560
潜在成長率	(0.6)	(0.6)	(0.7)	(1.1)	(1.5)	(1.6)	(1.9)	(2.3)	(2.3)	(2.4)	(2.4)
物価上昇率											
消費者物価	(0.9)	(3.2)	(1.4)	(1.8)	(3.3)	(2.0)	(2.0)	(2.0)	(2.0)	(2.0)	(2.0)
国内企業物価	(1.9)	(3.1)	(▲1.0)	(0.9)	(2.9)	(0.9)	(1.0)	(1.1)	(1.2)	(1.2)	(1.3)
GDP デフレータ	(▲0.3)	(2.2)	(1.2)	(1.2)	(2.2)	(1.3)	(1.4)	(1.4)	(1.4)	(1.3)	(1.3)
完全失業率	(3.9)	(3.6)	(3.5)	(3.4)	(3.4)	(3.4)	(3.3)	(3.3)	(3.3)	(3.3)	(3.3)
名目長期金利	(0.7)	(0.4)	(1.2)	(1.8)	(2.3)	(3.0)	(3.5)	(4.0)	(4.3)	(4.5)	(4.6)
部門別収支											
一般政府	[▲7.6]	[▲7.2]	[▲5.5]	[▲4.8]	[▲4.4]	[▲3.8]	[▲3.6]	[▲3.6]	[▲3.4]	[▲3.3]	[▲3.3]
民間	[7.7]	[8.1]	[7.5]	[7.1]	[7.1]	[6.7]	[6.7]	[6.8]	[6.7]	[6.7]	[6.8]
海外	[▲0.1]	[▲0.9]	[▲1.9]	[▲2.3]	[▲2.7]	[▲2.9]	[▲3.1]	[▲3.2]	[▲3.3]	[▲3.4]	[▲3.5]

出所：内閣府「中長期の経済財政に関する試算」（2016年２月）

図5－2 中長期の経済財政に関する試算（プライマリー・バランス）

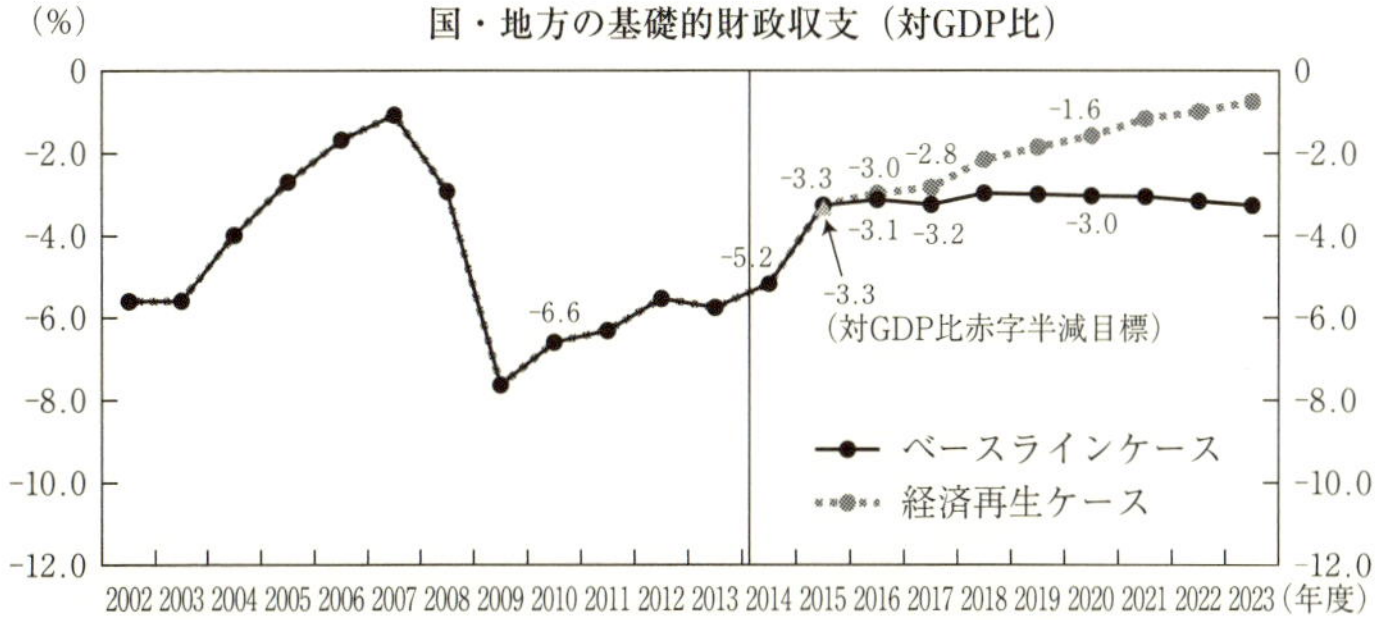

出所：内閣府「中長期の経済財政に関する試算」（2016年2月）

もちろん、高めの目標を掲げて成長戦略の推進に努力する姿勢自体は間違っていない。しかし、法政大学教授の小峰隆夫が繰り返し指摘するように（たとえば小峰［2015］）、目標と前提は別物であって、「成長目標は意欲的に、財政の前提は控え目に」することが望ましい。新人サラリーマンが「いずれは社長を目指す」という大志を抱くのは結構だが、将来の社長の給料を前提にお金を使うなら、生活破綻に陥ってしまうだけだろう。

こうした批判は以前から多くの経済学者・エコノミストから出されており、おそらくこれを意識して、消費増税先送りを掲げた総選挙後の14年末の経済財政諮問会議においては、「潜在成長率並みの堅めの前提」で考えることが望ましいという議論が行われていた。

実を言うと、「ベースライン・ケース」は、これを受けて内閣府が新たに設定した（それ以前は、1％台前半の成長を前提としたケースが「参考ケース」として掲げられていた）という経緯がある。[4] しかし、翌年の「骨太の方針」策定時点では（議事要旨をみる限り）ほとんど何の議論もないままに、経済再生ケースが当然の前提とされてしまった。これは、まさに成長頼みの財政再建計画だと言わざるを得ない。

このわずか半年の間に、円安を背景とした企業業績好調による税収増のためか、日銀の国債買い増しで長期金利上昇のリスクが薄れたためか、財政健全化に対する政府の姿勢が大きく後退してしまったことがわかる。

債務残高・名目GDP比率について

こうした政府の財政再建計画の問題点は、経済学者・エコノミストの間ではほぼコンセンサスだと思うが、主にリフレ派と経済財政諮問会議関係者から異論（楽観論）も提出されているので、以下ではこの点について考えてみよう。

第一の楽観論は、経済再生ケースでは債務残高／名目GDP比率が低下していくので【図5－3】、財政は持続可能だとする主張である。この議論に関しては、一般論として名目成長率と名目金利のどちらが高いかという問題と、QQE下の特殊事情の二つに分けて考えるとわかりやすい。

まず一般論についてだが、債務残高（D）、名目GDP（Y）、名目金利（r）、名目成長率（g）、プライマリー・バランス（PB）として、連続時間を使って簡単化すると、

D／Yの変化率＝r－g－PB／Y

図5－3　中長期の経済財政に関する試算（債務残高／名目GDP比率）

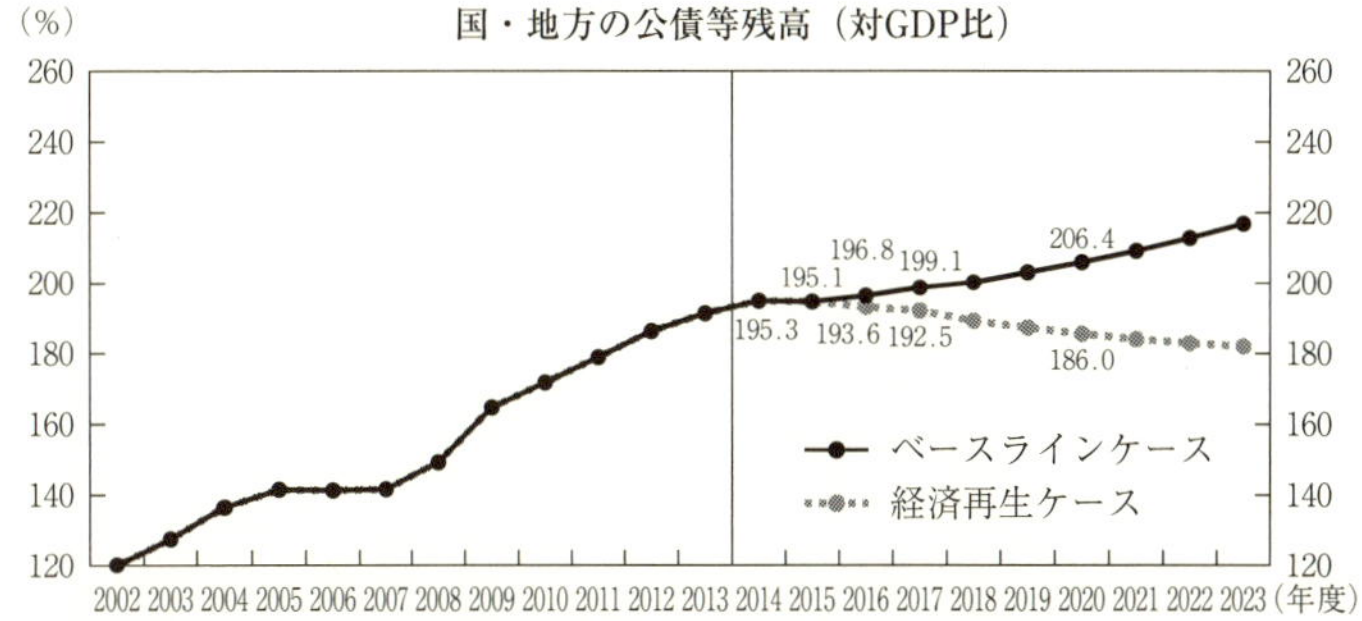

出所：内閣府「中長期の経済財政に関する試算」(2016年2月)

と書くことができる。したがって、$r \geq g$ならPBが黒字化しない限りD／Y比率が低下することはないが、$g > r$ならPBが赤字でもD／Y比率は低下する可能性がある。これは、かつて小泉政権下の経済財政諮問会議で当時の竹中平蔵総務相（$g > r$を主張）と吉川洋・同会議民間議員（$r > g$を主張）が繰り広げた竹中・吉川論争にほかならない。

　この論争について詳しく振り返るつもりはないが、筆者はおおむね、$r \fallingdotseq g$だろうと考えている。というのも、①$r < g$とすると、株価などのストックの現在価値が計算できなくなったり、経済成長論では動学的非効率の問題が発生したりと、理論的に不都合である一方、②経済成長論などで想定されるrは実物資本の収益率を意味しており、国債の金利はこれよりも低いと考えられるからだ。

　なお、③実際のrとgの推移をみると、20世紀中葉を含む長期の系列では$g > r$となりやすいが、本章【コラム】で論じるように、資本規制・金利規制が行われていた時期を含めるのは不適当であり、これを除けばおおむね$r \geq g$

である。

いずれにしても、小峰の忠告に従って「財政の前提は控え目に」するのであれば、r＜gと仮定してプライマリー・バランスが赤字でも大丈夫と考えるのは危険だといえよう。

実を言うと、「試算」においては、2020年度以降はr＞gが仮定されており、その意味では慎重な前提が置かれている。にもかかわらずD／Yが低下するのは、日銀の大量国債買入れによって足もとの長期金利が著しく低下しているためである。物価目標が達成されて日銀の大量買入れが終わっても、政府は長期の国債を多く発行しているので、低金利の国債が償還されて高金利のものに乗り換えられるまでの間、政府の利払いは低位にとどまると想定されているのだ。

そう考えると、ここには二つの問題があることになる。一つは、政府の利払いが抑制されるのは所詮一時的であり、プライマリー・バランスが黒字化しない限り、いずれ債務残高／名目GDP比率は上がってしまうということである。

もう一つの問題は、ここでは政府の収支だけが考えられているという点にある。日銀が国債を大量に買い入れれば、政府は低金利で国債を発行できて利払い負担を節約できるのはたしかだが、一方で前章でみたように、出口において日銀が巨額の損失を出すことになるからだ。政府＋日銀で考えれば、日銀の大量国債買入れは政府債務の短期化を意味するので、上記のように利払い負担は暫くの間低水準で済むのではなく、出口に到達した途端に利払いが急増してしまうのである。

税収弾性値をめぐる議論

財政再建に関する第二の楽観論は、「試算」においては税収の名目GDP弾性値を1・0〜1・1程度としているが、足もとの税収の伸びはもっと高い点に注目するものだ。リフレ派の中には、「税収の所得弾性値は4程度」などといった数字を出して、財政再建が簡単に実現するかのようなトンデモ論を展開する者もいるが、ここで重要な点は、税収の所得弾力性について長期と短期を区別することである。

このうち長期の弾力性は、たとえば税収を名目GDPなどの変数で説明する回帰分析の結果として得られるものだが、これはおおむね1・0〜1・1程度だと考えることができる（たとえば土居［2012］）。実際、①国税の約3分の2を占める消費税と法人税は税率一定の flat tax であるから、税収弾力性は当然1である、②個人所得税は累進課税が行われているため弾力性は1を超えるが、所得税は税収全体の3割未満であり、過去の税制改正で累進度が大きく引き下げられているため、全体の税収弾力性を大きく押し上げるには至らない、ということを考えれば、当然の結論である。

一方、日本では毎年の税収の伸び率／名目GDPの伸び率で計算される短期の税収の所得弾力性がかなり高いという特徴がある。(5) もちろん、先の税収の所得弾力性＝4といった数字は、①名目成長率が極端に低い場合、弾性値は異常に高い値になり得る、②税収増加率と名目成長率の符号（＋、－）が異なる場合には、弾力性の意味がなくなる、といったことを無視して単純平均を計算したものにすぎず、まったくの論外だ。

しかし一般的にも、①日本的雇用慣行の下では、景気回復局面には労働分配率が下がるが、所得税と法人税の平均税率を比べると後者のほうがずっと高いことや、②景気回復局面には、株価上昇や不動産取引の活発化が起こりやすいが、これらは名目GDPには計上されないキャピタルゲインからの税収をもたらすといった理由で、景気回復期には名目成長率を大きく上回って税収が増加するからである。逆に、景気後退期には上記と反対の作用が働くため、税収はGDPより大きく落ち込む。この結果、両者を均《なら》すと長期の弾力性は1・0～1・1になるわけである。

このほかにも円安局面では、労働分配率が下がることに加え、海外子会社等からの配当やロイヤルティの一部が課税されることで、GDP以上に税収が増える傾向がある。また、繰越欠損金を抱えた企業は納税の必要がないので、大きな不況の後はなかなか税収が増えず、その後繰越欠損解消とともに税収が急増する局面が来る。今回の場合、リーマン・ショックで巨額の損失を抱えた自動車メーカーやメガバンクが納税を始めたことで、法人税収の急増につながった。

最近では、税収の実績が財務省の見通しを上回っていることが強調されることが多いが、もともと（立場上仕方がないとはいえ、）財務省の税収予測に慎重バイアスがあることを別にすると、今次局面では労働分配率が大きく低下し、かつ大幅な株高・円安が進んだことや、繰越欠損の解消などで、従来の景気回復・円安局面以上に短期の税収弾性値が高まった結果だと解釈される。税収の長期弾力性が1・0～1・1で安定しており、（消費増税の影響を別にしても）足もとの税収／名目GDP比率がかなり高まっていることを踏まえるならば、こうした時には先行きも高めの税収弾性値が続くと考えるのではなく、むしろ先行きには低めの弾性値を想定すべきなのである。

なお、2015年の骨太の方針＝財政再建計画の策定に向けて経済財政諮問会議で議論されたのは、「安定成長期（1980年代）の税収弾力性が1・2〜1・3だった」という指摘だったから、リフレ派のトンデモ論よりは、はるかに穏当なものである。しかし、それでも当時の税制を現在と比較すると、①消費税導入（1989年）以前は、税収に占める個人所得税の比率がはるかに高く、②個人所得税の累進性（所得区分や最高税率）が高かったわけだから、当時の数値が今でも成り立つように議論するのは、やはりミスリーディングである[6]。

3　経済成長優先の幻想

潜在成長率の低下がネックとなる

さて、以上のように財政再建の重要性を強調すると、すぐに出て来る反論は、財政再建よりも経済成長を優先すべきだという議論である。財政再建を急いで景気に悪影響を与えれば、結果的に税収も減ってしまい「元も子もない」というわけだ。

もし日本が大幅な需要不足に悩み、大量の失業者を抱えているのであれば、この議論にも一理ある。財政緊縮でさらに失業を増やすのは望ましくない一方、景気刺激で所得が増えれば税収も増え、結果として財政赤字はさほど拡大しない可能性もあるだろう。

しかし、第2章でみたように、今の日本は完全雇用状態、それどころか有効求人倍率でみればバブル期とほぼ同水準の深刻な人手不足にある。だからこそ、公共事業を増やしても人手不足で工事が進捗しないという事態が頻発しているのだ。「アベノミクス第2ステージ」で、政府の方針は低年金世帯への給付金や消費税の軽減税率導入など、「ばら撒き」のほうへ重心が移っているようだが、選挙対策としてはともかく、これらが大きな景気刺激効果を持たないことは１９９９年の地域振興券の経験からも明らかだろう（１９９９年は需要不足だったから、今よりは景気刺激余地が大きかった）[7]。

こうした混乱の根底には、潜在成長率の低下と不況の混同があると筆者は考えている。第2章の記述と一部重複するが、改めて確認していこう。

たしかに、日本経済が著しい低成長にあるのは事実である。消費増税が行われた２０１４年度は、結局マイナス成長に終わったし、消費増税の「反動の反動」（＝増税後の消費の落ち込みからの正常化）や原油安に伴う大幅な交易条件の好転から一時2％成長が期待された15年度も、１％割れの成長にとどまったとみられる。安倍政権成立以降の12四半期（13／Ⅰ～15／Ⅳ）のうち、何と5四半期までがマイナス成長だった。

だが、それがただちに不況を意味するのかと言えば、そうではない。前述のとおり労働市場は完全雇用だし、企業収益もやや頭打ち感が出始めたとはいえ、史上最高益にある。この状況で景気対策を正当化する議論は、どのマクロ経済学の教科書にもないはずである。

読者はもうお気づきだろうが、その矛盾を解く鍵は潜在成長率の低下にある。繰り返しになるが、日本の実力を示す潜在成長率は０・５％もない（日銀推計０・２％、内閣府推計０・４％）。

図5－4　民間機関の経済成長率見通し

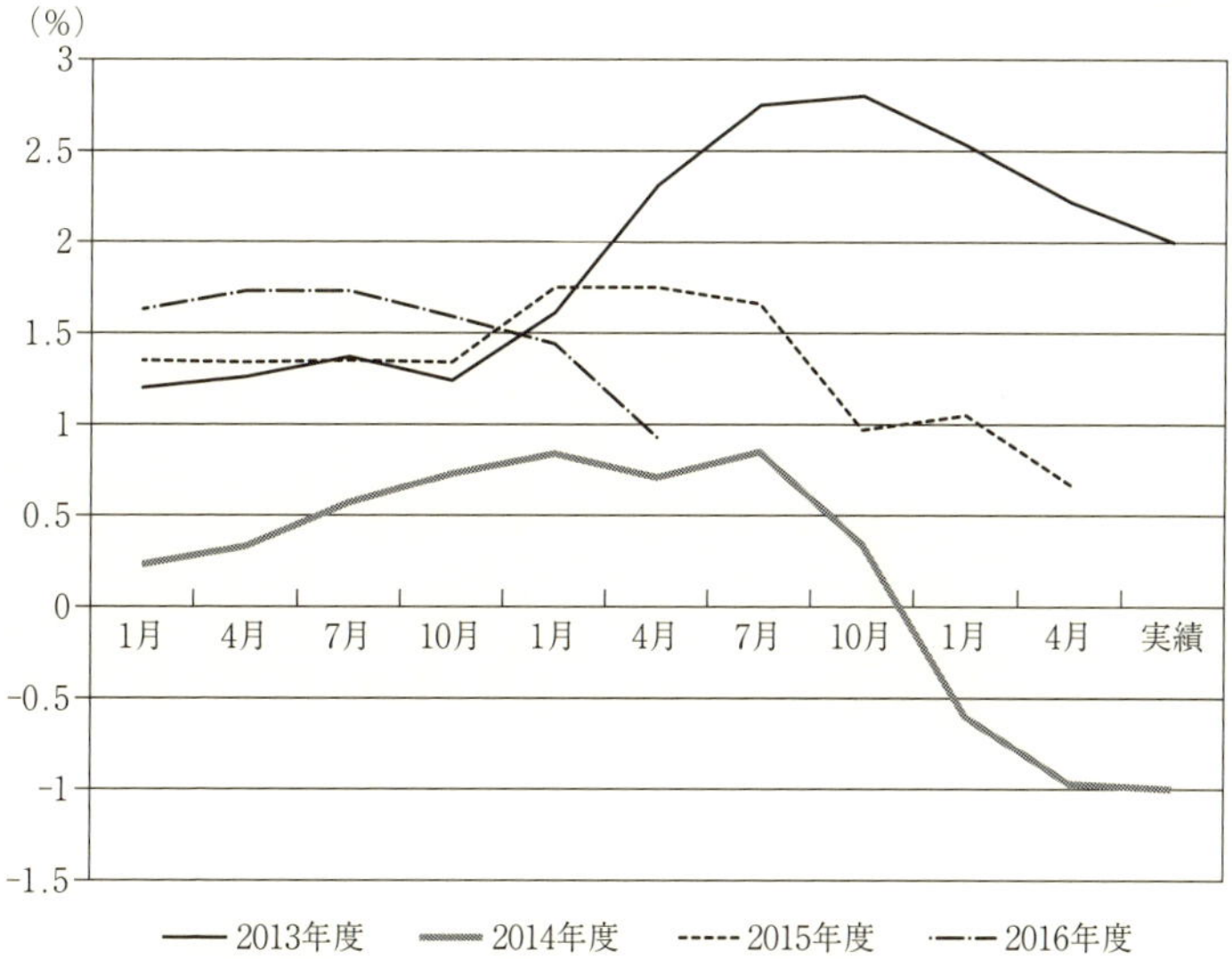

資料：日本経済研究センター「ESPフォーキャスト調査」、前々年から3カ月ごとの見直し状況を追跡したもの

ラフに言えば、景気は現実の成長率と潜在成長率の差だから、潜在成長率を上回って成長すれば景気は良くなる。実力が下がればハードルも下がるのだ。このため、アベノミクス3年間の平均成長率（上記と同じ期間）が年率0・7％しかなくても、日本の景気は間違いなく改善している（逆に、潜在成長率の高い中国では、6％台の成長でも景気は良くない）。

問題は、政治家や一般市民だけでなく、エコノミストたちまでがこの厳しい現実を十分に受け止め切れていない点にあるのではないか。実際、近年の経済成長見通しの修正状況をみると【図5－4】、アベノミクス初年度の13年度を別にすると、強気一点張りの日銀（「展望レポート」）だけでなく、民間予測機関（ＥＳＰフォーキャスト調査）も、潜在成長率を大きく上回る予測を出しては下方修正を繰り返していることがわかる。そして、「14年度は消費税の影響が予想以上に大きかった」とか、「15年度は中国ショックのせいだ」などと説明し、しまいには「景気対策が必要」「金融政策は限界だから財政出動すべきだ」と言い出す始末である。とくに、16年初の金融市場の動揺後は、金融政策の手詰まり感から世界的に財政出動論が高まっていることも理由にされることが多い。

しかし、海外で問題になっているのが需要不足である一方、日本の問題は潜在成長率の低さという実力不足なのだから、これは問題の履き違えである。株式市場関係者が政府・日銀に株価下支えにつながる景気対策を求めるのはともかく、エコノミストたちまでが政策依存症に陥っている現状には強い違和感を禁じ得ない。

消費増税の影響評価

実は、消費増税の影響評価に関しても、全く同じ誤解があるように感じる。経済界やエコノミストの間での消費増税へのトラウマは、１９９７年の消費税率引き上げ（3→5％）に始まった(8)。この時は、アジア金融危機という外的ショックに見舞われた不運もあるが、その後潜在成長率が低下して（日銀推計では、97年以前の１・５％程度が1％未満に低下した）、経済の長期低迷、デフレの出発点となった。

97年の消費税引き上げ後に税収が減った背景としては、小渕内閣で行われた大規模減税の影響が大きいが、低成長が続いたため結果的に税収が増えなかったのも事実である。しかし、資源配分におおむね中立的な消費税率の引き上げが潜在成長率の低下をもたらすことは理論的には考えにくい。やはり、バブル崩壊で生じた金融機関の不良債権問題がまだ解決されていない段階において、大規模なフィスカル・ドラッグ（消費増税だけでなく、特別減税廃止、社会保険料引き上げ、公共投資減少で計13兆円ものフィスカル・ドラッグが生じたと言われる）を加えたことで、金融危機を惹き起こしてしまった点が最大の問題だったと考えられる。(9)

しかし、14年4月の消費増税前後に起こったことは、それとは全く異なる。たしかに、増税によって実質ＧＤＰの水準は一時的に低下した。これに増税前後の駆込み需要とその反動が加わって振れは大きくなっているが、成長屈折が起こっているわけではない（前掲【図２－３】）。基調としては極めて低い潜在成長率をわずかに上回る成長が続いているのであって、要するに、経済理論の予測どおりのことが起こっただけである。

また、景気が上昇局面にあるか下降局面にあるかの判断に使われる景気動向指数（ＣＩ）をみても、消費増税前後の駆込みと反動で上下した後は、見事なくらいに横這いの推移となっており、上記の理解と整合的である（これは、過去に例をみない動きであり、潜在成長率がゼロ近傍まで低下した結果、景気動向指数の上方トレンドが消えたのだろう）。

低成長と不況を混同したエコノミストたちは個人消費の弱さを強調するが、潜在成長率が０・５％未満で、しかも労働分配率が低下しているなら、個人消費の伸びは鈍くて当たり前ではないか（まして、エコカー補助金や家電エコポイント制度で消費需要の先食いが行われているなら、なおさらだろう）。単に実質ＧＤＰ成長率を需要側からの寄与度分解して、「個人消費が弱いから成長率が低迷している」という因果関係を主張するのは、初歩的な誤りである(10)。

加えて、税収も予想どおり増加しており（数字上は「予想以上」だが、前節で述べたように、景気回復局面で税収が財政当局の予想以上に伸びるのは普通のことである）、増税の所期の目的は達成されている。

第３章の【コラム】でみたように、潜在成長率の低さの結果としての低成長は景気対策で解決するものではなく、むしろ財政健全化の困難さを意味する（現実の潜在成長率を踏まえれば、先の「ベースライン・ケース」より厳しいシナリオを想定しなくてはならない）。こう考えるならば、消費増税を先送りする余裕はないはずだ。

資本や労働が瞬時に移動するといった非現実的な仮定を置かない限り、増税を行えば一時的にＧＤＰが低下するのは避け難い。しかし、そもそも世界一の高齢化国＝日本が、20％前後の欧州諸国よりもずっと低い一桁の消費税率でやっていけると考えることに無理がある。成長屈折は起こらず、税収もきちんと増えていくのであれば、それこそ「リーマン・ショック並み」の事態に至らない限り、17年４月に予定されている増税は粛々と進めていくべきである（本書が出版される頃には、増税先送りが決まっている可能性に一抹の不安を覚えながらも、筆者としては強くそう主張しておきたい）。

4 財政健全化の柱は社会保障改革

消費税率アップだけでは財政健全化は達成できない

本章の冒頭で金融緩和からの出口は遠いだろうと述べたが、0・5%未満の潜在成長率を前提に考えると、仮に景気回復基調がかなり長期間続いたとしても、税収の自然増だけで2%の物価目標が実現する前に財政の持続可能性が確保されることは想定しにくい（しかも、大いにあり得ることだが、2%達成前に景気後退に陥れば、高い短期の税収弾力性に従って税収が大きく落ち込み、「アベノミクスによる税収増」はたちまち消えてしまうだろう）。したがって、筆者は早期の増税、具体的には消費税率の引き上げは不可避だと考える（ここでどのような税制が望ましいのかという議論は行わない。日本の財政赤字の大きさを考えると、資源配分に大きな悪影響を及ぼすことなく、それに見合った税収を得る手段は消費税以外にないというのが学者・エコノミストのコンセンサスである）。

しかし、消費増税のみで財政健全化を実現するのは容易ではない。この点、一般読者との認識ギャップが大きいのではないかと恐れるが、筆者自身を含む多くの経済学者が抱いているイメージは、現行制度を前提にすると財政健全化に必要な消費税率は最低でも欧州諸国並みの20～25%だろうというものである。

しかし、日本の人口高齢化のスピードが欧州諸国よりずっと速いことを考えると、これでもやや甘すぎの可能性がある。事実、労働供給の内生化などを組み込んだ精緻な一般均衡分析を用いた近年の研究では40~50%といった気の遠くなりそうな数字が出されている（たとえばKitao [2015]）[11]。だとすると、当然歳出サイドの改革が不可欠となろう。

それでは、具体的にどのような歳出改革があり得るのか考えてみよう。まず、安倍政権下で急増した公共事業は抑制する必要があるが、①ＧＤＰベースでみた公共投資は１９９５~96年のピークの半分近くまで減っているうえ、②高度成長期に建設されたインフラが老朽化の時期を迎え、その維持・補修が急がれることを考えると[12]、それには限界がある（逆に、２０２０年の東京オリンピックに向けて巨額のインフラ建設を進める余裕など到底ないと思う）。

また、政治家は「無駄を削る」必要を強調することが多いが、もともと日本は人口当たりでみた公務員数が世界で最も少ない国の一つであり、無駄を削る余地は大きくない（ついでに言えば、中央銀行員の数も少ない）。この事実は、民主党政権の「事業仕分け」が証明したとおりではないか。

一方で社会保障関連費は、①毎年1兆円ペースで増加を続け、一般会計歳出に占めるシェアも30年前の1割未満から3割超へと高まっているうえ、②このまま人口高齢化が続く限り、支給額も鰻上りになると予想されることを踏まえれば、社会保障改革が歳出削減の鍵を握ることは、衆目の一致するところだろう。

社会保障改革の本丸は医療・介護分野

ただし、社会保障改革というと年金に関心が集まることが多いが、これはおそらく的外れである。もともと年金は、所得再分配にすぎないうえ、２００４年改革で「マクロ経済スライド」が導入されており、給付削減がある程度自動的に進むようになっているからだ（デフレ期に物価下落に応じた給付削減が行われなかったのは問題だが、これは制度の問題ではなく、制度を運用する政治的意思の問題である）。

もちろん、健康な高齢者には現状以上に働き続けてもらう必要があるし、これを見合いに年金支給年齢は引き上げていく方向だろうが、これは本来もっと早く行っておくべきであった。団塊世代に60歳から厚生年金（報酬比例部分）の受給を認めておきながら、今後、年金支給年齢を現行の65歳からさらに引き上げていくのでは、①当面、対象となる年齢層の人口が少なく、歳出削減効果が小さいうえ、②現在の高齢者に比べ年金給付／保険金支払い比率の悪化した現役世代の年金支給額が削減されるため、世代間の不公平是正に寄与しないという問題があるからだ。

また、高所得者はともかく、低所得者への年金支給額をこれ以上削減すると、生活保護の水準を大きく下回ってしまうという限界に突き当たることになる（これは、現在の中高年フリーターたちが高齢者となった時、大きな問題として浮上するにちがいない）。

このように、人口動態が大きく影響する政策に関しては、対象となる世代（コーホート）の大きさを意識することが重要となる。団塊世代が基礎年金まで含めて完全受給している現状、年金問題への対応は少なからず手遅れなのだ。[13]

これに対し、2020年代には団塊世代が後期高齢者になることで、まず医療費、次いで介護費用が急増することが予想されている。実際、財政制度審議会に財務省が提出した資料を見ると、医療、介護ともに65～74歳の前期高齢者に比べ75歳以上の後期高齢者では給付費が大きく増え、とくに自己負担分を差し引いた国庫負担分が急増する（医療費は約4倍、介護費は約9倍）ことが示されている。これが世に言う「2025年問題」にほかならない。しかも、医療・介護は年金とちがって単なる所得再分配ではないため、制度を変えることによる効率化の余地も大きい。こう考えれば、今後の社会保障改革の主戦場が医療・介護分野にあることは明らかだろう。

とはいえ、マクロ経済、金融政策を主に扱う本書で、これ以上医療・介護制度改革の中身に立ち入ることはできない。筆者自身の見解は早川［2015b］に示してあるので、これを参照して頂きたい。また、やや過激な表現が目立つが本質的な論点を提起している学習院大学教授の鈴木亘の著書（鈴木［2009］、［2010］）を参考文献として挙げておきたい。

そのうえで、ここでもう一言付け加えたいのは、以上述べたことでなぜ政府がプライマリー・バランス黒字化目標の達成時期を2020年度に置いているのかが理解できるということである。

今から2020年度までは、団塊世代の年金受給がすでに始まっている一方で、新たに年金受給年齢となる世代の人口は少ないうえ、報酬比例部分の支給年齢引き上げ（3年ごとに1歳引き上げられる）も進行中のため、年金給付額はあまり増えない。また、医療・介護費用が本格的に増えるのは20年代に入ってからである。したがって、財政健全化を目指すのであれば、社会保障給付の増加が比較的落ち着くこの時期こそ最大のチャンスである。

逆に言うなら、この時期にできないのであれば、医療・介護費用が急増する20年代に財政健全化が進むとは到底考えられない。20年度目標とは、「間に合わなければ、後で少し頑張ればよい」といった性質のものではないのだ。

成長戦略の役割

このように、増税と社会保障改革の重要性ばかりを訴えると、「おまえは潜在成長率の低下を問題視していたのではないか」「成長戦略はどこに行ったのだ」とお叱りを受けそうである。しかし、この批判に対する筆者の答えは、成長戦略と財政健全化ではタイム・ホライズンが異なるということである。すなわち、成長戦略で潜在成長率を押し上げるには長い時間がかかるため、金融緩和の出口までに財政の維持可能性を回復するには間に合わない。少なくとも潜在成長率が上がることで財政健全化が実現できると期待するのは危険だと考えているのである。

念のために言っておくが、筆者は安倍政権の成長戦略の成果を否定するものではない。「ドリルで岩盤を打ち砕く」スピード感はないが、農協改革の実現やＴＰＰが妥結まで漕ぎ着けたのは大きな成果だと思っている。これは、やはり第二次安倍政権が３年以上続いた成果だろう。１年しか続かない政権に成長戦略で結果を出すのは無理だからだ。そういう意味では、足もとの潜在成長率が低下しているのも、安倍政権の責任というより、それ以前に1年だけの短命政権が長く続き、構造改革が停滞してしまった結果ではないかと考えている。

とはいえ、安倍政権の成長戦略によって潜在成長率が短期間に目立って上がると想定することもできない。農協改革が実現しても、農業のGDPシェアは1%だから、仮に農業の生産性が大きく高まったとしても、マクロの潜在成長率への寄与はわずかにとどまる。TPPにはより多くを期待できるだろうが、その批准はまだであり、米国大統領選次第では先行き楽観を許さない。

筆者自身としては、「働き方改革」を通じて日本的雇用を変えていくことが最重要だと考えているが、日本的雇用は法律や規制によるものではなく、民間の慣行である。さまざまな手法を駆使して働き方を変えていくことが望まれるが、[14] 抜本的な改革が簡単に実現すると思っているわけではない。

それでは、成長戦略の役割は何かといえば、それは20年後、30年後の私たちの暮らしに大きく影響するということにある。もし仮に生産性が上がらないまま、増税と社会保障給付の削減だけで財政健全化を進めていけば、将来の私たちの暮らしは相当ミゼラブルなものとなってしまう可能性が高い。

前述のとおり、年金受給者であっても生活保護基準以下の暮らしを余儀なくされる人が急増すると考えられているし、医療技術の進歩に見合って高度医療を公的保険に取り込んでいくことはますます困難になるだろう。保守派から強い批判にさらされる「オバマケア」導入後でさえ、多くの国民が公的医療保険の恩恵を受けられない米国のような状況になることは、普通の日本国民にとって受け容れられない選択だと思う。

しかし、仮に潜在成長率を1%上げることができるなら、20~30年後の生活水準は2~3割上がり、社会保障もある程度充実できる。成長戦略は、こうした長期のタイム・ホライズンでこそ重要なのだ。ただし、これは成長戦略が成果を出すには時間がかかるためなのだから、20～30年後が目標であっても、今ただちに動き出すことが重要であることを忘れてはならない。

5　QQEは市場を殺す政策

国債を国内貯蓄だけで吸収できなくなる日が近づいている

筆者のように財政破綻を懸念する者に、リフレ派などから投げかけられる非難の言葉は「狼少年」である。たしかに、日本の財政状況が深刻になって久しいが、長期金利は一貫して低下傾向にあり「国債暴落」などは起こっていない。これは、①日本は長期にわたってデフレ下にあり、超低金利政策がずっと続けられてきたことと、②ギリシャなどとちがって、日本国債はほぼすべてが国内の投資家によって保有されていること、という二つの理由で説明されている。

なお、ごく最近は外国人の国債保有がかなり増えているが、これは日銀が高値で買い取ってくれることを前提に、ヘッジファンドなど鞘取り（＝「日銀トレード」）狙いで保有しているものであり、持続性は期待できないことを断っておこう。しかし、①については、アベノミクスやQQEはまさにこの状況の打破を目指すものであり、それが成功すれば①の条件は当然失われる。

一方、②が可能だったのは、財政は大幅赤字であっても、民間部門の黒字によって日本全体としては貯蓄超過（＝裏を返して言えば経常黒字）であったため、国内貯蓄で国債をすべて吸収できたからである。

しかし、この条件は徐々に変わりつつあると考えなくてはならない。というのも、人口高齢化の結果、家計の貯蓄率は低下傾向を辿っており、近年の家計貯蓄率はゼロ近傍まで下がっているためだ。東日本大震災以降、日本の貿易収支は赤字基調にあり、一時は経常収支まで赤字化するのではないかと懸念されたことを記憶されている読者も少なくないだろう。幸い、2014年央からの原油価格の急落で貿易収支の赤字は大幅に縮小し、当面はまだ経常黒字が続きそうである（国内の貯蓄・投資からみると、ブラックホール化した企業部門が黒字＝貯蓄超過を拡大した結果である）。

しかし、前節で指摘したように、2020年代に入ると、団塊世代が後期高齢者になることで医療・介護費用が嵩み、政府の赤字が拡大すると同時に、高齢者の貯蓄が大きく取り崩される。このため、この頃には日本の経常収支も赤字に転落する可能性が高いのだ。

本来、経常赤字になること自体には何の問題もない。日本が1970年代から一貫して経常黒字を続けてきたのは、将来の高齢化に備えてせっせと貯蓄を海外に積み上げてきた結果である。いよいよ高齢化が進めば、この海外の貯蓄を取り崩して生活するだけのことである（このように、一国の対外収支の変化を家計のライフサイクル理論のように捉える見方は「国際収支の発展段階説」と呼ばれている）。

問題は、日本がその間に財政赤字を膨らませてしまったために、その前に財政再建を実現しておかないと、経常赤字転落が財政破綻の引き金になってしまう可能性があるということだ。実際、伊藤［2015］が「このままでは2020年代には財政危機に陥る」と警鐘を鳴らすのは、同教授らの試算によれば、まさにこの頃日本国債を国内貯蓄だけで吸収することができなくなるためなのである。

市場からの警告が聞こえない

それに加えて大きな問題は、毎月10兆円もの国債を買い続けるＱＱＥは市場機能を殺す政策だという点にある。本来であれば、金融緩和が効果を発揮して２％の物価目標の実現が近づいたと市場が考えるならば、長期金利は徐々に上昇していくはずである。それは、市場規模の狭い物価連動国債から計算されるＢＥＩなどより信頼できるシグナルだと筆者は思う。また、市場が財政の持続可能性について疑いを抱き始めれば、やはり長期金利は上昇するだろう。政府にとっては愉快でないかもしれないが、それもまた重要なシグナルである。

しかし、ＱＱＥの下で「日銀トレード」が行われていれば、市場参加者は日銀が異常な高値で買い取ってくれると信じて長期国債を一時的に保有するだけだから、そこにはインフレ期待も信用リスク・プレミアムも反映される理由がなくなってしまう。

こうして市場が歪められれば、それは政治家や有権者の意識や行動にも歪みをもたらす。数年前の世論調査をみると、消費増税は「必要」との意見が過半数を占めることが多かった。誰も増税が好きなはずはないから、「増税を避けることはできない」と皆が納得した結果だったのだろう。こうした世論を受けて、２０１２年には民主・自民・公明による消費増税に関する「三党合意」が生まれたのだと思う。

しかし、最近の世論調査では「消費税引き上げ反対」が圧倒的な多数派である。これは、14年4月の消費増税が円安とも重なって食品価格の大幅な上昇を招いたこと（「家計調査」によればエンゲル係数が大幅に上昇している）などから不評だった影響もあろうが、安倍首相が増税を「不可避」のものではなく「選択可能」なものとして扱ったためではないか（おまけに、「三党合意」では「消費税を政争の具にしない」ことが約束されたはずなのに、安倍政権では増税先送りを大義名分にした総選挙が行われた）。

増税が先送りできるのなら、「先送りしてほしい」というのが人情というものである。それでも「増税先送りは危険」というシグナルを市場が強く発するならば、首相本人も有権者も考え直すだろうが、そのシグナルを日銀が封じてしまっているのだ。

おそらく、本章で述べてきた日本の財政に関する診断の大部分を黒田総裁は共有するだろうと筆者は考えている。にもかかわらず、その黒田総裁が始めたＱＱＥが財政規律の喪失を招いているとすれば、それはＱＱＥの最大の誤算の一つだと言えるのかもしれない。

マイナス金利政策への純化を

では、どうすればよいのだろうか。筆者は、現在の「マイナス金利付きＱＱＥ」からマネタリーベース目標を撤廃して、マイナス金利政策に純化していくべきだと考えている。第4章では、出口における日銀の損失をこれ以上拡大させないという観点からバランスシート目標の撤廃を提案したが、市場のシグナルを復活させるためにも、同目標は廃棄することが望ましい。マイナス金利はイールド・カーブ全体を押し下げるが、それでもインフレ期待が高まる場合や財政への信認が低下する場合には、イールド・カーブがスティープ化することで、市場からのシグナルが伝えられるからである(15)。

もちろん、長期国債の買入れをただちに停止すればショックが大きすぎるから、常識的には木内登英審議委員が提案するようなテーパリングから始めるということだろう。いずれにしても、すでに日銀のバランスシートの規模を名目GDP対比でみると、FRBやECBの3～4倍にも達していることを考えると、現状の勢いでバランスシートを膨らませ続けるのは、あまりにも非常識である。

本書執筆中の2016年春時点では、マイナス金利政策の評判はあまり良くない。収益悪化を懸念する金融機関関係者が反対していること、サプライズで高齢者などの不安心理を招いたことに加え、マイナス金利導入直後に世界的な金融市場の動揺（日本からみれば円高・株安）に見舞われたという不運もあったからだろう。

しかし、やや逆説的な言い方かもしれないが、反対意見が少なくないというのはマイナス金利政策の積極面だと筆者は思っている。というのも、ひたすら巨額の国債を買い続けるQQEは、政策が遂行されている時点では誰も損失を蒙らない。それどころか、政治家は安心して財政赤字を拡大することができる。しかし、2%目標が達成された暁には、前章で述べたように日銀が巨額の損失を蒙るだけでなく、本章でみたような金融システムの不安定化、財政破綻といった深刻な危機を招きかねないのだ。将来に見えないかたちで深刻なリスクを抱え込むQQEよりも、メリットもデメリットもわかりやすいマイナス金利のほうが、はるかに健全な政策の進め方なのではないか。

本節の最後に、財政健全化が進まなくても、いつまでも2％の物価目標が達成されず、日銀が長期国債を買い続けた場合、何が起こるのかを考えてみよう。大幅な財政赤字を抱えたままのQQEは実質的にヘリコプター・マネーであることや、すでに完全雇用の下で徐々にではあれ、賃金が上がっていることを踏まえると、時間はかかっても2％目標が達成されることを筆者は標準シナリオだと想定している。

しかし、先に述べたように、2％が達成される前に景気後退がやって来て、財政赤字が大幅に拡大することは十分にあり得る。また、QQEの継続をよいことに、政府がさらに無責任な財政運営を行う可能性もないとは言い切れない。それでも、日銀がマイナス金利の下で毎月10兆円の国債購入を続けるなら、長期金利はすぐには跳ね上がらないだろう。

その場合に考えられるリスクの一つは、やはり日本国債の格下げである。日本国債の格付は、今でも主要国の中では低いほうだが（中国や韓国よりも低い）、ギリシャ以上の赤字を抱えながらさらに財政悪化が進むとなれば、一段の格下げは必至である。そうなると、ソブリン・シーリングといって日本企業の債務格付も日本国債に連動するので、多くの企業が格下げの対象となる。

これは、グローバルに活動する企業にとって大きな打撃となるが、中でも影響が大きいのは国債の格付が上限となる金融機関、とりわけメガバンクだろう。というのも、近年メガバンクは短期の外貨（主にドル）資金を調達しながら新興国（ASEANなど）への長期融資を大きく拡大しているからだ。

格下げによって外貨の調達コストが上昇する一方で、新興国経済の減速などを背景に運用サイドでも信用コストが上昇することになれば、メガバンクは苦境を余儀なくされる。なにぶん、仮定に仮定を重ねた話なので、これ以上具体的に考えることは難しいが、そのことが金融市場や実体経済に及ぼす悪影響は軽視できないと思う。

6　市場とのコミュニケーションの再建を

日銀の発信情報はもう信じられない

前述のように、金融市場調節のテクニックに関する限り、日銀の手腕は他の中央銀行以上だとみられている。それだけに、ＱＱＥからの「出口」において日銀サイドに求められるのは、何よりも金融市場との対話の再建だと考えられる。

ここで筆者が敢えて「再建」という言葉を使うのは、この2年ばかりの間に日銀と市場との対話は相当程度崩壊してしまったと考えるからだ。実際、市場は日銀からの情報発信に対してますます信を置かなくなっているように感じる。

たとえば、日銀がマイナス金利を導入して2％の物価目標の達成時期を「２０１７年度前半頃」に先送りした直後、16年2月の「ＥＳＰフォーキャスト調査」の結果を見ると、同時期までの目標達成を可能だと答えたエコノミストは回答者37人中、たった1人だけであった[16]。もはや、市場は日銀の言うことに聞く耳を持たない状態になっていると言わざるを得ない。

このように、日銀の情報発信が信じられなくなった理由は、大きく分けて二種類あると思う。その一つは、第2章でハロウィン緩和について、第4章でマイナス金利導入について指摘したように、サプライズ狙いの「だまし討ち」が市場参加者の不信を買ったことである。もちろん、相場の動き自体については、事前のポジション次第でサプライズによって儲けた者も損をした者も必ずいるはずである。しかし、エコノミストやアナリストと呼ばれる人たち（＝ＢＯＪウォッチャー）は日銀の行動を予測することを商売にしているわけだから、日銀からの情報（公表資料だけでなく、審議委員やスタッフの発言、さらには記者会見などの際の総裁の表情まで）を丹念に分析した結果裏切られるのでは、怒りを覚えるほうが自然だといえよう。筆者はマスコミ関係者からも同じような意見を聞いている。

まさか黒田総裁や日銀のスタッフがそのような誤解を抱いているとは思わないが、サプライズを与えることで効果が生まれるというのは、１９７０年代に流行った合理的期待モデルの下での政策効果に関する誤った理解である。現在の標準的なマクロ金融理論であるニュー・ケインジアンの考え方では、政策ルールの在り方そのものが雇用や物価の動きを規定するのであり、「予想されなかったショックだけが経済に影響を与える」といった見方は払拭されている。今日では、丁寧なフォワード・ガイダンスを通じた市場とのコミュニケーションを前提に行う金融政策が、理論的にも正統的なものと理解されているのだ（Woodford［2001］、Gali［2008］）。

また、こうした考え方が現在のＦＲＢやＥＣＢなど主要中銀の政策思想として浸透していることとも周知のとおりである。黒田総裁のサプライズ狙いは、市場を動かすこと自体が仕事だった財務官時代の癖が出たのでないとすると、やはりQQEスタート時の成功体験に酔ってしまったということだろうか。

ピーターパンの誤解：「王様は裸だ！」

市場とのコミュニケーションに関するもう一つの問題は、政策効果や物価の見通しについて現実を無視した強気一辺倒の発言を繰り返していることだ。たしかに、QQEのスタートから1年程度の間は、円安・株高だけでなく物価も比較的順調に上昇した（2014年4月のコア消費者物価の前年比は、消費増税の影響を除いてプラス1・5％）ため、黒田総裁の力強い発言は市場参加者だけでなく、企業などにも自信と希望を与えたように思う。

しかし、その後、状況は次第に悪化していく。14年度、15年度と実際には潜在成長率低下の反映だったとしても、見かけ上景気が足踏み状態を続ける中で、14年の夏から秋、15年末から16年初と二度にわたって原油価格が大幅に下落したこともあって、消費者物価の前年比は大きく低下し、15年夏頃からはゼロ近傍での推移となった。2％の物価目標が達成される時期についても、当初の「2年程度」、すなわち15年春頃から何度も先送りが繰り返され、16年1月には前述のとおり「17年度前半頃」となった。

問題は、状況が変わっても説明の仕方を全く改めていない点にある。エネルギーを除けばプラス1％程度の上昇が続いていたから「物価の基調はしっかりしている」と言うのは間違いではな

図５－５　日銀と民間の物価上昇率見通し

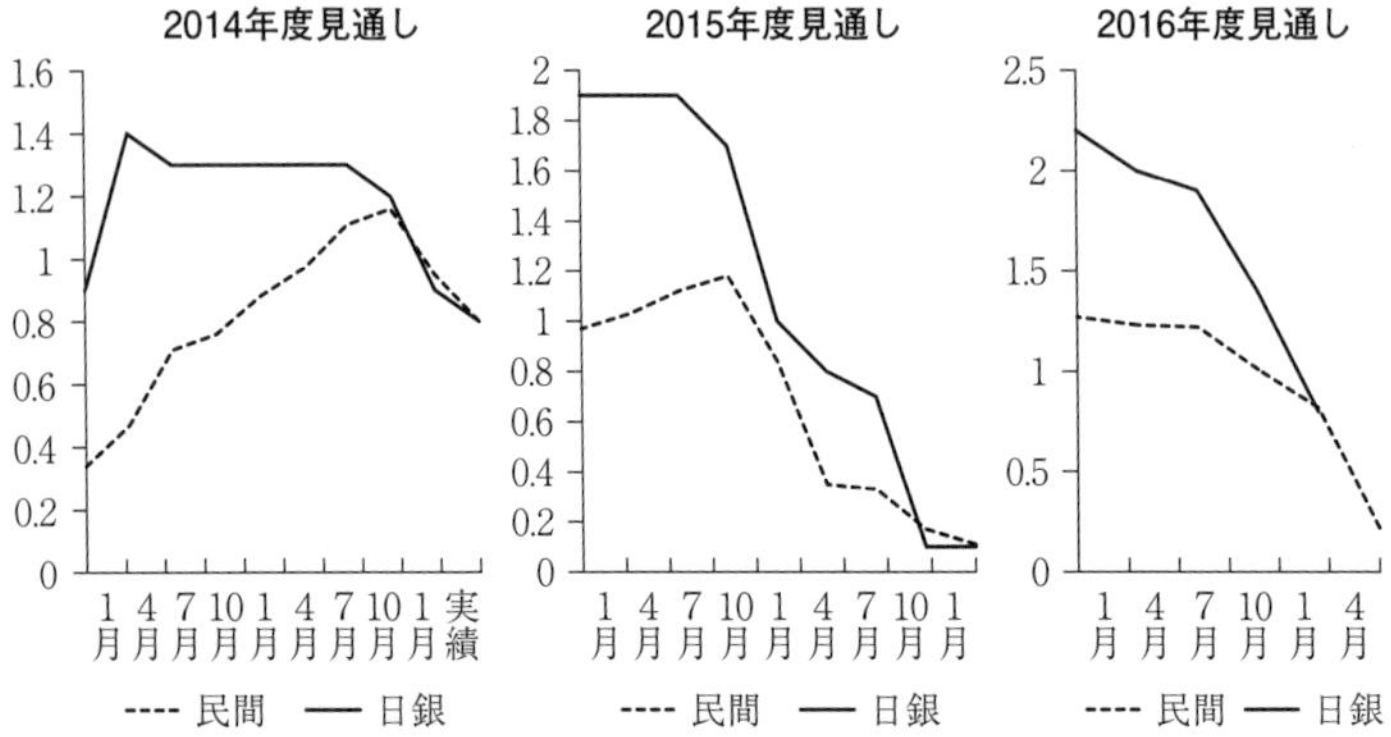

注：消費者物価（除く生鮮食品）の前年比（％）、消費税の影響を除く
資料：日本銀行「経済・物価情勢の展望」、日本経済研究センター「ESP フォーキャスト調査」

い。しかし、コアコアＣＰＩであれ日銀版コアであれ、プラス１％台半ばまで行ったことは一度もないのだから、「ＱＱＥは所期の成果を収めている」と壊れたレコードのように繰り返しても、誰も信じるはずはない。

　また、物価見通し変更のタイミングがあまりにも遅いため、日銀が見通しを下方修正する頃には民間見通しはもっと下に行っているということが繰り返されており、結果として日銀の物価見通しが市場の予想に影響することもなくなってしまった【図５－５】。たぶん、日銀は見通しを下げると期待インフレ率も下がってしまうと心配しているのだろうが、もう市場は日銀の説明など信じていないのだから、そんな心配は無用なのだ。

　この点、日銀の金融研究所が毎年開催する国際コンファレンスの開会挨拶において、２０１５年６月に黒田総裁が語った言葉は、こうした日銀の誤解をあまりにも鮮やかなかたちで示してしまったように思う。総裁曰く、「皆様が子供のころから親しんできたピーターパンの物語に、『飛べるかどうかを疑った瞬間に永遠に飛べなくなってしまう（The moment you doubt whether you can fly, you cease forever to do it.）』という言葉があります。大切なことは、前向きの姿勢と確信です」（黒田［２０１５］）。だとすると、毎月の記者会見などで発する黒田総裁の強気発言は、みずからを鼓舞するためのものだったのであろうか。

しかし、ＱＱＥはもともと期待に働きかける政策だったはずである。それなら、本当に大切なことは「自分は飛べるのだ」と自分自身が信じることではなく、市場参加者たちから「たしかに日銀は飛んでいる」と思ってもらうことではないのか。本当は飛べていないことを誰もが知っているのに、自分だけが飛べると思い込んでいるのは、別の物語の主人公＝「裸の王様」である。

もちろん、物価目標の実現は必要であり可能でもあるという信念を失ってはならないし、それは筆者も共有する。しかし、もともとマネタリーベースを増やすことで一定期間内に２％インフレを達成できるという話には、理論も証拠もあったわけではない。第１章で述べたように、ＱＱＥのスタート時点では、人々の心理を変えるためのショック療法として１回限りの嘘は許されたのだと思う。

しかし、ＱＱＥ開始から3年あまりを経て、何ができ何ができなかったのかは誰の眼にも明らかなのだから、今さら見え透いた嘘に何の意味もない。それよりも、いずれ「出口」に到達すると信じるのであれば、市場とのコミュニケーションの再建を急ぐ必要がある。今後どのような政策を処方するとしても、その有効性は市場からの信頼が鍵となるからだ。日銀にはサプライズや強がりは捨てて、市場との真摯な対話に努めることが求められる。

【コラム】　金融抑圧は可能なのか

「出口」到達のあと

本章では、ＱＱＥないし「マイナス金利つきＱＱＥ」が大きな混乱なく「出口」を迎えるためには、２％の物価目標が達成され日銀が国債大量買入れを終了する前に、財政の持続可能性に対する市場の信認を確保する必要があることを強調した。しかし、問題は、仮に２０２０年度までのプライマリー・バランス黒字化に成功したとしても、その黒字幅がゼロ近傍だとすると、筆者が通常のケースとして想定する名目成長率≒名目金利の場合、２００％を超える政府債務／名目ＧＤＰ比率はほとんど下がって来ないことにある。それでは、日本の財政は将来にわたって持続可能だとは到底言えないだろう。

さりとて、日本の財政の現状や消費増税に対する国民のアレルギーを考えると、同比率を大幅に下げるに足るプライマリー・バランスの黒字を確保するのは簡単ではない。そこで、しばしば話題になるのが京大の翁邦雄教授、ＢＮＰパリバ証券の河野龍太郎チーフエコノミストらが指摘する「ＱＱＥの後は金融抑圧」というストーリーである。

ここで金融抑圧（financial repression）とは、高めの物価上昇率にもかかわらず、名目金利を低めに抑え、実質金利をマイナスにすることで債権者から債務者への所得移転を行うことである。そうすれば、たとえば預金者の犠牲によって政府債務の圧縮を行うことができる。もちろん、第一次世界大戦後のドイツやハンガリー、第二次大戦後の日本のようにハイパー・インフレにより政府債務を帳消しにしたような場合は、金融抑圧というより国債デフォルトの一種と見做すべきだろう（ラインハート＝ロゴフ［２０１１］）。しかし、過去には第二次大戦後の英国のように、10％以下のインフレと低金利の組み合わせにより、長い時間をかけて政府債務の圧縮に成功したケースもあった（たとえば Reinhart-Sbrancia [2011]）。

また、程度はよりマイルドであるが、第二次大戦中から１９５１年の財務省との「アコード」までの間、ＦＲＢが国債の利回りをペッグしていたことなども、金融抑圧の一種だと考えることができよう（高田［２０１３］）。預金者などの犠牲によって政府債務の問題を解決するのは、不公正な対応であることは間違いないが、もしそれが可能ならば、ハイパー・インフレによる大混乱よりはましだと筆者も考える。

だが、金融抑圧案の最大の問題点は、「それが本当に可能なのか」という点にある。もちろん、日本の現状もマイナス金利が導入される一方で、国債利回りは超低水準にあり、これも一種の金融抑圧と言えなくはない。しかし、それはあくまで物価目標が達成されるまでの間であり、２％インフレが実現すればマイナス金利もＱＱＥも終わる。２％インフレが実現しても低金利を続けようとすれば、実質利子率が自然利子率を下回ってしまうため、金融が自由化された世界では累積的なインフレ昂進が始まってしまうというのが、本書で何回も紹介してきた現代マクロ金融理論の背景を成すヴィクセルの考え方である。

資本移動規制が必要に

それでは、第二次世界大戦後の英米で金融抑圧が可能だったのはなぜかといえば、答えは当時の世界はブレトンウッズ体制下にあったからである。ブレトンウッズ体制では、米ドルの平価を金に対して固定すると同時に、国際資本移動を厳しく制限した。それを前提に、各国では預金金利なども規制されるのが普通であった。幅広い金融資産の金利が規制されているならば、物価上昇率に比して国債利回りを低めに抑える金融抑圧も当然容易になる。筆者の学生時代には、「高度成長期の日本では人為的低金利政策が行われていた」と教えられたものだが（たとえば鈴木［1974］)、当時の世界は多かれ少なかれ、人為的低金利政策の下にあったのである。

各国の金利規制が有効であるためには、国際資本移動が制限されていることが重要なポイントになる。国境を越えて自由に資金が移動できるのであれば、金利規制を行っても高金利の国へと資本流出が起こってしまうからである。だから、1971年に米国がドルと金の交換性を停止し、ブレトンウッズ体制が崩壊するとともに（いわゆるニクソン・ショック)、先進主要国では金利自由化が進められたのである。日本は比較的頑固に金利規制を守ろうとした国だが、それでも1980年に資本移動を原則自由とする外国為替法の改正が行われると、徐々に金利自由化が進められ、約10年後には預金金利を含めた金利の自由化がほぼ完成したのである。

したがって、日本の巨額の政府債務を金融抑圧によって削減していこうとするなら、こうした歴史の流れを逆転させることが必要となる。まず手始めは預金金利規制ということになるが、果たして金融資産の大半を持つ高齢者たちがみすみす預金の目減りを容認するだろうか[17]。シルバー民主主義のこの国では、預金金利規制の導入は政治的に容易ではないと思う（それなら、消費増税のほうが政治的にはまだましではないか）。しかも、預金金利を規制しても、他の金融資産に逃げていくだけだから、投資信託をはじめ、次々と規制の網を拡げていく必要がある。さらに発行市場も規制することが必要であり、社債やＣＰについても金利規制の導入、場合によってはかつてのように発行自体を統制していくことになるのかもしれない。

しかし、金融抑圧の成否の鍵を握るのは、やはり資本移動規制である。国内の金融資産について、金利規制でインフレ率を下回る利回りを強制すれば、当然資金は海外への逃避＝キャピタル・フライトを始める。実効性のある資本規制がなければ、これは円安→インフレ率上昇→国内金融資産の実質金利低下→さらなるキャピタル・フライトというかたちの悪循環、まさにヴィクセルの累積過程が発動してしまうからだ。

最終的には、外国為替取引の原則自由を１９８０年以前の許認可制に戻すことが必要になろう。これは、グローバルに活動する主要な日本企業やメガバンクにとっては致命的な制約となるが、他に手段がなければ致し方ない。おまけに、日本のような大国が強力な資本規制を行うにはＩＭＦのお墨付きを得る必要があると思うが、それは日本が世界経済をリードする主要国の地位を失うことを意味しよう（Ｇ７には残れるのだろうか？）。ここまで覚悟を決めれば、金融抑圧は「可能」であるが、そのコストを考えた場合、それが有意味な選択肢なのか、筆者は疑問に思わざるを得ない。

預金準備率引き上げという名の金融抑圧

以上では、政府債務を実質的に圧縮する手段として金融抑圧を考えてきたが、本章第２節で述べたように、政府は低金利の時期に長期債（30年、40年満期の超長期債を含む）を多く発行しているため、ＱＱＥが終わって短期金利が上昇しても政府の利子負担はすぐには増えない。このため、政府債務だけを考えるなら、ＱＱＥの出口から金融抑圧開始までにはある程度の「時間稼ぎ」ができることになる。おそらく、その前に金融抑圧が必要となるのは、日銀の赤字を圧縮するためだと思われる。前章の【コラム】で論じたように、ＱＱＥの出口で超過準備に市場金利並みの付利を行えば、日銀は毎年数兆円単位の赤字計上を余儀なくされるからだ。

そうなれば、毎年行われていた日銀利益の国庫納付はできなくなる。現在の日銀法では、日銀の損失を政府が補填する仕組みはなくなっているが、日銀の純資産は３～４兆円程度しかないから、大幅な赤字を計上すれば簡単に債務超過に陥ってしまう。そうした事態を防ごうとすれば、政府が資本注入を行う以外にないが、「日銀は銀行にたくさん利子を払っているので、赤字になっています。政府は、皆さんの税金を使ってその赤字の穴埋めをします」などといったことが政治的に通るとは到底思えない。だとすると、極めて自然な選択は預金準備率を大幅に引き上げて、付利の対象となる超過準備を減らすということで、日銀の赤字を解消する作戦だろう（預金準備率引き上げの代わりに、マイナス金利導入時に用いたような「階層構造」を付利の仕組みに設ける方法もあり得るが、基本的には同じことなので、ここでは準備率引き上げのケースを前提に議論しよう）。

これは、準備率引き上げによって銀行が本来得られるはずだった利子収入を奪われるのだから、直接的には銀行課税である。しかし、数兆円もの課税を銀行だけで負担することはできないので、銀行は預金金利を低く設定することにより、預金者へ負担の転嫁（＝預金課税に等しい）を図るだろう。

ここで話が終われば、「ＱＱＥで国債を高値で買い取った結果、政府が得をする一方、日銀は損をした。その損を日銀が預金課税によって回収する」ということになる。だが、金利規制のない世界で預金金利だけが低ければ、資金は当然、投資信託など他の金融資産に流出するため、十分な預金課税は行えないことになる。その場合の自然な選択は、投資信託などにも準備預金の網をかけていくことである。海外への資金の逃避を防ぐためには、資本移動にも何がしかの制限が必要になると思われる。結局、ここで起こるのは金融抑圧の第一弾だということになる。

以上のように、仮に２０２０年度のプライマリー・バランス黒字化などで財政の持続可能性への信認をつなぎ止め、QQEの出口での国債暴落といった事態を防ぎ得たとしても、それだけでは問題は終わらない。政府債務を着実に減らすような財政再建が進まない限り、その先に待っているのは、まず①日銀の赤字を食い止めるための預金課税、次いで②（政府の利払い増加とともに始まる）本格的な金融抑圧という二段階の金融抑圧となるだろう。しかも、金融抑圧の問題点は、しばしば指摘されるように預金課税となるだけではない。課税ということであれば、預金課税のほうが不公正とはいえ、消費増税でも同じである。問題は、とくに資本移動規制が行われた場合、企業活動、金融活動への悪影響が消費税よりはるかに大きいという点にある。

最後に、筆者は最近岩村［2016］によって、仮想通貨ビットコインが世界に大きく広まるきっかけが、キプロスの金融危機の際にロシアの投資家たちが預金課税を逃れる手段としてビットコインを使ったためだと教えられた。だとすると、日本で金利規制や資本移動規制を課した場合にも、規制逃れの手段として仮想通貨が使われる可能性があることになる。価値変動の激しいビットコインなどは価値保蔵手段としては問題があるとしても、取り敢えず資金を海外に逃がす手段としては十分使えるだろうと思うからだ（しかも、岩村［2016］によれば、価値変動の少ない仮想通貨をつくることもできそうである）。「財政破綻に瀕した日本が金融抑圧を行おうとしたことが、世界的な仮想通貨の拡大＝中央銀行の没落につながった」などと後世の史書に書かれたくないものである。

仮想通貨に関する知識の不十分な筆者にはこれ以上議論を展開することはできないが、

今後金融抑圧といった問題を考えるには、仮想通貨が存在する世界での金利規制、資本規制の有効性といった論点をも視野に収める必要が出て来るのかもしれない。

◆◇◆◇◆◇◆

第5章【注】

（1）実を言うと、銀行などのほかにも、生命保険や年金が大量の長期債を保有している。しかし、銀行などと生保や年金では負債サイドの構成が大きく異なる。銀行などの場合、資産として長期債を大量に持つ一方、負債サイドは主に短期の預金（定期預金であっても期間1年以下が中心）である。このため、長期金利が上昇して資産の価値が下がっても負債の価値は下がらないので、大きな損失を蒙る。これに対し生保や年金の場合は、負債サイドも長期の契約が多い。したがって、長期金利の上昇は資産の価値を減らすが、債務の価値も減少するため、必ずしも大きな損失とはならないのである。

（2）とはいえ、しばしば誤解されることだが、金利引き上げを遅くすればよいということにはならない。インフレ率が2%に達した後も名目金利をゼロ近くに保つなら、実質金利は大幅なマイナスとなる。そうすると、景気過熱によりインフレ率は高まり、実質金利はさらに低下する（それは、さらに過熱→物価上昇→実質金利低下……となる）。第3章の注（3）で用いた言葉を使えば、金融政策がテイラー原理を満たさない場合には、ヴィクセルの累積過程（Wicksellian spiral）が始まり、最終的には名目金利の上昇幅自体がはるかに大きくなってしまうのである。

（3）欧州債務危機については、たとえば日本銀行［2012］を参照。

（4）前述のとおり2016年春時点で内閣府試算の潜在成長率は0・4%まで低下しているが、ベースライン・ケースが初めて登場した15年2月時点では潜在成長率は0・6%程度と計算されていた。少なくともこの頃の「ベースライン・ケース」は、言葉使いからしても「参考ケース」よりも重視されるはずであった。

（5）余談になるが、筆者が日銀で調査統計局長を務めていた頃、経済見通しの際に財政担当者に「税収の短期弾性値を高くするように」口を酸っぱくして言った記憶がある。担当者は税収関数を推計しているので、どうしても目先の税収も長期弾性を目安に想定しようとするが、それでは財政収支を間違えるだけでなく、ＩＳバランスにも大きな歪みを生んで、見通し全体のバランスが取れなくなってしまうからである。

(6) １９８４~86年度の個人所得税の所得区分は15段階で、最高税率は70％だった。これに対し、現在は7段階、最高税率45％である。なお、税制上の所得区分が細かいほど、所得増に伴って適用される税率が高まっていくブラケット・クリープ（bracket creep）が起こりやすくなるため、税収の所得弾性値は高くなる。

(7) 商品券といえば、地方創生のための交付金を財源に現在各地で発行されているプレミアム商品券も典型的な「ばら撒き」であり、愚策である。地域振興券同様に、発行額がそのまま消費の増加につながる保証はない。しかも、地域振興券は子供や高齢者に一律に支給された一方、プレミアム商品券はしばしば行列に並ぶ余裕のある人だけが入手できる（幼い子供を抱えた共働き世帯には難しい）という意味で、公平性も欠く。

それにしても、「ふるさと納税」などもそうだが、なぜこのような愚策が平気で罷り通るのだろうか。エコノミスト業界では、一時「ほとんどの問題で意見が異なる者同士でも、軽減税率反対では一致する」というジョークが流行っていた。因みに、筆者とリフレ派（立場上「反対」と言えない政府関係者を除く）も、この点では同意見である。

(8) 政治家の間では、１９８９年の最初の消費税導入直後の参院選で自民党が大敗したこともあり、消費税そのものへのアレルギーが強いようだが、この時は景気への悪影響は問題にならなかった。

(9) 金融危機が潜在成長率の低下につながるメカニズムとしてはCaballero-Hoshi-Kashyap［2008］が有名だが、より幅広く福田［２０１５］などを参照。

(10) 消費の弱さが強調される際には、家計調査が使われることが多いが、標本の問題などから同調査の信頼性が乏しいことはよく知られた事実である。とくにここ2、3年、家計調査の消費支出が実勢を過小評価していることは多くのエコノミストが指摘していた（筆者の長年の経験によれば、既婚女性の労働参加率が高まる時期に、おそらく回収率の問題から家計調査データの信頼性が低下するようである）。

また、このところ毎年のように社会保険料が引き上げられていることの影響も軽視できない。年金や医療の保険料が上がれば、企業負担分が計上される雇用者報酬は増えるが、手取り分である可処分所得は減って消費は抑制されるからである。社会保障給付に当てるはずの消費税引き上げが先送りされれば、社会保険財政が悪化するため、結局、社会保険料引き上げ→個人消費抑制となるだけである。

(11) 因みに、慶応大の北尾早霧教授によれば、所得税は勤労意欲に負のインセンティブを与えるため、「所得税ではどれだけ税率を上げても財政再建は不可能」とのことである。

(12) 老朽インフラの維持・補修の必要を広く国民に印象づけたのは2012年の笹子トンネル事故であったが、そうしたリスクはその前年に出版された根本［2011］で指摘されていた。

(13) 同様に、最近になって出生率を高める必要が強調されているが、これもかなりの程度手遅れである。団塊ジュニア世代がすでに40歳代に達したことを考えると、今後は出産適齢期の女性のコーホート自体が小さくなるため、仮に出生率が比較的順調に高まったとしても、人口は簡単には増えない。

(14) 早川［2015d］で論じたように、政府がまず行うべきことは、日本的雇用と制度的補完関係にある税・社会保障制度や教育制度を変えていくことである。さらに、前章では「同一労働同一賃金」を賃金引き上げの手段と考えたが、民間の慣行に影響を及ぼしていくための梃子と位置づけることもできる。コーポレート・ガバナンス・コードで行ったように、企業に comply or explain というかたちで「同一労働同一賃金」を迫れば、explain するために企業はジョブの明確化を求められよう。

(15) また、第4章の終わりで述べた非伝統的金融政策の間接金融への影響について、金融機関収益ではなく金融仲介機能に着目するならば、むしろイールド・カーブの傾きを潰す量的緩和のほうが有害かもしれない。マイナス金利下でも長短金利差が拡大すれば、金融機関の融資へのインセンティブは高まるはずである。

(16) 正確に言うと、同調査の設問は2%の物価目標について、「数年内に目標を達成できるか」というもので、「はい」という答えが15名、「いいえ」が22名であった。このうち2017年度前半に当たる17年4~6月を答えたのが1名のみ、17年度中でも計4名であった。因みに、翌3月調査では、17年度前半で可能との答えが39人中1名だけ、17年度を通しても計2名と、さらに目標を疑問視する回答が増えている。

(17) 人為的低金利と言われた高度成長期には、預金金利がインフレ率を下回るのはごく普通のことだった。これが容認されたのは、一つには戦時中長きにわたって金利統制が当たり前になっていたことがあろう。マイナスの実質金利でも、終戦直後のハイパー・インフレよりはずっとましだ（しかも、この時は金利規制だけでなく、預金封鎖まで行われた）。もう一つは、当時は預金者の多くが勤労世代であり、彼らの所得は毎年大きく増加することが期待されていたからだと思われる。こうした条件はもう存在しない。

あとがき

本書は、筆者にとって初めての著書である。この秋（２０１６年）には満62歳を迎えるので、ずいぶんと遅い著作デビューということになる。

実を言うと、１９７７年の入行以来36年近い日銀生活のうち、ほぼ三分の二をリサーチ部門（旧調査局、金融研究所、調査統計局）で過ごしたので、その間に書いた論文類は決して少なくはない。30歳代前半の金融研究所時代には何本かの論文を『金融研究』に公表し、書物の出版を促されたこともあった。しかし、生来の怠惰さで言を左右しているうちに時間的余裕の乏しい部署への異動となり、その話は立ち消えになった。

また、調査統計局時代にもかなりの数の『調査月報』論文の執筆に携わったが、当時は論文に著者名を記す習慣がなかった。その後、課長時代に「日本銀行ワーキングペーパー・シリーズ」などの署名論文の公表を始めたのだが、その頃には金融政策決定会合への提出資料の準備等が筆者の主な任務となっていた。結果的に、筆者の名前の入った論文の数はごくわずかである（因みに、大学での教員経験も、白川方明前総裁が日銀に戻った穴埋めに、半年間、京都大学公共政策大学院で教えただけである）。

2013年4月に現在の富士通総研経済研究所に移った後は、新聞や雑誌のほか、富士通総研のサイトにもいくつかの文章を書かせて頂いた。ただ、これらは短文が多く、扱った内容も金融政策だけでなく、景気・物価、雇用、財政、社会保障など多岐にわたるものだった。このため、何人かの編集者から「本にまとめてみないか」というお誘いを頂いたのだが、正直どうまとめたらよいものか、途方にくれるばかりであった。

そうした中で出会ったのが、本書の編集者、増山修氏である。氏は、金融政策を軸にしてさまざまなトピックを束ねる企画案を提示して下さり、それを読んだ筆者は「これなら書ける！」と思った。そこから生まれたのがこの本である。だから、本書の出版に関しては、担当の増山氏に、まず感謝を申し上げたい。

なお、書名について一言しておくと、最初は金融緩和からの「出口」に向けて警鐘を鳴らすつもりで、『ポスト・デフレの金融政策』というタイトルを考えていた。日本経済にとっての大きなテーマは、脱デフレから潜在成長力の強化や財政の持続性確保へ移ったと今でも信じているが、予想以上の賃金の伸び悩みなどから、2％の物価目標が達成されるのはまだ先になりそうである。日銀はしばらくの間、脱デフレの後衛戦を強いられることとなろう。

だとすれば、金融政策に関する限り「ポスト・デフレ」と言ってしまうのは早過ぎる、と思い直して『金融政策の「誤解」』という表題に改めることとした。考えてみれば、本書のかなりの部分は、金融政策に限らず日本経済に関する多くの「誤解」を正すことを目的としている。

経済学の分野に限っても、これまでにご指導を賜った先生方は数多い。学生時代まで遡れば、東大で故・村上泰亮教授（教養1年時）、故・宇沢弘文教授（経済学部3年時）、根岸隆教授（同4年時）という三人の偉大な先生方にゼミで直接ご指導頂くことができたのは、今考えると、ほとんど信じられないほどの幸運であった。すでにお二方が鬼籍に入られた現在は、ゼミのOB会などで根岸先生の温顔を拝するのが楽しみである（小幡績君、毎年の幹事役ありがとう）。

このほか、プリンストン留学時代を含め、多くの先生方のご教示を受けてきた。感謝申し上げるべき方はあまりにも数多いが、主に金融政策を扱った本書では、日銀審議委員時代に量的緩和や時間軸政策について「頭の体操」をさせて頂いた植田和男教授、もう30年近い付き合いになる池尾和人教授、もともと根岸ゼミ、日銀の後輩で、最近また多くの機会に議論させて頂いている渡辺努教授、調査統計局長時代にアドバイザーとしてご指導を頂いた福田慎一教授、の四人のお名前だけを挙げさせて頂く。

日銀時代にも、多くの上司、先輩方のお世話になった。学生時代は理論ばかりで最小二乗法さえ知らなかった筆者にエコノミスト稼業の基礎を叩き込んでくれたのは、強面揃いの旧調査局の先輩たちだったし、その後も金融研究所時代の鈴木淑夫所長はじめ、多くの方からご指導頂いた。しかし、筆者がいま心強く感じているのは、ここ15年余りの後輩たちの活躍である。筆者自身、後輩たちから学ぶことが多かった。逐一名前を挙げることはしないが、彼／彼女らが日銀内において、またアカデミアにおいて、新しいリサーチの伝統を築いていってくれることを期待している。

3年余り前から所属する富士通総研経済研究所は、研究者数20名足らずの小所帯ではあるが、個性ある人たちが集まるユニークなシンクタンクである（京都企業のようなニッチトップ型が目立つ）。研究者の高齢化が少し心配だったが、ようやく若い人も集まり始めた。自由な研究・発信の環境を与えて頂いた本庄滋明富士通総研社長、徳丸嘉彦経済研究所長をはじめ、サポート役のスタッフを含めた研究所の仲間たちに感謝したい。おそらく、金融系ではなくメーカー系のシンクタンクに所属したことが、筆者の研究、発言の自由度を高めてくれたのではないかと思っている。

最後に、私事にわたるが、妻の育は結婚から33年余にわたって筆者を支えてくれている。数年前からは首都圏のいくつかの私大の語学教師を掛け持ちして、ずいぶん忙しそうにしているのだが、筆者の家事処理能力があまりにも低いため、いまだに家の中のことは、力仕事まで含めて妻に任せきりである。一方、仕事のことは一切話さないのが昔からの習慣だが、本書の執筆は自宅でパソコンを動かしている様子から気づいていたに違いない。長年の苦労への感謝を込めて、本書を妻に捧げることとしたい。

２０１６年５月

著　者

参考文献

雨宮正佳［2015］「量的・質的金融緩和の成果と課題」『証券レビュー』第55巻10号、日本証券経済研究所。

飯田泰之［2013］「財政政策は有効か」岩田・浜田・原田［2013］第7章所収。

池尾和人［2006］『開発主義の暴走と保身』NTT出版。

――［2013］『連続講義・デフレと経済政策』日経BP社。

伊藤隆敏［2001］『インフレ・ターゲティング』日本経済新聞社。

――［2015］『日本財政「最後の選択」』日本経済新聞出版社。

今久保圭・小島治樹・中島上智［2015］「均衡イールドカーブの概念と計測」日本銀行ワーキングペーパーシリーズ15-J-4。

岩田一政［2015］「日銀の量的・質的金融緩和：持続可能はあと2年」11月18日付日本経済新聞「経済教室」。

――・左三川郁子ほか［2013］「量的・質的金融緩和政策の効果とリスク」『金融研究レポート』日本経済研究センター。

――・日本経済研究センター編［2014］『量的・質的金融緩和――政策の効果とリスクを検証する』日本経済新聞出版社。

岩田規久男［1993］『金融政策の経済学』日本経済新聞社。

――［2013］『リフレは正しい』PHP研究所。

――・浜田宏一・原田泰編［2013］『リフレが日本経済を復活させる』中央経済社。

岩村充［2016］『中央銀行が終わる日』新潮選書。

植田和男［2005］『ゼロ金利との闘い』日本経済新聞社。

——［2014］「非伝統的金融政策、1998年～2014年」日本金融学会会長講演。

鵜飼博史［2006］「量的緩和の効果：実証研究のサーヴェイ」日本銀行ワーキングペーパーシリーズ06－J－14。

小川一夫［2009］『「失われた10年」の真実』東洋経済新報社。

翁邦雄［1993］『金融政策』東洋経済新報社。

——［2015］『経済の大転換と日本銀行』岩波書店。

小黒一正［2014］『財政危機の深層』NHK出版新書。

小田信之・村永淳［2003］「自然利子率について：理論整理と計測」日本銀行ワーキングペーパーシリーズ03－J－5。

加藤出［2014］『日銀、「出口」なし！』朝日新書。

——［2016］「マイナス金利で何が起きる（下）：銀行収益、一段と悪化も」3月9日付日本経済新聞「経済教室」。

上川龍之進［2014］『日本銀行と政治』中公新書。

河村小百合［2016］「米連邦準備制度の正常化戦略と今後の金融政策運営の考え方」JRIレビュー。

木内登英［2015］「『量的・質的金融緩和』再考」資本市場研究会における講演要旨。

クリステンセン、クレイトン［2001］『イノベーションのジレンマ』翔泳社。

黒田東彦［2014a］「非伝統的金融政策の理論と実践」国際経済学会の第17回総会における講演。

——［2014b］「『2％』への招待状」日本経済団体連合会審議員会における講演。

——［2015］「日本銀行金融研究所主催2015年国際コンファランスにおける挨拶」。

香西泰・白川方明・翁邦雄［2001］『バブルと金融政策』日本経済新聞社。

小峰隆夫［2015］『日本経済に明日はあるのか』日本評論社。

齊藤誠・岩本康志・太田聰一・柴田章久［2010］『マクロ経済学』有斐閣。

左三川郁子ほか［2015］「異次元緩和の限界と出口に向けた課題」『金融研究報告』日本経済研究センター。

——［2016］「ゼロ金利制約打破後のリスクと課題」同前。

サンデル、マイケル［2010］『これからの「正義」の話をしよう』早川書房。

塩路悦朗［2013］「生産性要因、需要要因と日本の産業間労働配分」『労働経済雑誌』労働政策研究・研修機構。

ジョーンズ、チャールズ［1999］『経済成長理論入門』日本経済新聞社。

白井さゆり［2014］「わが国経済・物価情勢と金融政策」広島県金融経済懇談会における挨拶要旨。

白川方明［1979］「マネタリー・アプローチによる国際収支・為替レートの実証分析」『金融研究資料』第3号、日本銀行特別研究室。

――［2012］「人口動態の変化とマクロ経済パフォーマンス」日本銀行金融研究所主催国際コンファレンスにおける開会挨拶。

鈴木淑夫［1974］『現代日本金融論』東洋経済新報社。

鈴木亘［2009］『だまされないための年金・医療・介護入門』東洋経済新報社。

――［2010］『社会保障の「不都合な真実」』日本経済新聞出版社。

高田創［2013］『国債暴落』中央公論新社。

土居丈朗［2012］「財政健全化に必要な方策」土居丈朗編『日本の財政をどう立て直すか』所収、日本経済新聞出版社。

西村吉正［1999］『金融行政の敗因』文春新書。

日本銀行［2012］『金融システムレポート』4月号。

――［2015］『金融システムレポート』10月号。

日本銀行企画局［2015］「『量的・質的金融緩和』：2年間の効果の検証」日銀レビュー・シリーズJ-7。

日本銀行金融機構局［2015］『金融システムレポート別冊：2014年度の銀行・信用金庫決算』。

根本祐二［2011］『朽ちるインフラ』日本経済新聞出版社。

バーナンキ、ベン［2013］『大恐慌論』日本経済新聞出版社。

濱口桂一郎［2011］『日本の雇用と労働法』日経文庫。

――［2015］「働き方改革の視点（中）、適切な規制で選択多様に」3月23日付日本経済新聞「経済教室」。

早川英男［2013］「『異次元金融緩和』とアベノミクスの行方」富士通総研ホームページ・オピニオン欄。

――［2014a］「潜在成長率はさらに低下した?：エレクトロニクス凋落の3つの帰結」同前。

――――［２０１４b］「人手不足の経済学（下）：『成長天井』の低下鮮明に」6月25日付日本経済新聞「経済教室」。

――――［２０１４c］「人手不足時代の到来（上・下）」、富士通総研ホームページ・オピニオン欄。

――――［２０１４d］「異次元緩和『勝ち逃げ』のすすめ：詳説（上・下）」同前。

――――［２０１５a］「マネタリーベースの誤解」『週刊東洋経済』4月11日号「経済を見る眼」。

――――［２０１５b］「社会保障改革の核心（上・下）」富士通総研ホームページ・オピニオン欄。

――――［２０１５c］「『日銀レビュー』が語る不都合な真実」同前。

――――［２０１５d］「今こそ『日本的雇用』を変えよう（1）～（4）」同前。

――――［２０１５e］「アベノミクス『新3本の矢』：その背景と意味」同前。

――――［２０１６］「マイナス金利の導入：背景・評価・課題」同前。

――――・吉田知生［２００１］「物価指数を巡る概念的諸問題」日本銀行ワーキングペーパーシリーズ。

原田泰［２０１４］『日本を救ったリフレ派経済学』日経プレミア。

広田真一［２０１１］「日本の大企業の資金調達行動：効率か？存続か？」宮島英昭編著『日本の企業統治』東洋経済新報社所収。

深尾京司［２０１３］『「失われた20年」と日本経済』日本経済新聞出版社。

――――・宮川努編［２００８］『生産性と日本経済の成長：JIPデータベースによる産業・企業レベルの実証分析』東京大学出版会。

深尾光洋［２０１４］「量的・質的緩和のコスト負担：日銀赤字の処理方法」日本経済研究センター・ホームページ。

――――［２０１６］「量的緩和、マイナス金利の財政コストと処理方法」RIETIディスカッション・ペーパー。

福田慎一［２０１５］『「失われた20年」を超えて』NTT出版。

福永一郎・加藤直也［２０１５］「量的・質的金融緩和と長期金利：国債の「純供給」残高と満期構成を通じた効果」日銀リサーチラボ。

藤木裕［１９９８］『金融政策と中央銀行』東洋経済新報社。

――――・戸村肇［２０１５］「『量的・質的金融緩和』からの出口における財政負担」TCER Working Paper Series J-13。

ブリニョルフソン、エリック／マカフィー、アンドリュー［2015］『ザ・セカンド・マシン・エイジ』日経BP社。

ポーゼン、アダム／ブランシャール、オリヴィエ［2015］「日本の経済政策への提言：名目賃金、5～10％上げを」12月15日付日本経済新聞「経済教室」。

本多祐三・黒木祥弘・立花実［2010］「量的緩和政策：2001年から2006年にかけての日本の経験に基づく実証分析」『フィナンシャル・レビュー』第99号、財務総合研究所。

宮川努［2005］『日本経済の生産性革新』日本経済新聞社。

柳川範之［2013］『日本成長戦略・40歳定年制』さくら舎。

山田昌弘［1999］『パラサイト・シングルの時代』ちくま新書。

――――［2004］『希望格差社会』筑摩書房。

――――［2013］『パラサイト社会のゆくえ』ちくま新書。

山本勲・黒田祥子『労働時間の経済分析』日本経済新聞出版社。

吉川洋［2013］『デフレーション』日本経済新聞出版社。

ラインハート、カーメン／ロゴフ、ケネス［2011］『国家は破綻する』日経BP社。

渡辺努［2015］「日銀が参照する物価指数、家賃は『品質調整前』に」8月26日付日本経済新聞「経済教室」。

――――・渡辺広太［2015］「デフレ期における価格の硬直化：原因と含意」CARFワーキングペーパーJ－102。

Alesina, Alberto and Lawrence Summers［1993］“Central Bank Independence and Macroeconomic Performance,” *Journal of Money, Credit and Banking* 25.

Arrow, Kenneth［1962］“The Economic Implications of Learning by Doing,” *Review of Economic Studies* 29.

Arslanalp, Serkan and Dennis Botman［2015］“Portfolio Rebalance in Japan: Constraints and Implications for Quantitative Easing,” *IMF Working Paper* No.15.

Bernanke, Ben［1983］“Nonmonetary Effects of the Financial Crisis in the Propagation of the Great Depression,” *American Economic Review* 73.

——— [2015] *The Courage to Act*, W. W. Norton.

——— [2016] "What Tools does the Fed Have Left, Part1-3," *Ben Bernanke blog*, Brookings Institution.

——— and Mark Gertler [1989] "Agency Costs, Net Worth, and Business Fluctuations," *American Economic Review* 79.

———, ——— and Simon Gilchrist [1996] "The Financial Accelerator and the Flight to Quality," *Review of Economics and Statistics* 78.

——— *et al.* [1998] *Inflation Targeting: Lessons from the International Experience*, Princeton University Press.

BIS [2015] : *85th Annual Report*.

Borio, Claudio *et al.* [2015] "The Cost of Deflations: A Historical Perspective," *BIS Quarterly Review*.

Bullard, James [2010] "Seven Faces of 'The Peril'," *Federal Reserve Bank of St. Louis Review* 92.

Caballero, Ricardo, Takeo Hoshi and Anil Kashyap [2008] "Zombie Lending and Depressed Restructuring in Japan," *American Economic Review* 98.

Carpenter, Seth *et al.* [2013] "The Federal Reserve's Balance Sheet and Earnings: A premier and projections," *Finance and Economics Discussion Series* 2013-1, FRB.

Dixit, Avinash [1989] "Hysteresis, Import Penetration, and Exchange Rate Pass-Through," *Quarterly Journal of Economics* 104.

——— and Robert Pindyck [1994] *Investment under Uncertainty*, Princeton University Press.

Eggertsson, Gauti and Neil Mehrotra [2014] "A Model of Secular Stagnation," *NBER Working Paper* No.20574.

——— and Michael Woodford [2003] "The Zero Bound on Interest Rates and Optimal Monetary Policy," *Brookings Paper on Economic Activity* 2003, No.1.

Everaert, Luc and Giovanni Ganelli [2016] "Japan: Time to Load a Fourth Arrow–Wage Increases," *blog-iMF-direct*.

Friedman, Milton [1969] *The Optimum Quantity of Money and Other Essays*, University of Chicago Press.

Fukuda, Shin-ichi [2015] "Abenomics: Why was it so successful in changing market expectations?" *Journal of the Japanese*

and International Economies 37.
Fukunaga, Ichiro, Naoya Kato and Junko Koeda [2015] "Maturity Structure and Supply Factors in Japanese Government Bond Markets," *Monetary and Economic Studies* 33.
Gali, Jordi [2008] *Monetary Policy, Inflation, and the Business Cycle: An Introduction to the New Keynesian Framework*, Princeton University Press.
Goodfriend, Marvin [2014] "Monetary Policy as a Carry Trade," *Monetary and Economic Studies* 32.
Gordon, Robert [2012] "Is U.S. Economic Growth Over?" *NBER Working Paper* No.18315.
IMF [2013] "Unconventional Monetary Policies—Recent Experience and Prospects—Background Paper."
Kahneman, Daniel [2012] *Thinking, Fast and Slow*, Penguin.
Kitao, Sagiri [2015] "Fiscal Coat of Demographic Transition in Japan," *RIETI Discussion Paper Series 15-E-13*.
Krishnamurthy, Arvind and Annett Vissing-Jorgensen [2012] "The Aggregate Demand for Treasury Debt," *Journal of Political Economy* 120.
——— [2013] "The Ins and Outs of LSAPs," *Paper presented at FRB Kansas City Conference*.
Krugman, Paul [1998] "It's Baaack Japan's Slump and the Return of the Liquidity Trap," *Brookings Paper on Economic Activity*, 1998, No.2.
——— [2015] "Rethinking Japan," *New York Times* Oct. 20.
Kydland, Finn and Edward Prescott [1977] "Rules rather than Discretion," *Journal of political Economy* 85.
Nakaso, Hiroshi [2016] "Challenges toward Financial Stability and the Policy Frontier: Unconventional Monetary Policy, Macroprudence and Financial Institutions' Low Profitability," *Speech at the IVA-JSPS Seminar in Stockholm*.
Okun, Arthur [1981] *Prices and Quantities: A Macroeconomic Analysis*, Blackwell.
Pikkety, Thomas [2014] *Capital in the Twenty-First Century*, Belknap Press.
Reinhart, Carmen and Belen Sbrancia [2011] "The Liquidation of Government Debt," *NBER Working Paper* No. 16893.
Rogoff, Kenneth (1985) "The Optimal Degree of Commitment to an Intermediate Monetary Target," *Quarterly Journal of*

Economics 100.

Romer, David [2011] *Advanced Macroeconomics, 4th ed,* McGraw-Hill Education.

Romer, Paul [1986] "Increasing Returns and Long-Run Growth," *Journal of Political Economy* 94.

Sargent, Thomas [1982] "The End of Four Big Inflations," in Robert Hall eds., *Inflation: Causes and Effects,* NBER, University of Chicago Press.

Summers, Lawrence [2014] "U.S. Economic Prospects: Secular Stagnation, Hysteresis, and the Zero lower Bound," *Business Economics* 49.

Taylor, John [1993] "Discretion Versus Policy Rules in Practice," *Carnegie-Rochester Conference Series in Public Policy* 39.

Teulings, Coen and Richard Baldwin (eds.) [2014] *Secular Stagnation: Facts, Causes and Cures,* VoxEU.org Book, CEPR Press.

Turner, Adair [2015] "The Case for Monetary Finance-An Essentially Political Issue," a paper presented at IMF Annual Research Conference.

Wallace, Neil [1981] "A Modigliani-Miller Theorem for Open-Market Operations," *American Economic Review* 71.

Walsh, Carl [1995] "Optimal Contract for Central Bankers," *American Economic Review* 85.

——— [2010] *Monetary Theory and Policy, 3rd ed,* The MIT Press.

Woodford, Michael [2003] *Interest and Prices,* Princeton University Press.

早川英男（はやかわ　ひでお）
1954年生まれ
77年　東京大学経済学部卒業、日本銀行入行
83－85年　プリンストン大学大学院留学（MA 取得）
2001年　日本銀行調査統計局長
07年　同行名古屋支店長
09年　日本銀行理事　を経て
2013年　富士通総研経済研究所入所
現在　同研究所エグゼクティブ・フェロー

金融政策の「誤解」
――〝壮大な実験〟の成果と限界

2016年7月25日　初版第1刷発行
2017年1月10日　初版第3刷発行

著　者――――早川英男
発行者――――古屋正博
発行所――――慶應義塾大学出版会株式会社
〒108-8346　東京都港区三田2-19-30
TEL〔編集部〕03-3451-0931
〔営業部〕03-3451-3584〈ご注文〉
〔　〃　〕03-3451-6926
FAX〔営業部〕03-3451-3122
振替　00190-8-155497
http://www.keio-up.co.jp/
装　丁――――坂田政則
組　版――――株式会社キャップス
印刷・製本――中央精版印刷株式会社
カバー印刷――株式会社太平印刷社

Printed in Japan ISBN978-4-7664-2356-3